戰爭、英雄和神話的交織，成就希臘的

—————— A Pictorial History of
Greece, Ancient and Modern

彼特·帕利（Peter Parley）著　蔣潔 譯

# 眾神的寓所
# 希臘史話

神祇的榮光，話希臘古今——
歷史事件、文化傳承、宗教信仰、戰爭英雄……
面相探索古希臘的歷史進程與文化演變

洛伊戰爭由什麼而起？
什麼古希臘人如此執著於神諭？
典和斯巴達明明是對立的，為什麼又一致對外？
什麼盛極一時的古希臘會曇花一現，迅速走向沒落？

# 目錄

▌ 前言

▌ 譯者序

▌ 第一編
▌ 總述

人類早期歷史概覽 ·············································· 012

希臘現況 ····················································· 014

古希臘地理 ··················································· 019

▌ 第二編
▌ 希臘史時期劃分

第一階段
希臘詩歌與傳統史 —— 從遠古時期至奧林匹克運動會設立 ·········· 023

第二階段
奧林匹克運動會設立至希波戰爭爆發 ···························· 113

第三階段
希波戰爭爆發至斯巴達占領雅典 ······························· 166

第四階段
斯巴達占領雅典至羅馬征服希臘 ······························· 247

第五階段
從羅馬征服希臘至今 ··········································· 369

▌ 附：希臘神與羅馬神

# 目錄

# 前言

西元前 146 年，羅馬將軍穆米烏斯在科林斯大獲全勝，曾經輝煌自由的希臘各城邦紛紛臣服於羅馬的權威之下，被改編為亞該亞名下的行省。

然而，羅馬軍隊雖征服了希臘，但希臘文化卻征服了羅馬。由於地理位置原因，古希臘在知識累積上具有非常大的優勢 —— 被群島環繞，也意味著古希臘被諸多古文明圍繞在了中心。群島文明使古希臘具備了良好的工商業基礎，蓬勃發展的手工業，極度發達的進、出口貿易，成熟的貨幣體系，無不彰顯著古希臘資源的充足和經濟實力的雄厚。而在累積的同時，古希臘人也成了知識的收集者，無論是埃及、波斯，還是美索不達米亞，它們幾千年來的累積和發展，促進了古希臘文明的茁壯成長。

這是一個富有想像力的民族，因此，古希臘在哲學、政治、文學、雕塑、繪畫和建築藝術等方面取得了重大進展，並透過羅馬，對當今世界文明產生了深厚且深遠的影響。可以說，古希臘是整個歐洲文明重要的發源地，很多西方文明都是建立在燦爛輝煌的古希臘文明之上的。

歷史，可以讓我們充分了解文明產生時的原委，讓我們了解當時的環境，它不僅僅是一個記錄國家興衰的工具，而是讓我們透過閱讀，站在古希臘的土地上，更好地融入到那屬於古希臘人的、光彩炫目的時代。

希臘的歷史是複雜的，特洛伊戰爭由什麼而起？為什麼希臘人如此執著於神諭？雅典和斯巴達明明是對立的，為什麼又一致對外？本書將希臘史時期劃分為五個階段，以希臘神話故事為切入口，佐以當時希臘著名哲

學家、詩人等人的詩歌，以及大量的插圖，力圖以詳盡、有趣味的方式講述古希臘人的歷史。

在第一階段中，著名的特洛伊城池是靠木馬計謀才被攻克的；戰神阿瑞斯會用神器武裝他所青睞之人，並賦予他們神力；伊菲托斯去德爾斐的阿波羅神廟中請示神諭，神諭回覆表示贊同他舉行奧林匹克運動會的想法……儘管希臘神話故事中真假參半，並且經過了詩人和大眾天馬行空的描述，事實已經難尋蹤跡，但我們必須承認，在種種混沌、神祕的人物形象中隱藏著崇高的真理——希臘神話中的神是最接近人類的，他們也和人類一樣，會被嫉妒、怨恨所驅使，屈服於心中的邪念。

而撥開神話的面紗，離開了第一階段帶有神話氣質的歷史，作者彼得・帕利在第二階段至第五階段中，從希波戰爭爆發，到斯巴達占領雅典，再到羅馬征服希臘，則選擇了較為全面、更為客觀的方式，用較大篇幅進行了敘述。

希臘是保留民族文化傳統最多的國家之一，各種考古、藝術或民俗博物館遍布全國，其對世界歷史的影響力，透過亞歷山大大帝和羅馬帝國傳播至東方世界和西方世界，研究古希臘歷史，可以讓我們更好地了解古希臘乃至歐洲的文化。

這是一本比較系統的希臘簡史，文中的時間，我們尊重作者與原書保留了一致。由於該書成書時間較早，歷史研究有一定的局限性，時間上與現代的說法可能不同，因此，對於此種情況，我們在正文中新增了說明。除此之外，為幫助讀者理解本書內容，譯者在翻譯過程中，對於與現代說法不同的事物名詞、地理位置等新增了註釋，若無特別說明，本書所出現的註釋均為譯者注。作者彼得・帕利，原名薩繆爾・格利斯沃德・古德里

奇，美國作家，愛好旅行，知識淵博。其作品通俗易懂，風趣幽默，被翻譯成多國語言遠銷海外。

　　這或許不是一本講述希臘文明成就以及對後世的影響的書，但看了這本書，對於了解希臘文明會有非常大的幫助。可以把它當作一本歷史讀物，也可以把它看作一本有關希臘歷史的故事合集，希望這本書能以一個愉快、有趣味的方式，將希臘歷史相關知識帶給讀者。

# 譯者序

　　本書英文版原著作者為美國作家 S.G. 古德里奇，後改名為彼得‧帕利（Peter Parley），著有《彼得‧帕利講歷史》系列書籍。

　　談及希臘，讀者腦海中也許會浮現奧林匹斯山之巔的天王宙斯，浩瀚無垠的大海上手持三叉戟呼風喚雨的海神波塞頓，或是輝煌壯麗的雅典城，英勇無畏的斯巴達勇士，教授哲學真理的蘇格拉底（Socrates）、柏拉圖（Plato）、亞里斯多德（Aristotle），抑或那一片充滿浪漫氣息的愛琴海。在這片海被賦予浪漫的色彩之前孕育了燦爛的歐洲文明，希臘歷史也大抵濫觴於此。

　　對於中國神話，我們並不陌生，「盤古開天闢地」、「女媧補天」、「后羿射日」等，可以說，一部中國神話史就是一部華夏民族的早期形成史。同樣的，當我們想要更加了解其他國家的歷史時，可以先從其神話故事中了解此民族的特徵，再從重要的歷史事件及著名人物事蹟中深入習得該國歷史。本書便是以此為主線，首先講述了希臘的神話故事和人物，繼而敘述希臘民族文明發展的各個階段的重大事件和人物。

　　正如培根所言，「讀史使人明智」，望讀者在探究希臘歷史過程中有自己的一分感悟。鑑於本書出版於 1850 年前後，當時希臘神話與羅馬神話中的人物事件多混為一談，叫人難以區分，原著作者也將希臘神話人物名稱與羅馬神話人物相混淆。自成書距今 100 多年，期間眾多學者對希臘歷史加以研究考證、整理編排，尤其是德國著名詩人古斯塔夫‧希瓦

柏（Gustav Schwab）在《希臘神話故事》一書中將希臘與羅馬神話人物
做出了較為清晰的區分，也獲得了眾多學者的認可，故譯者在翻譯過程中
多參考希瓦柏老先生的作品，將原文混淆的人物加以更正，望讀者知悉。
另外，譯者本人程度有限，疏漏在所難免，尚祈廣大讀者不吝賜教，批評
指正。

# 第一編

總述

# 人類早期歷史概覽

　　我們即將翻開人類歷史最富趣味、最具啟發性的篇章之一 —— 希臘史。本書將帶領讀者回溯遙遠的過去，了解希臘民族如何從原始野蠻的狀態發展到現代文明。

　　希臘民族頭腦活躍，具有豐富的人文精神和人格優勢。同時，他們所處的地域得天獨厚，非常適合發展天性。他們在蔚藍的天空下，在絕美的風景中探尋著自己的命運。正是因為這些特點，希臘史成了最為後人喜愛的人類史之一。

　　在講述希臘史之前，我們有必要簡單了解一下故事開始時世界的背景。一些位於地中海東端附近的亞細亞和非洲的民族，似乎最早建立起政權，並開始發展藝術、文學和科學。

　　通常各民族早期的歷史撲朔迷離、真假難分，但我們仍能確定的是：在西元前 2000 年前，埃及與亞述（Assyria）發展迅速，甚至成立了正式政權，建造了城鎮，並包含許多文明元素。

　　作為推動人類發展進步的重要工具和人類思想解放的鑰匙，古埃及的象形文字是世界上最早的文字之一，同時科學也在那裡誕生並得以發展。

埃及亦是眾多藝術的發源地，這些藝術後來傳入希臘，歷經一次次的優化，最終流傳到我們這一代。

巴比倫（Babylon）和亞述的建立者——迦勒底人最早開始關注天體，正因如此，他們在天文方面的研究一直領先於早期其他民族。

西元前 1900 年，迦勒底牧羊人亞伯拉罕帶領以色列人（即希伯來人）崛起，他的後人在埃及居住了一段時間，但後來摩西帶領他們離開了埃及，遷徙至迦南（今巴勒斯坦）定居。

西元前 2000 年左右，腓尼基人（Phoenician）占領了地中海東岸與巴勒斯坦（Palestine）相鄰的沿海地區，貿易活動得到空前發展，一度領先當時其他地區。後來腓尼基商人被稱為「Prince」[001]，他們所展現的航海精神超越了所有同時代人。

上述民族在人類歷史早期階段就引人注目。其中有些民族人口眾多、發展迅速，而當時的歐羅巴（今歐洲）仍是一片蠻荒之地，歐洲的首批原住居民便是來自上述某些地區，歐洲後來的迅速發展相當程度上得益於借鑑而來的知識與文明。

---

[001]　意思是「第一公民、首席」，該詞到後來才有了「國君、王子」等含義。

# 希臘現況

地中海東岸是美索不達米亞文明（即兩河文明）的起源地，沿岸地區人口稠密，人們很容易經水路抵達希臘，故希臘可能是歐洲最早的人類定居地之一，歐洲史大抵濫觴於此。

希臘位於地中海北部，由一個向南伸入大海的半島組成，全島長約300 英哩[002]，但現今[003] 的希臘領土大概只占古希臘版圖的三分之二。

當今希臘領土面積約為 15,000 平方英哩[004]，為麻薩諸塞州[005] 面積的兩倍，今希臘人口有 90 萬，是紐約市人口的兩倍多。

希臘的海岸線非常曲折，港灣眾多，也因此吸引著各個時代的希臘人參加海上探險活動。

希臘西北側臨愛奧尼亞海（Ionian），1800 至 1807 年愛奧尼亞群島組成愛奧尼亞共和國（又稱七島共和國），1814 年起愛奧尼亞共和國由英國統治（1864 年歸屬希臘）。這七座島嶼名稱如下：

---

[002] 1 英哩 ≈ 1.609 公里。
[003] 該書成書於 1850 年前後，下文中出現的「如今」、「至今」、「現代」等類似表達均以此時間為基準。
[004] 1 平方英哩 ≈ 2.59 平方公里。
[005] 美國的一個州，面積 2.1 萬平方公里。

| 今稱 | 古稱 | 今首都 |
|------|------|--------|
| 科莫多島 | 科西拉島 | 科莫多 |
| 帕克西島 | 帕克索斯島 | 加戈 |
| 聖托里尼島 | 魯卡迪亞 | 聖托里尼 |
| 伊薩基島 | 伊薩卡島 | 瓦西 |
| 凱法利亞島 | 凱法利尼亞島 | 阿爾戈斯托利 |
| 扎金索斯島 | 扎金索斯島 | 扎金索斯市 |
| 基西拉島 | 塞西拉島 | 基西拉 |

希臘東臨愛琴海（Aegean Sea），南抵克里特島（Crete），屬地中海的一部分。愛琴海島嶼星羅棋布，其中有 40 座較大島嶼。下表列出了主要島嶼：[006]

| 今稱 | 古稱 | 今中心 |
|------|------|--------|
| 內格羅龐特島 | 埃維亞島 | 內格羅龐特 |
| 斯塔拉明島 | 利姆諾斯島 | — |
| 海倫拉島 | 海倫里亞島 | 海倫拉 |
| 帕羅斯島 | 帕羅斯島 | — |
| 安提帕羅斯島 | 奧萊羅斯島 | — |

---

[006] 這裡的中心並不是首都，因為這些島嶼都沒有發展成國家，只是一個島嶼。今中心表格中空著的，代表沒有中心。

| 納克西亞島 | 納克索斯島 | 納克索斯 |
|---|---|---|
| 德洛斯島 | 德洛斯島 | 德洛斯 |
| 聖托里尼島 | 錫拉島 | — |
| 米洛島 | 米洛斯島 | — |
| 阿爾真泰拉島 | 基摩洛斯島 | — |
| 薩拉米斯島 | 薩拉米斯島 | — |
| 錫拉島 | 錫羅斯島 | — |
| 安德羅斯島 | 安德羅斯島 | — |
| 蒂恩島 | 蒂恩島 | — |

　　希臘南部坐落著史上著名的克里特島（今干地亞），該島是地中海最大的島嶼。亞細亞沿岸還有塞普勒斯島（Cyprus）、羅德島（Rhodes）、科斯島（Cos）、薩摩斯島（Samos）、希俄斯島（Chios）等。

| 今稱 | 古稱 | 今中心 |
|---|---|---|
| 忒涅多斯島 | 忒涅多斯島 | |
| 米蒂利尼島 | 萊斯博斯島 | |
| 希俄斯島 | 塞歐島 | |
| 薩摩斯島 | 薩摩斯島 | |
| 帕特摩斯島 | 帕特摩斯島 | |

| 羅德島 | 羅德島 | |
|---|---|---|
| 干地亞島 | 克里特島 | 干地亞 |
| 塞浦路斯島 | 塞浦路斯島 | 塞浦路斯 |

此表格中除干地亞島外，其他島嶼均屬亞細亞，但它們的歷史與希臘密不可分。

希臘與維吉尼亞（美國東部一州）處於同一緯度，氣候相近，但氣溫稍高。希臘地區山脈眾多，其中一些山的山頂常年積雪。希臘土地肥沃，盛產小麥、葡萄、無花果、橘子等。

希臘一直以風景如畫和山脈雄偉聞名，古人認為這些地方是神的住所，山谷由山林水澤仙女掌管，其他地方也都有各類神靈各司其職。迷人的海灣，清澈的河流及神聖的氣氛，賦予萬物無可比擬的魅力，使希臘成為古代詩歌、音樂和藝術的不朽主題。

1809 至 1811 年，英國拜倫勳爵於希臘獨立戰爭前夕訪問了希臘，當時希臘飽受戰爭和壓迫者的摧殘，國家所呈現的悽美景象讓拜倫悲從中來。後來他在長篇敘事詩《異教徒》（*The Giaour*）中將希臘比喻為方死之人：

在腐爛的手指

拂過曾盛極一時的美景之前；

最後他大聲呼喊：

海岸邊風景如是 ——

這裡是希臘，可已不是活著的希臘！

　　1821 年，希臘人站起來反抗土耳其統治，歷經 12 年浴血奮戰，終於獲得獨立。1832 年希臘王國成立，德國巴伐利亞州的奧托王子（奧托一世）被選為首任國王。雅典是古希臘最負盛名的城市，也是今希臘首都。

　　或許我們可以期待獨立的希臘民族終有一日能恢復希臘昔日的榮耀。

# 古希臘地理

　　古希臘全盛時期疆土不僅包括當今希臘領土，還包括巴爾幹半島北部地區（包括古馬其頓在內），最長達 400 英哩，面積最大時約 40,000 平方英哩。

　　希臘半島的南部今稱摩里亞半島（Morea），古稱伯羅奔尼撒半島（Peloponnesus），面積和麻薩諸塞州相近。摩里亞半島分為如下幾個區域：拉科尼亞（Laconia）、阿爾戈利斯（Argolis）、亞該亞（Achaia）、阿卡迪亞（Arcadia）、伊利斯（Elis）和麥西尼（Messené）。

　　希臘半島中部是現在的利維迪亞（Lividia），古稱赫拉斯[007]，其面積約等於美國康乃狄克州（13,023 平方公里）和羅德島州（4,005 平方公里）的面積之和。主要區域包括阿卡納尼亞（Acarnanian）、埃托利亞（Etolia）、多里斯（Doris）、洛克里斯（Locris）、福基斯（Phocis）、維奧蒂亞（Boeotia）、阿提卡（Attica）和加里斯。主要城市是阿提卡的雅典和維奧蒂亞的底比斯。

　　臨亞得里亞海的希臘北部如今被稱為阿爾巴尼亞州[008]，古稱伊庇魯

---

[007]　Hellas，意為「希臘人居住的地方」。
[008]　Albania，1912 年阿爾巴尼亞宣布獨立。

斯（Epirus）。原色薩利地區如今仍被稱為色薩利（Thessaly）。希臘北部主要城市為拉里薩（Larissa），傳說眾神之王宙斯的住所奧林匹斯山，以及被無數歌謠譽為世上景觀之最的坦佩谷[009]，都在此處。

希臘領土的第四部分是一些散布在愛奧尼亞海和愛琴海上的島嶼。後來，半島北部的馬其頓（Macedonia）也併入了希臘版圖[010]。

馬其頓以東是色雷斯（Thrace），這兩個地區現被合稱為魯米利亞（Roumelia）。色雷斯並非一直都屬於希臘，西元前6世紀被波斯征服，後來被馬其頓的腓力[011]征服，其子亞歷山大三世（即亞歷山大大帝）繼任後繼續統治著這片土地。因此許多定居於希臘的人都有色雷斯血統。

儘管希臘疆域最大時也不及紐約州（約141,300平方公里），但據說在其鼎盛時期，即西元前450年的伯里克利時代，該地區人口超過300萬。與世界上其他地區相比，希臘的山脈、河流、山谷和島嶼確實不是那麼宏偉壯麗，但這些山河湖海與古希臘的聖賢連繫在一起後，被賦予了永恆的魅力。

除了這些讓賢人雅士心曠神怡的自然景觀外，希臘的一些古老的藝術遺跡，如雅典的忒修斯神廟遺址、雅典娜神廟遺址、摩里亞的阿波羅神廟遺址，以及許多散布在全國各地的遺跡，將創作者的極高天賦彰顯無遺。義大利的藏館之中收藏了一些舉世聞名的古希臘雕塑。希臘的文學著作雖僅有部分得以保存，但它們仍是人類歷史上的一筆寶貴財富。

---

[009] 被希臘詩人譽為「阿波羅和繆斯喜愛的去處」。
[010] 1991年北馬其頓宣布獨立。後改名為「北馬其頓共和國」。
[011] Philip，腓力二世，前382至前336年。

# 第二編
## 希臘史時期劃分

本書將希臘歷史按重大歷史節點劃分為五個階段，依次是：

**第一階段 —— 從遠古時期開始至西元前 884 年 [012] 奧林匹克運動會設立。**

此階段將概述希臘傳統史和其間著名詩人及作品。

**第二階段 —— 從西元前 884 年奧林匹克運動會設立至西元前 493 年希波戰爭爆發。**

此階段希臘的民族性格已趨於穩定，因此將詳述該時期希臘主要政治家，還將從外貌、著裝、職業、禮節、風俗、軍事以及建築等方面進行敘述。隨後會概述該時期著名詩人、聖賢和哲學家。

**第三階段 —— 從西元前 493 年希波戰爭爆發 [013] 至西元前 404 年斯巴達占領雅典。**

此階段將主要講述希波戰爭之後希臘地區的政局，以及斯巴達和雅典的恩怨紛爭，在此基礎上還將敘述該時期著名的戲劇家、詩人、史學家、哲學家、詭辯家和藝術家。

**第四階段 —— 從西元前 404 年斯巴達占領雅典至西元前 146 年羅馬征服希臘。**

此階段主要圍繞斯巴達戰勝雅典後，整個希臘地區的發展歷史展開，在此基礎上還將介紹此時期的戲劇家、詩人、史學家、哲學家、詭辯家和藝術家。

**第五階段 —— 從西元前 146 年羅馬征服希臘至今。**

---

[012]　伊菲圖斯是古代奧運會的創始人。西元前 884 年，他與斯巴達和皮沙城邦訂立神聖休戰協定。古代第一次奧運會就是在這樣的條件下得以在西元前 776 年在奧林匹亞舉行。

[013]　希波戰爭：現希波戰爭普遍被認為發生在西元前 499 年至前 449 年，以愛奧尼亞起義為序幕。

# 第一階段

## 希臘詩歌與傳統史 —— 從遠古時期至奧林匹克運動會設立

## 第 1 章
## 泰坦族

　　希臘歷史始於西元前 1800 多年以前。西元前 875 年斯巴達的萊克格斯 [014] 制定法令規章之前的希臘史主要透過口耳相傳的方式以傳統和詩歌流傳下來，嚴格來說，算不上真正意義上的歷史。

　　然而，無論是否有虛構成分，這段漫長的歷史都值得我們研究。因為希臘人似乎對此深信不疑，詩人筆下無數次歌頌著那些故事和英雄人物。這些故事和英雄人物甚至還成為希臘人宗教信仰的一部分。

　　根據希臘詩人的說法，希臘原住民是被稱為佩拉斯吉人（Pelasgians）的蠻族，他們生活在山洞中，以堅果和樹根為食，以野獸皮為衣服，與獅子和熊爭奪森林的統治權。

---

[014]　Lycurgus，又譯「呂庫古」。

據說，一位名叫烏拉諾斯（Uranus）的埃及王子到達希臘後與大地女神蓋亞[015]結合生下 12 位泰坦巨神（Titans），後來泰坦族反抗並推翻了他的統治。烏拉諾斯之子克洛諾斯（Cronos）繼位後擔心發生在父親身上的事會在自己身上重演，便狠心決定處死他所有剛出生的孩子。

在第六個孩子宙斯（Zeus）剛出生時，瑞亞（Rhea）將孩子藏到了克里特島以躲避他父親的暴行。後來宙斯從克里特島回到奧林匹斯山，推翻了父親克洛諾斯的統治。泰坦族甚是嫉妒這位新王，企圖背叛他，但泰坦族最終戰敗並被逐出了希臘。

宙斯與波塞頓（Poseidon）和哈迪斯（Hades）兩位兄長三分天下。波塞頓分得了海洋的統治權，哈迪斯統治冥界，宙斯則以非凡的智慧統治著天空，他還將宮殿設在色薩利的奧林匹斯山上。此山海拔 7,000 英呎[016]，是希臘最高峰。

雖然這些神話故事中的人物事蹟很可能來源於現實，但經由詩人和大眾天馬行空的描述，泰坦族和諸王故事的真相已經難尋蹤跡。克洛諾斯、宙斯、波塞頓和哈迪斯都被神化，奧林匹斯山的山頂被認為是眾神的寓所，凡人各事務皆由諸神掌管。

後來哲學的興起讓希臘人的思想方式逐漸轉為理性。但在哲學誕生前的數個世紀，希臘人一直崇拜著克洛諾斯被神化的子女們和其他神話人物，羅馬人亦是如此。

---

[015] Gaea，即羅馬神話中的特拉（Terra）。
[016] 1 英呎 =0.3048 公尺。

## 第 2 章
# 希倫人、伊納科斯、刻克洛普斯、卡德摩斯和達那俄斯

很久以前，一群來自亞細亞的希倫人（Hellenes）移居到希臘，與當地原住民佩拉斯吉人時而鬥爭，時而融合。隨著時間的推移，希臘地區的人都被稱為希倫人（即古希臘人）。後來，他們分裂成多個種族，主要包括多里安人（Dorians），伊奧利亞人（Aeolians）和愛奧尼亞人（Ionians）。各種族使用的方言也漸漸有所不同。

各族群說的方言分別被稱為多里安語、伊奧利亞語和愛奧尼亞語。還有一種方言是阿提卡地區居民所說的阿提卡語，它是由愛奧尼亞語發展而來的。

伊納科斯建立阿爾戈斯城

據說一位腓尼基冒險家伊納科斯（Inachus）於西元前 1856 年到達希臘，當時他是同鄉隊伍的隊長。腓尼基是小亞細亞地中海沿岸的一個小國，是當時為數不多的幾個國家之一（當時還有埃及和亞述）。這些國家的文明已經發展到了一定程度，而當時其他地方仍是原始的野蠻部族，就像希臘在烏拉諾斯到來之前也是一片蠻荒之地一樣。

據說，海上貿易和寫作藝術源於腓尼基。伊納科斯和他朋友到達希臘後，在伯羅奔尼撒半島建立阿爾戈斯城（Argos），位於今那不勒斯海灣的一端。

阿爾戈斯城建立 300 年後，埃及人刻克洛普斯（Cecrops）帶領移民
抵達阿提卡地區，並建立了後來著名的雅典衛城。它坐落在陡峭的山崗
之上。

埃及位於非洲東北部，北部以地中海為界。尼羅河潤澤了這片土地，
河水的定期氾濫灌溉了兩岸的植被，並使土壤非常肥沃。

埃及早期便在藝術和科學領域取得了驚人進步，因此刻克洛普斯得以
向阿提卡的原住民傳授許多寶貴知識，他也因此被阿提卡人封為國王。

刻克洛普斯選擇了雅典娜 [017] 作為雅典衛城的保護神，後來人們將圍
繞這座要塞建立的城市稱為雅典。

約西元前 1493 年，腓尼基王子卡德摩斯（Cadmus）在維奧蒂亞建立
了底比斯城（又譯作忒拜城），據說他將文明的火種帶入了希臘，其中包
括字母文字 [018]，儘管希臘人在幾百年後才開始廣泛使用文字。

科林斯城（Corinth）位於連線希臘本土和伯羅奔尼撒半島的地峽當
中。科林斯因其至關重要的地理位置 —— 臨古時的科林斯灣（今稱勒班
陀灣）很快便占據了極其重要的商業地位。

據說埃及人勒勒克斯（Lelex）於西元前 1520 年左右建立了斯巴達
（古稱拉斯第孟），後來斯巴達成為伯羅奔尼撒半島拉科尼亞地區的著名
首府。

西元前 1485 年，埃及人達那俄斯（Danaus）在其同胞的陪同下到達
阿爾戈斯。那時阿爾戈斯人還處於原始狀態，因為據說他們賴以生存的河
流乾涸了，達那俄斯教他們如何挖井，於是人們為了表達感激之情便推舉
他為阿爾戈斯王。

---

[017]　後拉丁人改稱其為密涅瓦。
[018]　即腓尼基字母，是腓尼基人在楔形文字基礎上將原來的幾十個簡單的象形文字字母化形成。

# 第 3 章
## 佩羅普斯和海克力斯

　　到了西元前 1350 年左右，小亞細亞中部的弗里吉亞（Phrygia）國王之子佩羅普斯（Pelops）來到了希臘的一座海濱半島，就是後來的伯羅奔尼撒半島或佩羅普斯島。他娶了當地一位國王的女兒，隨後繼承了王位。在他統治期間，透過家族聯姻的方式，他讓家族的各分支成員和伯羅奔尼撒其他皇室家族聯姻，以此來擴大自己在希臘的影響力。

　　據詩人荷馬所述，在阿爾戈斯地區，曾擔任特洛伊之戰中希臘聯軍統帥的邁錫尼國王阿伽門農（Agamemnon）和開啟那場戰事的斯巴達國王墨涅拉俄斯（Menelaus），都是這位弗里吉亞冒險家佩羅普斯的後裔。

　　底比斯王子海克力斯 [019] 也是佩羅普斯的後裔。海克力斯神勇無比，力大無窮，功績無數，從而贏得了同時代人的欽佩。後來在眾多詩人筆下，他被誇張地描述為擁有神力之人，甚至還被當作神靈為眾生敬仰。

　　根據古代詩人的說法，海克力斯是主神宙斯之子，母親是邁錫尼國王厄勒克特律翁（Electryone）之女阿爾克墨涅（Alcmene）。阿爾克墨涅懷著宙斯的骨肉嫁給了底比斯（Thebes）國王安菲特律翁（Amphitryon），後來便誕下了宙斯之子海克力斯，海克力斯成為安菲特律翁的養子。傳聞，海克力斯年幼時就扼死了天后赫拉派來殺他的兩條毒蛇。

　　海克力斯長大後取得了很多英勇卓越的成就，他完成了 12 項「不可能完成的任務」。其中有一次，他用手臂勒住一頭猛獅的脖頸，生生將其勒死，最後還剝下了巨獅的獸皮。

　　傳說海克力斯還有一項任務是殺死勒納湖（今稱莫里尼湖）的海德拉

---

[019]　Hercules，又稱海格力斯。

（Hydra of Lerna）。海德拉是一條七頭蛇[020]，出沒在阿爾戈利斯的勒納湖，當地人們十分恐慌。後來海克力斯勇敢地用棍子擊打下了海德拉的幾個頭。

但毒蛇的脖子上立刻又長出兩顆新頭，想要殺死這個傷口能迅速恢復的怪物看似不可能了。最後，海克力斯的一位同伴在他的要求下，每次打掉蛇頭後，就用熱鐵灼燒，不讓新蛇頭長出來。就這樣，海克力斯才成功地殺死了這條蛇。

現代[021]作家經常提到海克力斯的另一項成就是清掃了伊利斯國王奧革阿斯（Augeus, King of Elis）的牛棚。這位國王的牛圈有 300 頭牛，30 年多年以來從未清理過裡面的牛糞。海克力斯在牛棚的一側挖了一條溝，將附近的河水引進來，流經牛棚，將裡面的牛糞沖刷乾淨了。

海克力斯還曾為了奪走加德斯國王革律翁的牛群而遠征西班牙。革律翁形同怪物，長著三個身軀和三頭六臂，他殘暴地統治著西班牙的大部分地區。海克力斯占領了西班牙後，成功地殺死了革律翁，並帶走了他的牛群。

據說在這次遠征中海克力斯為了打通地中海和大西洋之間的交通，劈開了西班牙和非洲，開闢了直布羅陀海峽，而在此之前，西班牙和非洲一直是連在一起的。在執行這一任務時他所舉起的兩座山（海峽兩岸各一座），被稱為「海克力斯之柱」，甚至到今天這一稱呼仍時常出現。

在國外經歷了許多冒險之後，海克力斯回到伯羅奔尼撒半島，在那裡娶了卡呂冬國王之女德伊阿妮拉（Dejanira）為妻。他們過了一段幸福的生活，但後來德伊阿妮拉覺得海克力斯不再像以前那樣愛她，於是送給他一件浸了魔藥的外衣，她原以為這魔藥可以讓丈夫回心轉意，但實際上這是一種致命的毒藥，她被敵人算計了。

---

[020]　後世學者大多認為是九頭蛇。
[021]　本書出版於1850年前後，文中出現的「現代」為作者所處時代，全書類似情況不再進行重複說明。

海克力斯穿上這件浸了毒的衣服後，衣服貼著他的皮肉立即燃燒起來，痛苦不堪的海克力斯命令手下搭起火葬用的大柴堆，點燃之後他跳入火海之中，被燒成灰燼。據說，他的靈魂乘坐著眾神之王宙斯派遣的駟馬戰車升到了天堂，天后赫拉還將她的女兒赫柏（Hebe，青春女神）許配給他為妻。德伊阿妮拉意識到自己鑄成大錯之後，追悔莫及，在絕望中結束了自己的生命。

這就是流傳下來的有關海克力斯的荒誕傳說。毫無疑問，海克力斯不過是一位身強力壯、英勇無畏的希臘王子。被王位爭奪者驅逐出邁錫尼後，他一生的大部分時間都輾轉在希臘各地，領導著一群追隨者，在那個野蠻動盪的時代，他們時而攻打遍布各地的強盜首領和僭主，時而參與掠奪探險。

但我們可以肯定的是，他是一位英雄無畏、孔武有力之人。在那個野蠻時代，比起那些崇高的精神信念，彰顯勇氣與力量的壯舉更能獲得人們的青睞。也正是由於這些原因，人們想像著海克力斯死後進入了天堂，甚至被後世的哲學家視為神靈。

## 第4章
# 阿爾戈遠征

西元前 1268 年，色薩利王子伊阿宋和同伴們啟航遠行至歐克辛斯海（今黑海）東部的科爾基斯國（Colchis）。他們的這段經歷被後人稱為阿爾戈（Argonauts）英雄遠征，阿爾戈是他們那次遠征時所乘坐的船。通常古人認為這是有史以來第一艘實現遠航的船。

至今人們尚不確定阿爾戈英雄探險的真正目的，史學家們猜測很可能

是因為科爾基斯金銀礦山豐富，伊阿宋及其同伴 [022] 都想從那裡奪走一些
金銀財寶。

在詩人口中，故事卻是另外一個版本：底比斯國王阿塔瑪斯的兒子佛
里克索斯（Phryxus）和女兒赫勒（Helle）為逃避繼母虐待，被迫離開家
鄉。他們一起乘荷米斯贈予的帶翼金毛公羊凌空逃走，飛向小亞細亞的科
爾基斯。在那裡，他們的叔叔埃厄忒斯（Aetes）是國王。

但當他們經過連線愛琴海與普羅龐提斯海（馬爾馬拉海的舊稱）中間
的海峽時，赫勒開始頭暈目眩，從羊背上跌入海中不幸淹死。據說，正因
如此，這片海峽後來被稱為赫勒斯滂 [023]。

佛里克索斯將有翼的公羊獻給宙斯

當佛里克索斯到達科爾基斯時，為了感謝神靈的庇護，他將有翼的公
羊獻給了萬神之王宙斯，並將金羊毛放在了同一個神廟中。後來他娶了埃
厄忒斯國王之女，但後來被一心想得到金羊毛的埃厄忒斯殺害。

伊阿宋為給親戚佛里克索斯報仇，遠征科爾基斯，其間他完成了數次
壯舉，締造了一些關於他的傳奇故事。他最後不僅獲得了金羊毛，還打
動了埃厄忒斯國王的另一個女兒美狄亞，她成了他的妻子，並陪他回到
希臘。

---

[022]　其中包括海克力斯和其他幾個傑出人物。
[023]　Hellespont，今達達尼爾海峽。

阿爾戈遠征的英雄中還有與海克力斯一樣赫赫有名的英雄人物忒修斯（Theseus）。忒修斯的父親是雅典國王埃勾斯（Aegeus），母親是阿爾戈利斯的特洛曾（Troezene）國王庇透斯（Pittheus）之女埃特拉（Aethra）。

早先埃勾斯沒有兒子，擔心王位無人繼承，於是瞞著妻子在特洛曾祕密地與埃特拉結婚。後來阿提卡爆發了一場叛亂，迫使埃勾斯把埃特拉留在她父親的宮廷中，他自己則在忒修斯還未出生時就匆忙趕至雅典。出發前，埃勾斯將埃特拉帶到特洛曾海邊的一處偏僻之地，那裡立著一塊巨大的岩石，岩石的中心處有一個洞。

他搬起巨石，將一雙涼鞋和一把寶劍放在巨石之下，並對埃特拉說：「如果神祇保佑我們，並賜給我們一個兒子，那就請你悄悄地把他撫養長大，不要讓任何人知道孩子的父親是誰。若他長大後能夠搬動這塊石頭，你便告訴他身世，並在此取出這些信物，去雅典找我！」

埃特拉果然生了一個兒子，取名忒修斯。忒修斯成年後，他的母親仍記得埃勾斯的話，便帶他到藏有信物的岩石邊，讓他將父親放在巨石下的信物拿出來。忒修斯力大無比，輕鬆地搬開了巨石，於是埃特拉告訴忒修斯關於父親埃勾斯的事情，並讓他帶著這兩樣東西去雅典尋找父親——雅典國王埃勾斯。

## 第5章
# 忒修斯（一）

特洛曾孕育了年輕的王子忒修斯，它位於伯羅奔尼撒半島與阿提卡之間的海灣西岸。忒修斯拿好信物準備前往雅典，由於陸路前往雅典既曲折又危險，因此親友們建議他走水路前往阿提卡。但忒修斯有著崇高的精

神，他不願遇到困難就繞道而行，最終毅然決定走陸路前往。

此前，從科林斯地峽[024]前往雅典的陸路到處有攔路的強盜和惡徒，雖然海克力斯殺死了許多強盜頭目，但還是有不少漏網之魚。當忒修斯沿著塞隆尼克灣海岸行進時，遇到了不少攔路大盜，但都被他成功地一一擊敗。

據說忒修斯此間還殲滅了一個殘忍的盜賊普羅克汝斯忒斯（Procrustes）。這個強盜有一張特殊的床，他把劫來的俘虜置於床上，為使其適合於床的大小，要麼用力地將俘虜的四肢拉長，直至對方斷氣；要麼砍斷四肢，殘忍至極。忒修斯成功地抓住這個高大的強盜，決定以其人之道還治其人之身。他也將盜匪綁在那張床上，砍斷了他的身體，直到他痛苦地死去。

經歷無數艱難險阻之後，忒修斯終於安全抵達了雅典。埃勾斯根據忒修斯帶來的信物認出了自己的兒子，不久便向雅典人宣布忒修斯就是未來的王位繼承人。

忒修斯此前的戰鬥功績讓他頗受雅典人愛戴。在他到達雅典後不久，他的另一舉動又令其名聲大噪。由於雅典之前敗給了克里特國王米諾斯（Minos），所以每年必須向米諾斯國王進貢七對少男少女。

那些少男少女被送到克里特島後很可能淪為了奴隸，但在那個無知迷信的時代，人們普遍認為他們被扔進了工匠代達羅斯（Daedalus）建造的一座迷宮中，然後被牛頭人身怪物米諾陶洛斯（Minotaur）吞入腹中。

輪到每年一度挑選少男少女時，忒修斯觀察到那些被抽中的孩子們眼中充滿恐懼。他對這些不幸的孩子表示深切同情，於是決心廢除殘忍的進

---

[024]　連線維奧蒂亞和伯羅奔尼撒半島的狹窄地峽。

貢做法。為此，在人們集合起來抽籤時，他毅然站出來，宣布自己願意去，用不著抽籤。隨後他與其他人一道被送到克里特島。

米諾斯面前的忒修斯和雅典少男少女

　　這位充滿青春活力的美男子深得克里特國王美麗動人的女兒阿里阿德涅（Ariadne）的青睞，她偷偷地向忒修斯吐露了愛慕之意，並交給他一個線團，讓他把線團的一端拴在迷宮的入口。忒修斯被扔進迷宮後，將線團另一端緊緊地握在手中。他與米諾陶洛斯進行了殊死決鬥，最終成功地殺死了這隻怪物。隨後，他帶著其他少男少女跟著線團走出了迷宮。

　　克里特國王米諾斯聽說了忒修斯的英勇事蹟，甚是欣賞，於是將女兒阿里阿德涅許配給了他，並不再要求雅典人進貢。忒修斯回到雅典備份受雅典人的尊敬和愛戴。

　　雅典人為紀念他的這一愛國行為還設立了幾個年度祭祀節。他前往克里特島時乘坐的船也被精心保存了幾百年，人們不時對該船進行修復。後來學者們討論，這艘船經過頻繁的修繕，很多部件都被替換，它是否還是忒修斯曾經乘坐的那艘船值得商榷。

## 第6章
## 忒修斯（二）

後來，忒修斯繼承了父親的王位，並憑藉明智的舉措大大鞏固了雅典國力，使雅典得以繁榮發展，人民得以安居樂業。

曾經，雅典的建立者刻克洛普斯將阿提卡劃分為 12 個區，每個區都有獨立的地方行政長官和司法法庭。隨著各地財富日益累積，人口迅速增長，這些地區之間的連繫逐漸變得鬆散。忒修斯即位期間，這 12 個區之間的糾紛更是讓整個阿提卡地區陷入一片混亂。

但忒修斯對各方都有足夠的影響力，他成功徵得各方同意，廢除了各區管轄權，只在都城雅典設立民事和司法機關。同時，忒修斯也將一部分權力移交給他們。

忒修斯將國人分為貴族、手工業者和農民三類，並規定了各階級的權利和義務，貴族負責管理公共事務和司法工作。他還宣布每個自由人，不論等級，在公民大會中都享有投票權。他自己只保留了軍隊指揮權和國家領袖一職。

為了透過共同的宗教信仰來凝聚阿提卡各區域，他設立了一個莊嚴的節日，每年阿提卡的所有居民要在雅典舉行慶祝活動，紀念這座城市的宗教守護神雅典娜。忒修斯將這個節日命名為泛雅典娜節（Panathenaea），即所有雅典人的節日，自此以後，所有阿提卡人民都被稱為雅典人。

忒修斯開明的政策促進了阿提卡地區的繁榮昌盛。當地文明得到了極大發展，遠超當時希臘其他城邦國家。古代歷史學家修昔底德稱，雅典是希臘首個把軍裝和武器擱置一邊，不尚武力的城邦國家，畢竟如今戰爭仍時常發生。

後來希臘其他城邦國家也或多或少地借鑑了促進阿提卡繁榮發展的政治制度。

## 第7章
## 忒修斯（三）

儘管忒修斯在統治初期舉措明智、堪稱模範，但他後期似乎控制不住自己內心的躁動和冒險的天性，放縱自我，甚至不惜犯罪。最終，他失去了人民的愛戴與尊重，晚年甚至還遭受了無盡的恥辱和痛苦。

根據傳統的說法，他和海克力斯一同完成了幾次著名的探險；還和色薩利國王庇里托俄斯（Pirithoüs）一起參與了多場戰爭和掠奪活動。不同於我們之前描述的明智賢能，他在那個時期行為粗魯且有嚴重的道德問題。

當時斯巴達國王廷達瑞俄斯（Tyndarus）有一個漂亮的女兒名為海倫（Helen），根據古代史學家的說法，忒修斯和朋友庇里托俄斯密曾謀偷走這位海倫公主及伊庇魯斯國的公主波瑟芬妮（Prosperine）。後來他們成功地帶走了海倫，但在他們試圖偷走波瑟芬妮時，不幸落入伊庇魯斯國王之手。庇里托俄斯被處死，忒修斯被判入獄。

忒修斯和庇里托俄斯帶走海倫

後來海倫公主的兩位兄長，即後來被神化為黃道十二宮之一雙子星座的卡斯托耳（Castor）和波呂丟刻斯（Pollux），將妹妹海倫救了出來，並重創阿提卡城，以報奪妹之仇。

忒修斯後來在海克力斯的幫助下獲救回到了雅典，但是雅典人對他的行為感到無比憤怒。他因一己私慾搶走海倫公主，導致雅典遭受斯巴達的蹂躪，於是所有雅典人都拒絕接受他繼續做雅典國王。忒修斯只好流亡在外，不久便死在了錫羅斯島。

但雅典人從未忘記忒修斯治國早期給國家帶來的利益。在他去世的幾百年後，他的遺骸被運回到了雅典。人們厚葬了他，並在墳墓上方建立了一座壯麗的神廟來紀念他。

忒修斯偷走的那位斯巴達公主後來引發了一場著名的戰爭。她擁有傾國傾城之美貌，世人皆曉，許多希臘王子向她父親廷達瑞俄斯國王求娶她。但是他的父親擔心最後選出一位女婿會得罪眾多求婚者，因此不曾傾向於其中任何一人。

後來國王把所有求婚者聚在一起，讓他們發誓接受海倫公主本人做的選擇，保護她，不讓任何人將她從丈夫身邊帶走。海倫最終選擇了佩羅普斯的孫子墨涅拉俄斯，這位成功的追求者在廷達瑞俄斯去世後繼承了斯巴達王位。

# 第8章
## 特洛伊戰爭（一）

這一時期，小亞細亞半島西端赫勒斯滂海峽東南處有一個王國，其都城是一座防禦牢固的大城市，名為特洛伊 [025]。特洛伊國王普里阿摩斯

[025] Troy，古稱伊利昂（Ilium），今土耳其的希薩利克。

（Priam）有一個名為帕里斯（Paris）的兒子。這位年輕的王子帕里斯訪問希臘期間在斯巴達國王墨涅拉俄斯的宮中居住了一段時間，國王友好地接待了這位來自亞細亞的客人。

但帕里斯痴迷於墨涅拉俄斯妻子海倫的美貌，趁她丈夫不在時求得美人歡心，並成功唆使海倫跟他私奔到了特洛伊。

根據古詩人的說法，帕里斯並非因其個人魅力贏得海倫的芳心，而是因為愛神阿芙蘿黛蒂（Aphrodite）幫助了他。之前，在色薩利國王佩琉斯（Peleus）和海仙女忒提斯的婚禮上，不和女神厄里斯因未收到邀請所以想報復他們，於是她把一個金蘋果扔入婚禮現場，上面寫著：「獻給最美麗的人。」赫拉、阿芙蘿黛蒂和雅典娜都宣稱蘋果是自己的。最後，由於無法解決爭端，宙斯便讓帕里斯來決定金蘋果的歸屬。三位女神試圖透過許諾和懇求來影響他的判斷，赫拉許諾給他一個王國，雅典娜許諾賜予他軍事榮耀，阿芙蘿黛蒂許諾把世界上最美麗的女人賜給他做妻子。帕里斯最後把金蘋果判給了阿芙蘿黛蒂。此後帕里斯便得到了愛神的青睞。

墨涅拉俄斯回到王宮後發現自己如此友好地接待帕里斯，卻蒙受了奇恥大辱，無比氣憤。他指責並威脅特洛伊人送回他的王后海倫，卻遭到拒絕。於是他聯繫了海倫昔日的追求者們，呼籲他們遵守誓言助他從誘惑者那裡救回海倫。

追求者們聽從了召喚，整個希臘都對墨涅拉俄斯受如此侮辱感到憤怒，各國軍隊在維奧蒂亞的海港小鎮奧利斯（Aulis）集結，準備穿越愛琴海前往特洛伊海岸。該事件發生在西元前 1194 年左右。

響應此次號召的著名首領包括：邁錫尼國王阿伽門農、斯巴達國王墨涅拉俄斯、伊薩卡國王奧德修斯（Odysseus）、皮洛斯國王涅斯托爾

（Nestor）、色薩利國王之子阿基里斯（Achilles）、薩拉米斯國王之子埃阿斯（Ajax）、埃托利亞國王之子狄俄墨得斯（Diomedes）和克里特國王伊多墨紐斯（Idomeneus）。墨涅拉俄斯的兄長阿伽門農被選為希臘聯軍統帥。

根據一些古代作家的說法，阿伽門農曾在一次狩獵中殺死了狩獵女神阿提米絲（Artemis）的神鹿，女神懷恨在心，於是在此次希臘聯軍出征時，她讓海上不斷地颳起逆風。先知預言，只有把阿伽門農的女兒伊菲革涅亞獻祭給女神才能改變風向。這位聯軍統帥忍痛犧牲了自己的女兒，聯軍艦隊才得以成功地駛出奧利斯港。但早期作家在描述特洛伊戰爭時並沒有提及這一不近人情的行為，人們可能希望這件事不曾發生過。

希臘聯軍包括約 1,200 艘船隻，每艘船配有 50 到 120 人，據猜想聯軍總人數達 10 萬之多。特洛伊人雖然有亞述、色雷斯和小亞細亞的幫助，卻也無法在曠野中抵禦希臘人的攻勢，因此很快就退至城內。

## 第 9 章
# 特洛伊戰爭（二）

早期人們並不擅長擊破防禦工事，希臘聯軍除了圍困特洛伊城，讓城內的人們最終因無法忍受饑荒而投降以外，想不出其他辦法。但是，新的困難出現了。希臘聯軍並未料到此次圍城會持續如此之久，他們的軍隊補給也逐漸不足。在掠奪摧毀了周邊城邦之後，他們也面臨著跟被困者一樣的危機——飢餓。

古城池

　　從外地運來的補給又少又不準時，因此，希臘聯軍不得不從部隊中抽走一部分軍力前往色雷斯半島的切爾索尼索斯平原上耕種作物。

　　希臘聯軍因此被削弱，此時普里阿摩斯的長子 ── 英勇的赫克托爾（Hector）帶領特洛伊軍隊頻繁地實施突擊戰。其間有無數個人英雄主義故事上演，但交戰雙方勢均力敵，誰也占不到上風，都沒有取得決定性的勝利。

　　我們對這場戰爭的認識主要來自荷馬的史詩《伊里亞德》（*Iliad*），詩中富含天馬行空的想像。按照書中的說法，此次戰役充分地表現出野蠻與英雄主義、粗俗與質樸的奇特混合。

　　眾神對這場戰爭頗感興趣，他們的參與大致決定了交戰雙方的命運。雙方的英雄們像近代西方印第安勇士那樣咆哮怒吼，他們的野蠻程度可以從以下故事推斷：特洛伊第一勇士赫克托爾被希臘第一勇士阿基里斯殺死後，屍體被綁在阿基里斯的戰車後面，一直被拖到希臘陣營之中。

　　經過長達數十年的圍攻，交戰雙方都損失了無數傑出領袖。終於在西元前 1184 年，特洛伊城被攻陷，城內居民慘遭屠殺，無數房屋淹沒在火海之中。

　　按照詩人的說法，著名的特洛伊城池是靠計謀才被攻克的。據說希臘人建造了一個巨大的木馬，木馬裡藏著全副武裝的希臘戰士。然後，希臘聯軍撤回到海邊，佯裝退兵，讓特洛伊人誤以為對方放棄攻城。

　　特洛伊人上了當，並將這匹巨大的木馬帶回城中，那些藏在木馬中的戰士半夜偷偷溜出，開啟了城門，希臘軍隊從而成功進入城中。特洛伊之戰是荷馬的史詩《伊里亞德》的主題，書中的描述既有一些真實成分，也有部分是虛構的。

　　希臘諸國國王發現他們為打贏特洛伊之戰付出了慘痛的代價，在外征戰的這段時間，王國變得混亂不堪。根據詩人的說法，奧德修斯在海上漂泊了 10 年才回到他的島國伊薩卡。

木馬

　　其他首領在返鄉途中或是喪生或是遭遇海難，有一些好不容易成功回國卻發現自己的王位被篡奪，所以又被迫返回船上，遠走他鄉，尋覓晚年安息之所。

　　希臘著名將領阿伽門農的命運極為悲慘。他返回阿爾戈斯後，被妻子克呂泰涅斯特拉（Clytemenestra）及其情人埃吉斯托斯（Aegistus）合謀殺害，年僅 12 歲的阿伽門農之子俄瑞斯忒斯（Orestes）逃往他鄉。多年後，俄瑞斯忒斯回到阿爾戈斯，和姐姐一起殺死了自己的母親和她的情人，成功登上了王位。

## 第 10 章
# 海克力斯後裔

特洛伊戰爭結束後的 80 年中，海克力斯的後裔 [026] 幾乎征服了整個伯羅奔尼撒半島，後來希臘人不滿他的統治爆發了一次大規模的起義。

上文提及，英雄海克力斯曾是邁錫尼王室成員，後被另一位更有競爭力的王位候選人流放。這位英雄去世後，他的孩子們前往多里斯尋求庇護，後來多里斯國王十分欣賞海克力斯的孩子許羅斯（Hyllus），決定讓他成為多里斯的王位繼承人。

海克力斯族首領聲稱伯羅奔尼撒半島的統治權本應歸他們所有，並發起對伯羅奔尼撒半島的征服戰爭，但前兩次征戰都以失敗告終，第三次終於成功征服了該地區。

據稱，西元前 1101 年，許羅斯的最傑出的曾孫忒梅諾斯（Temenus）、克瑞斯豐忒斯（Cresphontes）和阿里斯托德穆斯（Aristodemus）三兄弟以多利安人（Dorians）為先鋒入侵伯羅奔尼撒半島，征服了除阿卡迪亞外的大部分地區。阿卡迪亞山谷眾多，易守難攻，所以當地居民成功地抵禦住了猛烈的進攻。

忒梅諾斯占領了阿爾戈斯，克瑞斯豐忒斯成了美塞尼亞 [027] 的國王，阿里斯托德穆斯戰死，他的孿生子歐律斯透斯（Eurysthenes）和普羅克勒斯（Procles）一同坐上了斯巴達的王位。科林斯和伊利斯的王位則由赫拉克利德族其他分支的成員奪走。

多利安士兵獲得了其他戰敗國的土地，那裡的居民或是被趕出伯羅奔

---

[026]　自稱海克力斯族（Heraclidae）。
[027]　Messenia，又譯麥西尼亞。

尼撒，或是淪為奴隸。很多被多利安入侵者驅逐的伯羅奔尼撒人橫渡愛琴海來到小亞細亞沿岸，並建立起幾個殖民地，這一帶後來被稱為伊奧利亞，因殖民地建立者伊奧洛斯（Aeolos）而得名。

還有一部分人逃往阿提卡尋求庇護，並受到了雅典人的友好接待。雅典的這一舉動惹怒了伯羅奔尼撒各國的新任統治者，於是多利安與雅典之間的戰爭打響了。

西元前 1070 年，伯羅奔尼撒的一支大軍入侵阿提卡，雅典城瀕臨毀滅。在危急時刻，雅典君主科德魯斯（Codrus）表現出了強烈的愛國奉獻主義精神，他也因此青史留名。

## 第 11 章
# 科德魯斯 —— 希臘殖民地

希臘中部福基斯地區的德爾斐（Delphi）有一座阿波羅神廟，古希臘人認為，德爾斐是地球的中心，是「地球的肚臍」，他們總會向神廟祭司詢問未來之事，就像近來人們習慣向占卜家、預言家等騙子詢問類似的問題一樣。

雅典君主科德魯斯了解到伯羅奔尼撒人在德爾斐得到神諭，大意是只要雅典國王不死，多利安人就能獲得此次戰役的勝利。高尚的科德魯斯決心犧牲自己來拯救他的國家，於是他偽裝成農民隻身前往伯羅奔尼撒軍隊營地，並故意激怒多里安士兵，最終被士兵殺死。

不久，有人認出了雅典國王的屍體，伯羅奔尼撒人回想起神諭中他們取勝的條件，不敢繼續戰鬥，急忙撤軍放棄了入侵雅典的計畫。

雅典人聽說國王科德魯斯為救母邦不惜犧牲自己，心中的敬畏之情油然而生，他們宣布：「有科德魯斯這樣捨身為國的前任國王，世上恐怕只有宙斯才有資格做雅典的下一任國王了。」

據說，雅典人這樣說還有部分原因是他們發現科德魯斯的兒子們在爭奪王位。不久，雅典將會陷入內戰的漩渦中。

因此雅典人決定徹底廢除王權，任命科德魯斯的長子邁登（Medon）為民主政體的首席執政官，終身任職。而且只要他忠實履行職責，令公民大會滿意，他的家族便可沿襲這一職務。

由於大量伯羅奔尼撒難民湧入阿提卡地區，科德魯斯的另外兩個兒子安杜拉克里斯（Androclus）和涅琉斯（Neleus）便帶領這些難民與一大批雅典人前往小亞細亞，在伊奧利亞殖民地以南建立新的殖民地。

他們一共建立了 12 座城市，其中有些城市後來迅速發展成繁華富裕的大都市。這一帶被稱為愛奧尼亞地區（Ionia），因為雅典人的祖先有愛奧尼亞血統。

多利安人在愛奧尼亞南端的卡里亞（Caria）地區也建立了幾個殖民地，從而確定了希臘人在小亞細亞西海岸的定居範圍。塞普勒斯島、羅德島、色雷斯沿岸、愛琴海的諸島嶼，以及義大利和西西里島大部分地區，甚至法國和西班牙，都成為希臘冒險家的殖民地，這些冒險家便是各個時期移民出希臘的人。

隨著時間的流逝，希臘的種族、語言、宗教、制度和禮儀，不再限於希臘地區，而是延伸到包括歐洲和西亞等更為遙遠的地區。

## 第12章
## 奧林匹克運動會的設立

在推進殖民程式的同時，希臘本土因內部紛爭而四分五裂，分裂的各城邦國家不停地互相侵犯，但是這些戰事的起因和具體過程目前尚無確切記錄。

科德魯斯死後的 200 年內發生的事情至今也未見有史料詳細敘述，人們只知道這部分希臘史充滿了混亂與動盪。許多希臘城邦國家和殖民地都紛紛效仿雅典，廢除了君主制。

其他沒有廢除君主制的城邦國家後來也推行了民主政治，只有斯巴達長期保留著由孿生兄弟歐律斯透斯和普羅克勒斯早先建立的單一王權政府（也稱寡頭政治），他們的後裔共同治理斯巴達長達數個世紀，但事實上，希臘在很多方面都展現出民主政體的特徵。

希臘地區一直以來都被劃分為若干個獨立的城邦國家，大部分城邦都廢除了王權政府，其中的幾個分裂成諸多民主政體。國家的分裂，以及無休止的戰爭阻礙了不同地區居民之間的自由交流，必然也阻礙了希臘的知識發展和文明進步。

但幸運的是，伊利斯國王伊菲托斯（Iphitus）設立了一個節日，使希臘各城邦的人民無論是否交戰都須定期會面，彼此交流有益於人民福祉的消息。

這一節日便是奧林匹克運動會。希臘人常在節日期間或者在名人的葬禮上舉行各種展示力量和敏捷性的競賽。

奧林匹克運動會

伊菲托斯構想在自己的領土上定期舉行一個節日，慶祝那些古老的競賽習俗，並舉行紀念眾神之王宙斯和大力神海克力斯的宗教儀式。他前去德爾斐的阿波羅神廟中請示神諭，神諭回覆表示贊同他的這種想法。於是，他設立了這個節日，規定每四年在伊利斯城的奧林匹亞舉行奧林匹克運動會。

他邀請希臘所有城邦國家來參加這個節日，為避免戰爭阻礙各城邦參與，德爾斐神諭規定，每次在慶祝活動前後的一段時間內，各城邦須全面休戰。

後來希臘人認為奧林匹克運動會的設立日期──西元前 884 年是他們計算時間的新紀元。兩場奧林匹克運動會之間的這四年被稱為奧林匹克週期，即「奧林匹亞德（Olympiad）」。

隨後希臘人設立了另外三個類似的節日，即在科林斯附近舉行的地峽運動會、在德爾斐舉行的皮西安競技會（Pythian），以及在阿爾戈利斯舉行的內曼運動會（Nemean）。這些活動在兩場奧林匹克運動會的中間四年舉行。儘管這些競技會獲得了相當大的名氣，但都沒有伊菲托斯設立的奧林匹克運動會規模宏大、影響深遠。

奧林匹克運動會的比賽項目包括賽跑、戰車比賽、摔跤和拳擊比賽，以及其他展示力量和敏捷性的項目，另外還有詩歌和音樂比賽。勝利者會被冠以橄欖花環。在所有希臘人眼中，被授予橄欖花環是最高榮耀之一。

第13章
奧林匹克運動會項目

摔跤

摔跤是古希臘人十分喜愛的項目，是各級學校的必修課。在摔跤比賽中，參賽者通常是赤身裸體地展現出色的技巧和敏捷性。受到觀眾席人們的鼓舞，參賽者會在比賽中全力以赴，即使是受傷致殘，也不會表現出任何痛苦。

彈跳

運動會的跳遠項目要求運動員越過一條橫置的長桿。運動員必須練習至少 10 個月才能參加跳遠項目，否則無參賽資格。

拳擊

拳擊曾是希臘人頗為喜愛的一項運動，如今的英國人也經常練習拳擊。在奧林匹克運動會的所有比賽項目中，參賽人員一律平等。作弊者會受到嚴厲的處罰。

擲鐵餅

古人認為擲鐵餅[028]能激發人們的能量。競技者先在手上沾滿沙子或泥土，然後持餅前後擺動，用上一步或上三步法投出。當時鐵餅的直徑和重量差別很大，無統一規格。由於缺乏保護措施，常發生傷亡事故。

---

[028]　通常是一種圓形的石頭、鐵或黃銅。——作者注

賽跑

賽跑也是奧林匹克運動會的比賽項目之一。如果按照希臘作家的描述，當時競賽者的速度可能僅超過現代人最快的步行速度。

賽馬和戰車比賽是奧林匹克運動會中最引人注目的賽事。西元前648年第33屆古奧運會上賽馬被列為比賽項目。馬匹無鞍、無鐙，全憑競技者的技藝比賽。一些競技者在比賽中從馬上摔下受傷甚至當場死亡。戰車比賽尤為壯觀，戰車約跑10公里，各輛車都塗著不同的顏色，絢麗奪目，威武壯觀。戰車比賽時全場掌聲如雷，經久不息。據說當時人們以為腓力之子亞歷山大，即後來那位著名的征服者也想參加這場比賽。當人們提出此事，這位傲慢的年輕人卻拒絕了，並表示除非他的對手都是國王，否則他不會參賽的。

戰車比賽

來自四面八方的詩人、音樂家和各個階級的人們都聚集在一起觀看這些競賽。奧林匹克運動會深深地吸引著觀眾，不僅因為觀看競賽給人們帶來了極大的興奮感，而且這一比賽還得到了當時他們信仰的神靈許可。

## 第14章
## 希臘神話 —— 分類 —— 宙斯

　　希臘人將主要神靈分為天神、海神、地獄神三類。除此之外，還有許多神或半神。

　　天神中的男神包括：宙斯、阿波羅、阿瑞斯、荷米斯、戴歐尼修斯和赫菲斯托斯；女神有：赫拉、雅典娜、阿芙蘿黛蒂、阿提米絲、狄蜜特和赫斯提亞。

　　宙斯[029]是「眾神和人類之父」，據說他生在克里特島，但普遍的說法是宙斯的母親為躲避丈夫處死其子而將剛出生的宙斯藏到克里特島。他是時間之神克洛諾斯和瑞亞之子，是諸神中最強大的神，除了「命運」的指令外，其他一切都服從於他的意志。

　　宙斯是「眾神之父」，執掌天界，他的另外兩個兄長皆以統治天空的他為尊。古人對宙斯的稱呼多種多樣，有的源於他的行為，有的源於敬奉他的地名。因他原名為喬維斯（Jovis），加之以帕特（Pater），即「父」，便被古羅馬人稱作朱比特「Jupiter」。

　　宙斯統治初期，泰坦族的後代巨人族開始反抗宙斯，他們向奧林匹克山上拋擲巨石，還堆積一座座的高山企圖登上天庭。受到驚嚇，眾神便逃往埃及。後來在海克力斯的幫助下，宙斯贏得了這場與巨人族之間的戰爭。

---

[029]　對應羅馬神朱比特（Jupiter）。

宙斯

古人習慣於把一切使人性蒙羞的情慾和罪惡都歸罪於他們的神。他們還常常把宙斯描述成一個為了達到邪惡目的不惜使用卑鄙手段的神。

在希臘詩人的筆下，宙斯是一個莊嚴的人物。富麗的華蓋下，他坐在黃金或象牙的寶座上，一手持雷電，一手持著柏樹權杖。他的腳上或是權杖上立著一隻展翅的老鷹。他留著飄逸的鬍鬚，通常腳穿金鞋，身披繡花斗篷。克里特島人（Cretans）描述宙斯沒有耳朵，以此來彰顯他的公正。

他的眼睛，能看見全世界，

永恆的雷電之王，坐擁黃金寶座。

他以巍峨的天堂作腳凳，

整個奧林匹斯山都在他身下顫抖。

## 第 15 章
## 阿波羅、阿瑞斯、荷米斯

阿波羅是宙斯和勒托 [030] 之子，是狩獵女神阿提米絲的弟弟。勒托為躲避天后赫拉的迫害逃至提洛島（Delos），並在該島誕下了阿波羅。阿波

---

[030] 即羅馬神話中的拉託娜（Latona）。

羅是司掌文藝之神，主管光明、太陽、醫藥、畜牧、音樂等，是人類的保護神、光明之神、預言之神、醫神。他負責管理諸文藝女神，並有預見未來的能力。阿波羅神諭在全世界都享有盛譽。

據說，一天，阿波羅之子阿斯克勒庇俄斯（Esculapius）從智慧女神雅典娜那裡得到了一小瓶蛇髮女妖戈爾貢（Gorgons）的神奇血液：從左邊的血管取，就是一種致命的毒藥；如果從右邊的血管取，這血液就可令人起死回生。宙斯對此事十分震怒，因為這威脅到了只有神才擁有的「不朽」。於是他用雷劈死了阿斯克勒庇俄斯。被激怒的阿波羅為了報復，射死了為宙斯鍛造雷矢的獨目巨人庫克羅珀斯（Cyclopes）。宙斯大怒，將阿波羅剝奪神性，驅逐出了天堂。阿波羅在凡間曾為色薩利國王阿德墨托斯（Admetus）牧過羊，他也因此被稱為牧羊人之神。他曾吹奏豎琴築起了特洛伊城堅固的城牆，還曾用弓箭射死了一條巨蟒培冬（Python）。

阿波羅

人們認為阿波羅能夠讀懂太陽，他也因此被拉丁人稱為「索爾（Sol，太陽神）」。他常被描述為一位容貌英俊的少年，頭戴月桂花冠，

左手持弓箭，右手拿豎琴，頭頂還有一束光圈閃耀著。他最著名的神示所 [031] 是德爾斐的阿波羅神廟；他常在帕納塞斯山上與繆斯眾女神一同生活。

阿瑞斯 [032] 是司戰之神，是宙斯和赫拉之子。他的廟宇在希臘並不多見，卻是尚武的羅馬人最普遍信奉的神。他的祭司稱為撒里（Salii），由羅馬國王努瑪·龐皮利烏斯（Numa Pompilius）組織，撒里的主要職責是保衛安吉利亞神盾，據說其中一個是從天上掉下來的。

獻給戰神阿瑞斯的祭品包括：貪婪的狼，警惕的狗和公雞，還有以屍體為食的烏鴉。有時他被描繪成一個面目凶狠的老人，戴著頭盔，手持長矛和盾牌。

阿瑞斯

阿瑞斯的戰車由兩匹狂怒的馬牽引著，詩人稱它們為「驚慌（Flight）」、「恐怖（Terror）」。他的姐姐（一說妻子）——戰爭與毀城女神厄倪俄（Enyo）為他駕駛戰車。紛爭與不和女神厄里斯穿著破爛的衣服，手持火炬不和諧地走在前面；憤怒和喧鬧之神則跟在戰車之後。

荷米斯（Hermes）是宙斯與泰坦族阿特拉斯之女邁亞（Maia）的兒

---

[031] 古希臘時期人們可以前往問神，求取關於未來的預言的地方。
[032] Ares，對應羅馬的馬爾斯（Mars）。

子。他出生在阿卡迪亞的庫勒涅山，幼時便負責季節管理。他是眾神的使者，更是宙斯最忠實的信使；他是旅行者和牧羊人的守護神，也負責護送死者的靈魂前往冥界；他還掌管商業和雄辯，是小偷和所有不誠實之人崇拜的保護神。

荷米斯是字母的發明者，也是雄辯之神，因此希臘人稱他為「Hermes」，希臘語意為「傳譯或解釋」。他最早教人們買賣的藝術品，因拉丁語「Merx」表示「商人」，故荷米斯也被稱作「Mercury（墨丘利）」。

荷米斯出生的當日就偷了阿波羅在凡間照看的色薩利國王阿德墨托斯的牛群，充分了證明了他的偷竊癖好。隨後阿波羅彎下腰時，荷米斯又偷走了阿波羅的箭袋和金箭。後來他還偷走了海神波塞頓的三叉戟、愛神阿芙蘿黛蒂的腰帶、戰神阿瑞斯的劍、眾神之王宙斯的權杖，以及火神赫菲斯托斯的鍛造工具。

荷米斯

荷米斯的形象通常是頭戴插翅的盔形帽，腳穿插翼涼鞋，手持雙盤蛇帶翼權杖的年輕男子，輕觸這根神杖可以喚醒那些熟睡的人，也可以令那些清醒的人陷入沉睡。

# 第 16 章
## 戴歐尼修斯

被希臘人視為酒神的戴歐尼修斯 [033] 很可能是古代的一位征服者和立法者。他出生於埃及，在阿拉伯半島的尼薩接受教育。後來他向人們傳授了葡萄種植術、葡萄酒釀造術，以及釀造蜂蜜的方法，也因此被埃及人尊奉為神。

他征服了印度等許多國家。他最早教授人們商貿知識、航海術及土地耕種方式。他還下令建造城市，制定明智的法律，使許多野蠻民族開化，並教他們崇敬神靈。

戴歐尼修斯

在希臘流傳著這樣的故事：據說，一天，戴歐尼修斯在納克索斯島（Naxos）睡著了，一些海盜發現了他，被他的美貌迷住了，於是把他運到船上，打算把他當奴隸賣掉。酒神醒來後，假裝難過地失聲痛哭，以此來試探海盜們的人性。但幾乎所有海盜都開始嘲笑戴歐尼修斯。結果，突然

---

[033] Dionysus，對應羅馬的巴克斯（Bacchus）。

間，海盜們發現他們的船在海面上無法航行了。

　　倏地，無數葡萄藤從四面八方蔓起，纏繞著船槳、桅桿和船帆。這位年幼的酒神揮舞著長矛，喚來了老虎、黑豹和猞猁。海盜們嚇得驚慌失措，慌亂地跳入海中，除了之前憐憫戴歐尼修斯的領航員之外，其他海盜都變成了海豚。

　　酒神曾經受到弗里吉亞國王邁達斯（Midas）的盛情款待，戴歐尼修斯許諾：作為回報，可以實現他的任何願望。貪財的邁達斯請求讓自己碰到的東西都變成黃金，但他很快就後悔了，因為就連他的食物和水，甚至他的女兒也都變成了黃金。後悔莫及的邁達斯在戴歐尼修斯指示下透過河中沐浴才得以解脫，據說後來河裡的沙子中也含有金子。

　　祭祀酒神戴歐尼修斯的節日遊行帶有狂歡的性質。他的女祭司們，頭髮蓬亂，成群結隊地遊蕩於山間和林中，揮舞著酒神杖與火把，瘋狂地舞蹈著，大聲吟唱著紀念酒神的讚美詩。在酒神節日期間，人們戴著面具或臉上沾滿酒渣在城裡跑來跑去。

　　冷杉、常春藤、無花果和松樹都是酒神戴歐尼修斯的祭品。由於山羊總是毀壞葡萄樹，所以它們是獻給戴歐尼修斯的祭物。酒神有時被描繪成一個美貌的少年，有時又被描繪成一個年事已高的老人，常常頭戴用常春藤或者葡萄藤做成的花冠。

　　他手持纏著樹葉和葡萄藤的手杖，坐在戰車上，戰車有時由老虎和獅子拉著，有時由山貓和黑豹拉著，他的護衛則是一群放蕩的森林之神薩提爾（Satyrs）、精靈、寧芙（即仙女）。

## 第 17 章
## 赫菲斯托斯

赫菲斯托斯

赫菲斯托斯（Hephaestus）是赫拉之子，是古希臘神話中的火神、鐵匠之神。他從小在天堂接受教育，因犯錯觸怒了宙斯，於是被宙斯從奧林匹斯山踢了下去，他墜落了幾天幾夜，最後摔到了利姆諾斯島（Lemnos），觸地之時雙腿都折斷了，從此成了瘸子。他在這座島上定居下來，為自己建造了一座宮殿，修建了幾座鍊鐵用的熔爐。

赫菲斯托斯是諸神的鐵匠，技巧高超，製造了許多著名武器。傳說宙斯的閃電長矛，哈迪斯的雙股叉，波塞頓的三叉戟都是他鑄制的。他還在奧林匹斯山上建築了諸神的宮殿，還有天宮那張可以自動移動的議事桌也都出自他手。

古人認為世界上第一個女人潘朵拉就是赫菲斯托斯用黏土製成的。潘朵拉被賦予生命時，眾神賜予她許多禮物：愛神阿芙蘿黛蒂賦予她嫵媚，眾神使者荷米斯傳授她語言的天賦，宙斯送給她一個漂亮的盒子，裡面裝滿了禍害、災難和瘟疫等，讓她送給娶她的男人。潘朵拉把它帶給普羅米

修斯，但普羅米修斯不接受這個禮物。後來她嫁給了普羅米修斯的弟弟艾比米修斯（Epimetheus），普羅米修斯深信宙斯對人類不懷好意，他告誡弟弟不要接受宙斯的贈禮，可弟弟不聽勸告，依舊娶了美麗的潘朵拉。

當這個盒子被潘朵拉當作禮物送給艾比米修斯後，在打開的一瞬間，所有的災難、瘟疫都飛了出來，遍及全世界。人類從此飽受災難、瘟疫等折磨。而智慧女神雅典娜為了挽救人類命運，悄悄地把「希望」這件美好的東西放在盒子底層。但它還沒來得及飛出盒子，驚慌萬分的潘朵拉就把盒子關上了。有人說，沒有希望，人類將無法忍受痛苦和悲傷，所以「希望」才會留在盒中。

後來赫菲斯托斯與父母和好，並重回奧林匹斯山。他的瘸腿和畸形招致眾神嘲諷。但後來他娶了美與愛之神阿芙蘿黛蒂為妻，這讓眾男神羨慕不已。

據說他的熔爐位於世間所有火山之下，最著名的是西西里島的埃特納火山，所以人們認為火山爆發就是火神的鐵匠爐生火了。為了紀念赫菲斯托斯，人們在埃特納山上建立了一座神殿，並交由狗看守，那些狗的嗅覺異常靈敏，能分辨出前來拜神之人的善惡。

赫菲斯托斯的僕人被稱為庫克羅珀斯，他們都有一隻長在額頭中間的眼睛，且體型巨大。希臘神話中有一位著名的獨眼巨人波利菲莫斯（Polyphemus），他作為西西里島所有獨眼巨人的國王，是海神波塞頓和海仙女托俄薩之子，以人肉為食。

荷馬在《奧德賽》一書中這樣描述：經歷特洛伊10年鏖戰的希臘西部伊薩卡國王奧德修斯在歸鄉途中登陸了獨眼巨人聚居的西西里島。他和隨行的12個希臘人被波利菲莫斯抓到洞中，獨眼巨人每日都會殘暴地摔

死並吞食其中兩人。奧德修斯在悲痛萬分之下想到了一個逃走的計畫，他騙波利菲莫斯喝下了濃烈的葡萄酒，趁著他不省人事之時，用燃燒的木柴剜去了他的雙眼後，才得以逃走。

通常赫菲斯托斯被描述為一位站在鐵砧前，手持錘子和鉗子在鍛造雷電的男性。他的額頭被煙燻得烏黑，長鬍鬚，頭髮蓬亂，因常年鍛造而手臂肌肉發達。透過赫菲斯托斯的神話故事我們可以看出古人對金屬加工藝術的高度重視，因為他們認為鐵匠是一個非常合適的神職。

荷馬是如此描述愛神阿芙蘿黛蒂拜訪赫菲斯托斯的鐵匠爐的情景：

在那裡女神找到了跛腳的工匠，

煙氣朦朧，他的爐火熊熊燃燒，

從一個火堆飛到另一個火堆，他汗流浹背

呼哧呼哧地，咆哮的風箱吹了起來。

然後跛腳的工匠從他的鐵砧上站了起來，

他走起路來，一瘸一拐，

他關了風箱，按順序擺放，

將工具鎖入屜中，用海綿擦拭身體汗漬，

他手臂粗壯，體毛濃密；

拿起碩大的權杖，穿上紅色外衣，

蹣跚著走來。啊，他就是火焰之王。

## 第 18 章
# 赫拉、雅典娜

赫拉

　　天后赫拉[034]是宙斯的姐姐，也是他的妻子，是克洛諾斯和瑞亞之女。她出生於薩摩斯島，在與宙斯結婚之前一直住在此處。赫菲斯托斯、阿瑞斯和赫柏都為她所生。

　　宙斯和赫拉舉行了莊嚴隆重的婚禮。天上眾神和地上所有人類都前來見證。一個名為刻羅涅（Chelone）的自然女神拒絕參加，結果被眾神使者荷米斯變成了一隻烏龜，並懲罰她永遠保持沉默。

　　在古詩人的筆下，赫拉的威嚴形象確實擔當得了天后之位。她的容貌結合了我們所能想像到的一切高貴優雅的特點。她的丈夫宙斯四處留情引起赫拉的嫉妒與不滿，因此二人所產生的爭執讓天堂陷入持久的混亂之中。由於她曾對海克力斯狠下毒手，宙斯用一根金鍊將她吊在空中，她的兒子赫菲斯托斯前來為母求情，卻被憤怒的宙斯從天上踢了下來，摔斷了腿。

---

[034]　Hera，羅馬神話中為 Juno。

伊里絲　　　　　　蓋尼米德

　　古希臘人普遍崇拜天后赫拉。她最著名的寺廟在阿爾戈斯和奧林匹亞。彩虹女神伊里絲（Iris）是她的侍從和信使。

　　赫拉通常被描繪成坐在寶座上或孔雀牽引的戰車中，是一位美麗優雅的女性。她手持權杖，頭戴一頂鑲有玫瑰和百合花的鑽石皇冠。她的女兒青春與健康之神赫柏立於戰車一旁侍奉。

　　赫柏原是宙斯的斟酒官，但她在一個莊嚴的節日上為眾神斟酒時不慎摔倒，於是被撤了職，蓋尼米德（Ganymede）頂替了她的位置。

　　荷馬這樣描述赫拉的戰車：

她一聲令下，神馬賓士，

不朽的黃金馬飾閃閃發亮。

青春之神赫柏一旁等候著。

戰車的車輪旋轉，

閃著明亮的光芒，

發出鑼鼓般的聲響，

八個車輻閃耀著火焰般的光芒；

用黃金裝飾，有如天造，

兩個黃銅套圈滾動著。

銀色的車輪閃閃發光；

飛速移動的黃金寶座；

戰馬身後是弧形的車體，

彎曲成一個拱形。

銀色的橫梁，金色的車軛，

黃金韁繩拴住永生的駿馬。

雅典娜

　　雅典娜是智慧女神，據說是從宙斯的頭顱中跳出來的，一出世便是一位體態婀娜、披堅執銳的美麗女神。她立刻被眾神接納，成為宙斯忠實的顧問。雅典娜是眾女神中最有成就的一位。

　　雅典娜發明了紡紗技術，因此她時常表現為手握紡紗桿的形象，長矛則鮮少出現。阿拉克涅（Arachne）是凡間一位染色工的女兒，精通編織和刺繡，她織布時就連林中和噴泉中的仙女們都前來觀看。她甚至冒險和雅典娜比試紡織技巧。雖然這位凡人的作品非常美麗，完美無缺，但和女神的作品相比還是稍有遜色。阿拉克涅絕望地上吊自殺了，後來雅典娜憐

憫她，將她變成一隻蜘蛛，生活在一張巨大的蜘蛛網內不停地織布。[035]

雅典娜的面容通常展現出男性的陽剛之氣，而非女性的優雅溫柔。她身披金色胸甲，頭戴一頂金色頭盔，頭盔上纏著一頂橄欖花冠，冠頂還插著一根下垂的羽毛。她右手握長矛，左手拿盾牌，盾牌上畫著美杜莎的頭顱，周圍都是毒蛇纏繞。

雅典娜有一雙天藍色的眼睛。她的代表性聖物有公雞、貓頭鷹、蛇怪和紡紗桿。她也是古人普遍崇拜的神靈，她最宏偉的廟宇是建在雅典衛城的雅典娜神殿。

有一座最純淨的白色大理石建造的帕臺農神殿，殿內有用金子和象牙做成的雅典娜女神雕像。雕像高 26 腕尺 [036]，被認為是菲迪亞斯（Phidias，古希臘雕刻家）最傑出的作品之一。這座廟宇的遺跡現如今在雅典仍可見到，每一位遊客參觀時，都會不由自主地讚嘆古人的高超技藝。

荷馬關於雅典娜戰前武裝的描寫美麗至極，讓人過目不忘。

現在，天空的恐懼使她的四肢充滿了力量；

朱比特的胸甲在她豐滿的胸脯上閃閃發光：

為這片哀傷的土地披上悲傷的勝利外衣，

她寬闊的肩膀舉著那可怕的盾牌；

昏暗，黑色，恐懼！在盾的邊緣，

一群嘶嘶的蛇守護著金色的盾牌。

嚴酷戰爭中所有的恐怖都在這裡顯現。

烈火在這裡肆虐，恐懼和驚駭在這裡顫抖，

戰爭在這裡爆發，復仇女神在這裡眉頭緊皺，

---

[035] 有關阿拉克涅的故事出自羅馬故事《變形記》中，與希臘神話無關。
[036] 古時的長度單位，一腕尺相當於一個前臂的長度。

蛇髮女怪戴上她不祥的死亡之球。

女神扣上她巨大的金色頭盔，四道邪惡的陰影籠罩著，

碩大無比的盾牌上描繪了

一百座戰場上的一百支軍隊。

阿芙蘿黛蒂

## 第 19 章
# 阿芙蘿黛蒂和厄洛斯

　　阿芙蘿黛蒂是愛與美的女神，也是歡笑、優雅和愉悅的女神。據說她誕生於塞普勒斯島附近海水的泡沫中。和煦的微風緩緩地把她送到了岸邊，隨後由宙斯和忒彌斯的女兒——季節女神們撫養。她所到之處腳下鮮花盛開，時序女神為她穿上盛裝。

　　當她被帶到天堂時，眾神驚訝於她的美麗，爭先恐後地要娶她為妻，但是宙斯把她許配給了醜陋、畸形的赫菲斯托斯。阿芙蘿黛蒂有一條著名的腰帶，希臘人稱為「zone」，拉丁人稱為「cestus」。這條腰帶可以讓其

佩戴者散發出迷人、高雅的風姿。

在色薩利國王佩琉斯與海仙女忒提斯的婚禮上，紛爭與不和女神因為沒有受邀參與這次活動而尋釁報復。她在婚禮上丟下了一個金蘋果，上面寫著：「送給最美麗的女神」。參加婚禮的天后赫拉、智慧女神雅典娜和愛與美之神阿芙蘿黛蒂均以最美者自居，爭持不下。

阿多尼斯　　　　　　　　厄洛斯

最後，由於無法解決紛爭，她們一致同意讓帕里斯裁決。這位年輕的牧師在伊達山（Mount Ida）上放牧。三位女神試圖透過許諾和哀求來影響帕里斯的判斷。赫拉許諾給他一個王國，雅典娜許諾賜予他軍事榮耀，阿芙蘿黛蒂許諾把世界上最美麗的女人賜給他做妻子。

帕里斯最後把金蘋果判給了阿芙蘿黛蒂。按照阿芙蘿黛蒂的約定，帕里斯後來得到了斯巴達國王墨涅拉俄斯的妻子海倫，海倫有著絕世美貌。正如我們之前所說，這一事件正是著名的特洛伊戰爭的導火線。

阿多尼斯（Adonis）是塞普勒斯國王卡尼拉斯（Cyniras）與自己的女兒密拉（Myrrha）的私生子。密拉因相貌絕美而受到愛與美之神阿芙蘿黛

蒂的詛咒，隨後，她愛上了自己的父親。密拉趁夜與父親幽會，當他父親
得知自己的情人竟是自己的女兒時，憤怒讓他想殺死密拉。但密拉已懷有
身孕，她發瘋一樣逃走了，被神化為一棵沒藥樹（myrrh），阿多尼斯便是
在樹中孕育的。阿多尼斯一出世就俊美動人。阿芙蘿黛蒂對他一見鍾情，
把他暫時交給冥后波瑟芬妮（Persephone）撫養，阿多尼斯長大後冥后也
愛上了他，捨不得讓他離開。兩位女神互不相讓，遂請求主神宙斯裁決。
後來阿多尼斯在林間被野豬殺死，阿芙蘿黛蒂為他的死悲慟哀嚎，並把他
流下的鮮血變成了銀蓮花。阿芙蘿黛蒂聽到阿多尼斯垂死的聲音飛奔過去
救他時，一根刺扎進了她的腳，鮮血滴落在玫瑰上，把原來的白色玫瑰染
成了紅色。然後她向宙斯祈禱，希望阿多尼斯每年都能再生活六個月，後
來她的祈禱應驗了。

　　玫瑰、香桃木、蘋果、鴿子、天鵝和麻雀都是愛神阿芙蘿黛蒂的聖
物。有時她被描述成乘著一群鴿子牽引的象牙戰車穿梭於天空，身著鑲鑽
紫色披風，腰繫著飄帶。

　　她的鴿子群被一根明亮的金鍊子拴著，和小愛神厄洛斯[037]一起在戰
車前方搧動著翅膀。美惠三女神阿格萊亞（Aglaia）、塔利亞（Thalia）和
歐芙洛緒涅（Euphrosyne）是她的侍從。

　　有時阿芙蘿黛蒂會乘著貝殼在海洋中穿行，頭戴玫瑰王冠，小愛神厄
洛斯、海仙女涅瑞伊得斯和海豚在她周圍嬉戲。她顯得非常美麗、高貴，
帶著柔和與歡愉的神色。

　　愛神阿芙蘿黛蒂的神廟眾多，其中最著名的神廟位於帕福斯（Pa-
phos）、塞西拉（Cythera）、伊達利亞（Idalia）和尼多斯（Cnidus）。阿芙蘿

---

[037]　Eros，羅馬神話中稱邱比特（Cupid）。

黛蒂在羅馬神話中被稱為維納斯，她最有名的雕像被後人稱為「美第奇的維納斯（Venus de Medicis）」，所有參觀佛羅倫斯學院美術館的人都懷著崇敬之情瞻仰她的雕像。還有一尊愛神的著名雕像是西元前 2 世紀創作的大理石作品，稱《米洛的維納斯》（又稱《米洛的阿芙蘿黛蒂》、《斷臂的維納斯》），於 1820 年在愛琴海米洛斯島的山洞中發現，現藏於法國羅浮宮博物館。

阿芙蘿黛蒂最常居住在塞普勒斯島，她的主要信奉者在該島的帕福斯城。

她向著塞普勒斯海岸優雅地走去，

前往帕福斯和茂盛的小樹林；

人們建起百座聖壇崇拜愛神的力量，

信徒們的香火飄升至芳香的天際。

在晚期希臘神話中，愛神阿芙蘿黛蒂和戰神阿瑞斯私通從而生下了小愛神厄洛斯。厄洛斯的形象是一個手持弓箭、光著小腳丫、長有一對小翅膀的淘氣小男孩，有時他的眼睛會被矇住，也有人說厄洛斯是盲人，寓意是我們往往對所愛之人的錯誤視而不見。厄洛斯的翅膀展現了他的反覆無常和求變的慾望。

## 第 20 章
# 阿提米絲、狄蜜特和赫斯提亞

阿提米絲 [038] 是古希臘神話中的月亮女神、處女之神和狩獵女神。她是宙斯和勒托之女，也是阿波羅的孿生姐姐。在凡間，她被稱為阿提米

---

[038]　即羅馬神話中的戴安娜或露娜（Diana or Luna）。

絲，閱聽人人崇拜；在天堂，她被稱為月神盧娜（Luna）；在塔爾塔羅斯地獄（Tartarus），她被稱為赫卡忒（Hecate）。

阿提米絲不喜歡與男性交往，反對男女婚姻，於是隱居森林。她向父親宙斯索取了 60 個海洋中的仙女、20 個居於山裡水澤的仙女做侍女，其中那 60 個海洋仙女都是強大的海神歐開諾斯的女兒。這些仙女和阿提米絲一樣，都決心永不結婚。

她手持一張金弓，用宙斯的閃電點燃的火炬照明，帶領著仙女們穿越黑暗的森林和樹木繁茂的山脈，去追逐那些敏捷的雄鹿。據說她的弓弦聲會讓高聳的山脈顫抖；她狩獵時，森林裡總是迴盪著受傷的雄鹿痛苦的喘息聲。

狩獵結束後，她會趕到弟弟阿波羅的住所德爾斐，把弓箭和箭袋懸掛在他的祭壇上。然後在祭壇上，阿提米絲帶領繆斯女神們和美惠三女神一同合唱，歌頌她的母親勒托。

喀俄涅（Chione）深受阿波羅喜愛，她卻對阿提米絲傲慢無禮，竟宣稱自己比狩獵女神阿提米絲更美麗。憤怒的阿提米絲拔出了弓箭，一箭射穿了喀俄涅的舌頭，用此殘忍手段讓對方永遠保持沉默。

卡呂冬國王俄紐斯（Ceneus）在給眾神獻祭時，把自己田地和果園裡初熟的果實獻給了眾神，無意中忘記獻給阿提米絲。於是，她一氣之下派遣一頭凶殘無比的野豬毀壞了俄紐斯的葡萄園。

阿提米絲　　　　　　　　狄蜜特

　　阿提米絲身材修長，相貌出眾，一身女獵人裝扮。手裡拿著弓，肩上掛著箭袋，腳穿中筒靴，前額上有一彎明亮的銀色新月印記。有時，她坐在由母鹿牽引的銀製戰車上。狩獵女神出現時，寒冷而明亮的月亮散發著銀色的光芒，籠罩在山丘和森林之上。

　　恩底彌翁（Endymion）是一位風度翩翩的青年牧羊人，也是一位天文學家，他常常在高山上過夜，觀察月亮和其他天體。於是一個古老的傳說應運而生，稱月神阿提米絲[039]每夜會從天而降前來與牧羊人恩底彌翁相會。

　　以弗所（Ephesus）的阿提米絲神廟曾是世界公認的七大奇蹟之一，但後來一個名叫埃羅斯特拉圖斯（Erostratus）的人，為了讓自己的名字永世流傳，竟然不擇手段，縱火燒毀了這座宏偉的廟宇。

　　狄蜜特[040]是掌管穀物和豐收的女神，是克洛諾斯和瑞亞之女，也是波瑟芬妮的母親。一天，波瑟芬妮在西西里島美麗的山谷恩納採花，冥王哈迪斯被她的美貌所吸引。當波瑟芬妮伸手去摘水仙花時，大地突然裂開了，冥王哈迪斯坐在四匹黑馬拉著的戰車狂奔而來，強行帶走了她。當狄

---

[039]　一說是另一位月亮女神塞勒涅（Selene）。
[040]　Demeter，即羅馬神話中的克瑞斯（Ceres）。

蜜特發現女兒失蹤後，她在西西里瘋狂地四處尋找。為了能在夜晚也不停下搜尋，她用埃特納火山的火焰點燃了兩根火把。

後來她遇到了山林仙女阿瑞圖薩（Arethusa），仙女告訴她是哈迪斯帶走了她的女兒。聽到這個訊息，狄蜜特乘坐一輛由兩條龍牽引的戰車飛昇到天堂，請求宙斯命令哈迪斯將女兒還給她。

宙斯同意了，但前提是波瑟芬妮在哈迪斯的王國中不曾吃下任何東西。隨後狄蜜特急忙去了冥界，但是不幸的是，波瑟芬妮已經吃了在伊利西恩（Elysian，即極樂世界）採摘的石榴籽，因此她無法返回人間。

後來宙斯同情狄蜜特，決定讓波瑟芬妮有每年一半的時間可以在人間與母親一起生活，另一半的時間則要回到冥府與哈迪斯生活。之前狄蜜特尋找女兒時，疲憊的她路過了一位名叫鮑波（Baubo）的老婦人門前，向主人討點水喝。老婦人不僅給了她水，還為她做了一碗大麥湯。女神迫不及待地開始喝湯，站在一旁的鮑波之子斯特利奧（Stellio）卻嘲笑了她。於是女神朝這個男孩的臉上灑了些湯水，對方立刻變成了一隻蜥蜴。

狄蜜特回到人間時，發現因為她的離開，田裡的莊稼全部枯萎，尤其是阿提卡，變得貧瘠且荒涼。特里普托勒摩斯（Triptolemus）是阿提卡地區埃萊夫西納（Eleusis）國王刻勒俄斯（Celeus）之子。狄蜜特在尋找女兒期間也受到了刻勒俄斯的熱情款待，於是她指導國王之子特里普托勒摩斯學習農藝。

狄蜜特教這位王子犁地、播種和收割，還教他如何做麵包和種植果樹。學成之後，女神送給他一輛由飛龍牽引的戰車，派他去教靠樹根和橡實為生的人類如何耕種。特里普托勒摩斯把從女神那裡學到的播種小麥的技術教給了人類。

紀念狄蜜特最著名的節日在雅典西部的埃萊夫西納城舉行。正如上文中我們提到的那樣，因為這個儀式是祕密進行的，所以它被稱為埃萊夫西納祕儀（Eleusinian Mysteries），那些參加這一莊嚴活動的人被稱為「入會者（the initiated）」。

新入會的成員必須莊嚴宣誓保守儀式祕密。信徒們被祭神活動中的一些儀式嚇得目瞪口呆，他們並沒有意識到那不過是祭司們耍的手段，他們想讓信徒們更加敬畏神靈。這些神祕的組織很可能啟發了現代人想出共濟會這一概念。

狄蜜特通常被描述成一個身材高挑、面色威嚴的女性，她飄逸的金髮上纏著一個玉米花冠，右手持鐮刀，左手拿著一支點燃的火炬。人們為了紀念狄蜜特創立了許多節日，還建造了許多華麗的神殿。每到春天，農夫們會向她獻上祭品，包括葡萄酒、蜂蜜和牛奶。羅馬詩人維吉爾（Virgil）曾這樣描寫這些樸素的儀式：

紀念克瑞斯的年度儀式，

在綠色的草地上，在芳香的樹蔭下，

嚴冬遠去，春光明媚時，

有肥美的羊羔，醇厚的美酒，

鮮花盛開的大地芬芳四溢，

高山峻嶺，濃蔭庇日。

所有母鹿在穀神神龕前低下頭，

用奶和醇酒，為她調製甜蜜，

三次把祭品帶到橡樹果實旁，

呼喚穀物女神，讚美詩在迴響。

赫斯提亞

　　灶神和火焰女神赫斯提亞[041]是希臘神話中克洛諾斯和瑞亞的長女。著名的特洛伊王子埃涅阿斯（Aeneas）將赫斯提亞帶入了義大利。羅馬人和希臘人祭拜灶神儀式有所不同。特洛伊將她的神像放置於神廟中，只要她在，羅馬就能夠保持風調雨順。

　　在赫斯提亞的廟宇中燃燒著永遠不熄滅的神聖之火，由七位處女祭司輪流照看，以保護火焰不熄，這些女祭司被稱為赫斯提亞貞女。若是貞女疏忽致聖火熄滅，她將受到大祭司的嚴厲懲罰。

　　這些貞女是從 6 歲到 10 歲的女童中挑選出來的。她們必須 30 年不結婚。第一個 10 年，她們要學習祭司職責，第二個 10 年她們負責履行職責，最後的 10 年她們負責教導年輕的新手。若是有人怠忽職守或違背保持童貞的誓言就會被關在地窖裡，只留下一盞燈、一點麵包、酒、水和油，在裡面等死，這無異於活埋。

---

[041]　Hestia，即羅馬神話中的維斯塔（Vesta）。

## 第 21 章
### 海神 —— 波塞頓、特里頓、歐開諾斯、涅羅斯

希臘神話中的海神包括波塞頓、特里頓（Triton）、歐開諾斯（Oceanus）和涅羅斯（Nerus）。其中，波塞頓是克洛諾斯和瑞亞之子，他從弟弟宙斯那裡得到了海洋的統治權，河流、噴泉和所有海域都聽命於他，他可以隨心所欲地製造地震，只要揮一揮那三叉戟，就能讓海底的島嶼浮出水面。

他也是船舶之神，是所有海事之神。他一聲令下便可揚起千層浪，吞沒航行的船隻，也可以輕鬆地平息洶湧的波濤。

在特洛伊戰爭中，海神波塞頓坐在薩摩斯島樹木繁茂的山頂上，俯視著人類的戰鬥。每次當他看到特洛伊方勝利時，對宙斯的怒火就燃燒愈烈。他站起身來，從山頂走下時，眾山也隨之顫抖。

他三步便能跨越整個地平線，四步就到達了大海深處的宮殿。然後他坐上戰車，飛快地在海上賓士，海水都碰不到他車子的銅軸。鯨魚和海怪都出來向他致敬。當他經過時，海浪因恐懼而顫抖著，恭恭敬敬地向後退去。

波塞頓

　　他想娶海神歐開諾斯和滄海女神特提斯（Tethys）之女海洋女仙安菲屈蒂（Amphitrite）為妻，於是派了一隻海豚去說服她，這隻海豚成功地為波塞頓贏得了女神。為了獎勵這隻海豚，波塞頓將他置於星際之中成為一個星座。古人是這樣描述安菲屈蒂的：

　　幾隻金藍色的海豚從海中躍起，掀起高高的浪花，海浪隨之產生許多泡沫。接著人魚特里頓斯[042]（Tritons）吹響海螺殼。安菲屈蒂坐在由雪白的海馬牽引的戰車中，在鹹鹹的海中破浪前進，只見身後的海面留下一道深深的痕跡。激動的海馬眼睛泛紅，嘴中吐出一團團的白沫。

　　女神的戰車是一個巨大的貝殼，顏色比象牙還光亮，車輪由黃金製成，在平靜的海面上掠過。頭戴鮮花、長髮飄飄的寧芙仙女成群結隊地在戰車後的淺灘中游泳。

　　女神一手握著金杖指揮海浪，一手抱著她的小兒子帕勒曼（Palemon）。孩子被放在她的膝上。她看似面色溫和，但威嚴的神態壓抑著所有躁動不安的暴風雨。特里頓斯牽著海馬，握著金色韁繩。

　　戰車上方有一張紫色的大風帆，許多小風神（zephyrs）努力地將風帆吹起。空中的風神埃俄羅斯（Aeolus）忙忙碌碌，他那陰沉、布滿皺紋的臉，陰鬱嚴肅的眼神，有威脅力的聲音，讓空中每一片烏雲驚恐地退散開來，凜冽的北風也沉寂了下來。巨鯨和所有深海裡的怪物都急忙從幽深的洞穴中出來，以瞻仰女神的風采。

　　海神波塞頓被描繪成一個威嚴冷酷的神，面帶憤怒的神色。他頭髮烏黑，雙眼碧藍，身穿一件亮藍色披風，筆直地坐在戰車上，右手握著三叉戟，有時左手扶著他的王后安菲屈蒂。

---

[042]　一族或男或女的人魚生物。

海神波塞頓是人類普遍崇拜的神。利比亞人（Libyans）認為他是最強大的神。著名的地峽運動會就是希臘人為紀念海神波塞頓而創立的。他是海神普羅透斯（Proteus）和特里頓的父親。

特里頓是海神波塞頓和海後安菲屈蒂之子，擔任父親的號手。通常特里頓被描述為一個人魚的形象，上半身是人形，下半身則是一條魚尾巴。他常常吹著神奇的海螺來控制海水。

他是一個強大的海神，可以隨心所欲地在海上掀起風暴，也可以使海面歸於平靜。

特里頓

船尾之上海綠色的海神出現；

皺著眉頭，似乎在吹奏只那彎曲的海螺；

海螺聲響起，巨浪圍繞著他跳舞。

海神歐開諾斯是希臘神話中一位古老的海神，是烏拉諾斯與蓋亞之子。宙斯成為天神後奪取了歐開諾斯的帝國，並把它交給了波塞頓。歐開諾斯娶了滄海女神特提斯。歐開諾斯生下了 3,000 個孩子，被稱為大洋河流之神。

歐開諾斯的形象通常是一位長著飄逸長鬍鬚的老人，坐在海浪之上，手持長矛，還有一隻海怪常伴其左右。古人在出航前都會莊嚴地向大洋神歐開諾斯祈求保佑。

涅羅斯是歐開諾斯之子，後來娶了水仙女多麗絲（Doris）為妻，他們生下了 50 位海仙女。他居住在愛琴海之中，常被描述成一位藍髮老者。涅羅斯還有預知未來的能力。在有關他的畫作中，他常常與女兒們一起出現，海仙女們會圍著父親齊聲吟唱頌歌。

## 第 22 章
# 冥神——哈迪斯、普魯托斯、修普諾斯

這類神靈包括哈迪斯[043]、普魯托斯和修普諾斯[044]。哈迪斯是古希臘神話中的冥王，統管整個冥界事務，為克洛諾斯和瑞亞所出。

由於哈迪斯所居住的地獄是極度淒涼陰鬱之地，沒有一位女神願意嫁給他，他便決心以武力強娶。有一次，他看見波瑟芬妮和夥伴們在西西里採花，被波瑟芬妮的美貌所吸引。哈迪斯駕著由四匹黑馬牽引的戰車向她狂奔而去，不顧美人哭得梨花帶雨，將她強行擄回了冥界。

年輕的寧芙仙女賽昂（Cyone）試圖阻止冥王賓士的駿馬，但哈迪斯用權杖敲擊了一下地面，大地瞬間裂開。戰馬載著哈迪斯和波瑟芬妮一起落入了裂谷，去到了冥界。後來波瑟芬妮成為冥界的王后。

---

[043] Hardess，即羅馬神話中的冥神。
[044] Hypnos，即羅馬神話中的索姆諾斯（Somnus）。

哈迪斯

　　獻給這位森冷冥王的祭品大多是黑色的物品，尤其是黑公牛。人們宰殺供奉給冥王的動物時會把它們的血液灑在地上，此血會滲到地獄之中供冥王享用。柏樹、黃水仙和白水仙花也是冥王的祭品，因為波瑟芬妮在被哈迪斯擄走時，正在採著這些花。

　　哈迪斯的形象常被塑造為坐在硫黃色的王座上，頭戴柏樹王冠，腳邊有一隻三頭犬刻耳柏洛斯（Cerberus）。冥后波瑟芬妮則坐在他的左手邊。他的手裡還握著一把鑰匙，意指當凡人死後在被帶入他的冥界的那一刻，背後的城門就會被鎖上，他們便再也無法復活。

　　財富之神普魯托斯是伊阿宋（Jason）和狄蜜特之子。希臘人將他描述成一個邪惡的盲人，寓意是壞人常享榮華富貴，而好人卻多窮困潦倒。他是個瘸子，所以經常姍姍來遲，寓意財富是慢慢獲得的。據說他膽小怕事，寓意是人們要小心翼翼地守護著自己的寶藏。他還長著一雙翅膀，表示財富總是轉瞬即逝。

　　修普諾斯是古希臘神話中的睡眠之神，是厄瑞玻斯 [045]（Erebus）和黑

[045]　Erebus，永久黑暗的化身。

夜女神倪克斯（Nox）之子。他的宮殿是冥界的一處黑暗洞穴，太陽永遠都照不進來。宮殿入口處長著大片罌粟花。修普諾斯擅長催眠術，因而英文中的「Hypnosis（意為催眠）」便是源於這位睡神。據說修普諾斯總是睡在一張掛著黑簾的羽毛床上。他的宮殿中有兩扇門，夢在這兩扇門間穿來穿去。睡夢之神摩耳甫斯（Morpheus）是修普諾斯之子，也是他的首席大臣。

## 第 23 章
## 地神

除了前文提到的神外，還有其他常常居住在大地上的神靈，但其高貴程度不及宙斯、波塞頓、阿波羅、雅典娜、狄蜜特、赫菲斯托斯、赫拉、阿瑞斯、荷米斯、阿提米絲、阿芙蘿黛蒂和赫斯提亞。

上述十二位神靈後被稱為「奧林匹斯十二主神」，是古希臘人最崇拜的十二位神祇，雅典人對他們的崇拜最甚，還將這些神靈的畫像置於一處名為「凱拉米克斯（Ceramicus）」的畫廊中精心保存。接下來我們來介紹幾位著名的地神。

勒托（Leto）是光之女神，福柏（Phoebe）和泰坦神科俄斯[046]之女。她曾經是位天神，但因其絕世美貌引得眾多男神欽慕，尤其是眾神之王宙斯。後來赫拉發現勒托與宙斯有私，一向善妒的天后赫拉惱羞成怒，將勒托逐出天堂，並派巨蟒培冬對她趕盡殺絕。

勒托開始四處流浪，東躲西藏。天堂不願再接納她，大地女神蓋亞也不願得罪天后赫拉，拒絕給勒托一處棲息之所。巨蟒培冬還一直追趕著，恐嚇著她。

[046] Coeus，即羅馬神話中的科勒斯（Corus）。

後來海神波塞頓很同情這個逃亡者，決定伸出援手。愛琴海中有一座提洛島，時而浮出水面，時而又沉入水底。波塞頓用他的三叉戟敲擊了這個島嶼，它便不再移動了。勒托變身鵪鶉飛到了提洛島，在島上先後生下了狩獵女神阿提米絲和光明之神阿波羅。

但是赫拉並沒有停止對勒托的迫害，勒托不得不逃離提洛島。她四處奔波，最後來到了小亞細亞的利西亞國（Lycia）。在一個烈日炎炎的午後，她步履蹣跚地走在田野中，飢渴難耐，這時她突然看到不遠處山谷中的一汪泉水，喜出望外的她全力跑了過去。

勒托女神雙膝跪地，俯身喝著涼爽的泉水。幾個在田中除草的鄉野農夫看到後衝過來驅趕她。勒托懇求他們憐憫她。

為何要驅趕我，她說道，

這水不是世人皆可暢飲的嗎？

陽光、空氣、純淨涼爽的泉水，

皆是自然的恩賜；是我求得的恩賜。

我的口乾舌燥，需要這一捧水，

我已經說不出話來，沒有水我將會死去，

於我而言水即是珍貴的花蜜。

但農民們對她的懇求充耳不聞。勒托離開山谷時，請求天神宙斯懲罰那粗野農夫的野蠻行徑。宙斯隨即將這些人變成了青蛙。

尼俄伯（Niobe）是坦塔洛斯（Tantalus）之女，是底比斯國王安菲翁（Amphion）的妻子。她生下了 7 個英俊瀟灑的兒子和 7 個花容月貌的女兒，常常以此為傲。但她竟無禮地嘲笑勒托女神，說自己比光明之神阿波

羅和狩獵女神阿提米絲的母親更有資格受人們崇拜，更有資格享用祭壇上的祭品。

勒托得知此事後怒不可遏，便派自己的孩子們去懲罰驕傲的尼俄伯。阿提米絲和阿波羅聽了母親的話毫不猶豫地拿起弓箭便出發了。尼俄伯的兒子們被阿波羅用箭一一射死，她的女兒們也全被阿提米絲殺死。尼俄伯看到她所有的孩子都被殺後，悲痛萬分，絕望地走入荒野之中，痛哭了幾天幾夜。眾神憐憫她，就把她變成了一塊石頭。

勒托女神的信徒主要分布在阿爾戈斯城和提洛島。雖然她之前面臨種種不幸，但看到兩個孩子都閱聽人生祭拜，她甚感欣慰。

## 第24章
# 厄俄斯

厄俄斯[047]是希臘神話中的黎明女神，是太陽神赫利俄斯[048]和月亮女神塞勒涅的姐姐，也是星空之母。她是泰坦神與大地女神蓋亞之女，也有人說是泰坦海柏利昂（Hyperion）和光明女神忒亞（Thea）之女。她嫁給了泰坦之子、群星之神阿斯特賴俄斯（Astraeus）。在詩人筆下厄俄斯常坐在由雪白的馬牽引的金色戰車裡。

厄俄斯女神的額上閃耀著一顆璀璨的星星。她用紅潤的手指開啟東方的大門，掩下黑夜的黑暗面紗，將露水傾灑在花草之上。她徐徐走來，天上的星星便漸漸退去，因為它們知道環繞著她的彩霞預示著太陽的到來。

---

[047] Eos，即羅馬神話中的奧羅拉（Aurora）。
[048] Helius，後與阿波羅混為一體。

厄俄斯

　　厄俄斯還曾是特洛伊王子提托諾斯（Tithonus）的配偶。提托諾斯祈求女神賜給他永生，於是女神厄俄斯前去請求宙斯。

　　宙斯同意了，但是她忘記請求宙斯讓提托諾斯永保活力、青春和美貌，只有這些才是永生令人嚮往的緣由。隨著時間的推移，提托諾斯日漸老去，他厭倦了那樣的生活，便乞求厄俄斯讓他死去。女神無法滿足他的這一請求，但把他變成了一隻蟋蟀。

　　古人認為，這種昆蟲最是快樂長壽。希臘詩人阿那克里翁（Anacreon）於是說：

　　你啊，是最受祝福的創造，

　　可愛的昆蟲，最快樂的昆蟲。

　　在樹木的綠葉之上，

　　以晨露為飲，

　　愉快地嘰嘰喳喳叫著，

　　最幸福的國王都會羨慕！

　　不論在天鵝絨領域如何裝飾，

　　不論四季如何輪迴，

不論什麼蓓蕾滿枝，什麼花開遍地，

都是為你而發芽，為你而開花。

潘恩

潘恩和阿波羅

潘恩（Pan）是牧羊人和獵人的保護神，是遠近聞名的鄉間神靈。他出生於阿卡迪亞地區，是眾神的使者荷米斯之子。人們通常認為他的母親是護樹女仙德律俄珀（Dryope）。

他發明了帶有七根管子的田園排簫，將其稱之為西琳克絲（Syrinx）。西琳克絲是牧神潘恩心儀的一位仙女的名字。西琳克絲為了躲避潘恩的糾纏，請求眾神將她變作一束蘆葦。古人認為所有荒無人煙之地奇怪的聲音都是潘恩發出的，因而無緣由的恐懼被稱為「恐慌（panic）」。

潘恩的形象是一個相貌醜陋的半人半獸，頭上長著羊耳羊角，蓄有一把長長的鬍鬚，中間是人的身體，下半身長著羊腿羊蹄。他頭戴松木冠，左右持棍，右手握著蘆葦簫。

他的音樂可以讓眾神陶醉，仙女們常常喜愛而圍著他跳舞。據說他還將這門藝術傳授給了光明之神阿波羅。

克洛里斯　　　　　科摩斯　　　　　　波摩娜

　　克洛里斯（Chloris）[049] 是花卉和花園女神。她的形象是一位年輕貌美的少女，頭戴花冠，身披綴滿玫瑰花環的長袍，手持著一個象徵豐收的豐饒角。

　　科摩斯（Comus）是狂歡和酒宴之神。他司掌娛樂活動，常被描繪成一個醉酒的年輕人，有時手握著火把，有時戴著面具。雖然站得筆直，但他大多數時間都睡著了，除非有什麼特別的事發生才會睜開眼睛。在他的節日期間，男人和女人經常交換裝扮，寓意飲酒過度會使女人膽大妄為，使男人變得嬌氣柔弱。

　　波摩娜（Pomona）是果樹女神，她被描述成一位健康美麗的少女，頭戴果樹枝製成的花冠，手握著一根掛滿蘋果的樹枝。

　　埃俄羅斯是風神。他住在伊奧利亞群島中的一座島嶼，伊奧利亞之名由此而來。他有預知狂風暴雨的能力，也可以隨意控制它們。英雄奧德修斯和同伴曾前往伊奧利亞拜訪過這位風神。臨走時，埃俄羅斯送給奧德修斯一個風袋，可以困住所有的逆風，以便他們在海上順利航行。

---

[049]　即羅馬神話中的芙洛拉（Flora）。

奧德修斯的同伴對此風袋頗為好奇，便開啟了它。裡面的風衝了出來，摧毀了整個艦隊，除了奧德修斯所在的那艘船。

埃俄羅斯

古人認為真實的埃俄羅斯可能是一位技術精湛的天文學家和自然哲學家，還發明了船帆，因而被詩人稱為風神。

摩墨斯（Momus）是譴責、諷刺、嘲笑之神，由黑夜女神倪克斯和睡神所生。摩墨斯頗愛嘲笑眾神，他還曾嘲笑眾神之王宙斯，稱其荒淫。最後諸神受夠了他的毒舌，將他逐出了奧林匹斯山。

阿斯特萊

阿斯特萊（Astrea）是正義女神，有人認為她是秩序和正義女神忒彌斯（Themis）之女，有時人們會將她跟天空之神克洛諾斯與大地女神蓋亞之女相混淆。阿斯特萊在黃金時代（即克洛諾斯統治的時代）與人類居住在一起，原被派到人間掌管及審判是非善惡，後來她厭倦了凡塵的醜惡，便悵然地回到了天庭。

她被描繪成一個雄偉威嚴的女神，一手持天平權衡人類善惡，一手握劍懲罰惡人。她還用繃帶矇住眼睛，代表她對所有人一視同仁、不偏不倚。

忒耳彌努斯（Terminus）是守界之神。他的職責是確保鄰居之間互不侵犯。他被描述成一個沒有手腳的石頭，表明他從不離開所駐之地。

涅墨西斯（Nemesis）是希臘神話中的復仇女神，是黑夜女神倪克斯和海洋之神歐開諾斯之女，也有人說是黑夜女神和幽冥神厄瑞玻斯之子。涅墨西斯獎勵美德，懲罰邪惡。在希臘的阿提卡地區有一座巨大的復仇女神涅墨西斯的雕像，出自雅典著名雕刻家菲迪亞斯之手。

## 第25章
# 原始神

詩人筆下希臘最古老的神祇是卡俄斯（Chaos），它是「一團亂糟糟，沒有秩序的物體」，「混沌」之意因此而來。古詩人認為在萬物由混沌變得有秩序之前就存在一位萬能的神。據說，混沌之神卡俄斯與黑夜女神倪克斯誕生了大地女神蓋亞。詩人筆下對原始神祇的模糊描述與希伯來先知摩西（Moses）給出的啟示有許多相似之處。

《摩西五經》中寫道，「大地虛空，空無一物，只有深淵黑暗籠罩。神

靈在水面上飄蕩。神說：『要有光。』於是就有了光」。

　　前文我們提到過希臘人對其最早期神祇的看法，此處不妨深入了解一番那些古老神靈。大地女神蓋亞嫁給了天空之神烏拉諾斯，並與他生下了十二泰坦神 [050]、三個獨眼巨人庫克羅珀斯和三個百臂巨人赫卡同克瑞斯（Huckabee and Chris）。克洛諾斯後來幫助母親推翻了殘暴了父親烏拉諾斯（第一代眾神之王）的統治。在其他泰坦的幫助下，最小的克洛諾斯成為天地之王，成為第二代眾神之王，後來克洛諾斯娶了他的妹妹大地女神瑞亞 [051]。

克洛諾斯

　　克洛諾斯統治的時代被詩人們稱之為黃金時代。大地女神瑞亞為未開化的人類提供生活所需的各種資源，人類世界沒有戰爭、疾病，生活無憂無慮。正義女神阿斯特萊管理著人類的行為。

　　但克洛諾斯從泰坦那裡得到王座時曾承諾要吞掉自己所有的兒子。妻子瑞亞將最小的兒子偷偷藏到了克里特島撫養長大，這個孩子就是宙斯。在他同父異母兄弟的幫助下，宙斯為報仇與克洛諾斯開戰。

---

[050]　六兒六女，其中包括克洛諾斯。
[051]　即羅馬神話中的俄普斯（Ops）。

　　每一個泰坦族人都有 50 個頭和 100 隻手。他們從克洛諾斯那裡奪走了他的王國，並限制了他的自由。宙斯和其支持者聚集在奧林匹斯山上，以克洛諾斯為首的泰坦們在對面的俄特律斯山上（Othrys）集結，眾神之戰即將打響。

　　這場戰爭持續了 10 年之久，起初宙斯一方還處於劣勢。後來宙斯聽從建議從牢獄中解救了三位庫克羅珀斯[052] 和三個赫卡同克瑞斯[053]。這六個巨人加入了宙斯的陣營。他們走來時，奧林匹斯山隨之動搖。海面上升，大地呻吟，森林也開始顫抖。

　　宙斯用手中的權杖發出一道道雷電，一時之間廣袤的森林一片火紅。見狀，獨眼巨人和百臂巨人向俄特律斯山上的泰坦神投擲巨大的橡樹，還將一座座山堆砌起來，扔向雷電。克羅諾斯一方無處躲閃，最後宙斯大獲全勝，並把他的父母從禁錮中解救出來。

　　克洛諾斯被廢黜後逃往了義大利，受到了當地人的尊崇，後來還成為地中海沿岸義大利拉丁姆城（Latium）的國王。他在當地傳授了農業和其他實用的技藝。

　　克洛諾斯被描繪成一個年老體衰、彎腰駝背的老人。他是時間之神，右手握著一把鐮刀，左手抓著一個孩子，正欲將其吞掉。他身旁有一條蛇正咬著自己的尾巴，這是時間的象徵，也是歲月更替的象徵。

　　克洛諾斯被趕下王位後，最原始的神祇慢慢地被大家遺忘了，他們似乎退隱到了神祕的雲霧之中。從此宙斯成為眾神之首，天空至高無上的主神。

---

[052]　古希臘神話中的獨眼巨人。
[053]　古希臘神話中的百臂巨人。

## 第 26 章
# 寧芙、薩提爾等

　　古希臘人認為萬物皆有靈。漆黑的森林、陰暗的山谷、清涼的小溪等每一處僻景都是半神半人的出沒之地，半神半人是神與人的後代，比凡人俊美，比神卻稍遜一籌。

　　森林深處的陰暗之地是樹林女仙德律阿得斯（Dryads）的住所；護樹寧芙哈瑪德律阿得斯（Hamadryad）棲居在橡樹中，與樹同生共死；山岳女神俄瑞阿得（Oread）遊蕩在群山之上，追逐著敏捷的雄鹿；有時年輕的水澤仙女那伊阿得（Naiad）倚靠在她的甕旁，在清涼的泉水邊俯著身子，泉中倒映出她絕妙的身姿。

　　當牧羊人在阿卡迪亞地區陰暗的樹林中徘徊時，他想像著周圍那些飄渺的生靈，彷彿能聽見他們在林中竊竊私語。有時正午的驕陽叫人昏昏欲睡，他似乎看到一片鬱鬱蔥蔥的樹林或一條清澈的小溪，潺潺的流水穿過鮮花盛開的草地閃閃發光；他幻想著透過濃密的枝葉能瞥見仙女們若隱若現的雪白的腳。

　　當獵人越過一座座山巒追逐雄鹿時，周圍的一切被夜幕籠罩，帶著弓箭和箭袋的山岳女神俄瑞阿得從他身邊飛快地躍過；他看見女神邁著輕盈的步伐，從陡峭的山坡上一躍而下加入了狩獵女神的行列。

　　在孤單的岩石旁，黑暗神祕的森林深處，一位農民被半人半羊的薩堤爾 [054] 刺耳的笑聲嚇了一跳。這位輕信的鄉下人循聲看去，嚇得倉皇逃竄，覺得自己像是看見了一群怪物在一棵巨大的橡樹下跳舞，它們的行為像是在極盡嘲弄，人面人身羊腿羊角的形象是野獸與人類相結合的結果。

---

[054]　Satyrs，希臘神話中的森林之神。

每條河流、每片樹林、每座山谷都充滿生靈。寂靜的海邊住著綠髮的海仙女涅瑞伊得斯[055]。石窟和岩石洞穴中，各式各樣明亮的晶石和五顏六色的貝殼排列著，海中仙女常居於此。海岸線沿岸，紀念海仙女的祭壇上青煙裊裊，水手們將牛奶、油和蜂蜜放在祭壇上，祈求她們的青睞和保護。

夜晚時分，她們輕盈地掠過海岸線，飄逸長髮中的珊瑚和珍珠熠熠生輝。當特里頓用海螺殼吹出銀鈴般的一聲之後，她們便跳入藍色的海水裡，潛入深處，坐上了安菲屈蒂的座駕。

黃昏時分，海岸線模糊，

氣泡盤旋，巨浪翻騰，

她們在清新的微風中飛揚，

在波濤洶湧的海面上隨風飄蕩。

雖然現在的啟蒙思想反對荒誕的迷信，但他們不得不承認，對某些方面而言，那些相信萬物皆有靈的神靈崇拜者更能體會生活的美好，那些現代無信仰者無動於衷地看著太陽沉入大海，蔚藍的天空星星閃耀，以及其他所有自然的奇蹟，卻不曾將這些崇高美好歸為神意，也不曾察覺到：

有一種力量，

可以為你指引方向，在人跡罕至的海岸，

在沙漠，在無邊無際的曠野，

即便孤獨地徘徊，也不會迷失方向。

---

[055] Nereides，海神涅羅斯和大洋神女多麗絲所生的 50 個女兒。

## 第 27 章
# 繆斯女神、美惠三女神和賽蓮

繆斯女神

繆斯女神是宙斯和記憶女神摩涅莫緒涅（Mnemosyne）所生的九個
女兒的總稱。她們分別是卡利俄佩（Calliopc）、克利俄（Clio）、埃拉
托（Erato）、歐忒耳珀（Euterpe）、墨爾波墨涅（Melpomene）、波呂許
謨尼亞（Polyhymnia）、忒耳普西科瑞（Terpsichore）、塔利亞和烏拉尼亞
（Urania）。

繆斯女神（二）

卡利俄佩掌管雄辯和英雄史詩；克利俄掌管歷史；埃拉托掌管雄辯和
抒情詩；歐忒耳珀掌管音樂；墨爾波墨涅掌管悲劇；波呂許謨尼亞管理頌
歌與修辭學；忒耳普西科瑞掌管舞蹈；塔利亞掌管喜劇與牧歌；烏拉尼亞
掌管天文，還有讚美詩和神聖主題。

　　繆斯女神的主要住所位於著名山岳帕納塞斯山、品都斯山（Pindus）和赫利孔山（Helicon）。在帕納塞斯山的山坡上，有一汪卡斯塔利亞泉（Castalian）。在赫利孔山上有一孔阿伽尼佩泉（Aganippe），在更高處還有一池能激發靈感的希波克林泉（Hippocrene）從飛馬珀伽索斯（Perseus）的蹄下噴湧而出。

　　對繆斯女神的崇敬十分廣泛。沒有詩人在開始寫敘事詩前不向繆斯女神莊嚴祈禱。尤其對悲劇演員們來說，她們值得崇高的敬意。

　　美惠三女神（The Graces）是宙斯和女海神歐律諾墨（Eurynome）的三個女兒。她們分別是阿格萊亞（Aglaia）、塔利亞（Thalia）和歐芙洛緒涅（Euphrosyre）。在奧林匹斯山時，她們常常圍繞在宙斯的寶座周圍。她們也是愛神阿芙蘿黛蒂的忠實隨從。因為缺乏優雅的美麗，是沒有靈魂的。

美惠三女神

　　為敬奉美惠三女神而建造的神廟和祭壇四處可見，她們的信仰者遍布四海八荒。她們被描繪成手挽手跳舞的年輕少女。有時宙斯和忒彌斯的三個女兒荷賴[056]（Hours）也會與她們一同歌唱。

---

[056]　專司四季變化和人間道德秩序的三女神。

賽蓮（Sriens）是繆斯女神墨爾波墨涅和河神阿刻羅俄斯（Acheloos）所生的三個海仙女。她們的臉龐是美麗的女子，身體卻是飛魚。居住在西西里島佩羅洛斯海角（Pelorus）附近。

賽蓮姐妹們在那裡用甜美的歌聲把過往的船隻引向那片海域，用優美的音樂把船員催眠以後，就將他們從船上拖下來，溺死並吃掉。

## 第 28 章
# 復仇三女神、命運女神、哈耳庇埃、馬涅斯

據說，復仇三女神是由克洛諾斯被其子撒圖恩（Saturn）砍傷時傷口流出的幾滴鮮血生成的。她們分別是提希豐 [057]、墨紀拉 [058] 和阿勒克圖 [059]，她們的職責是懲罰地獄和人間的罪犯。

復仇三女神

塵世的罪犯會受到良心的譴責，而地獄裡的罪犯面臨著無盡折磨和鞭笞的懲罰。復仇女神閱聽人人崇拜，但無人敢直呼其名諱，也無人敢直視

---

[057]　TisiPhone，報仇女神。
[058]　Megaera，嫉妒女神。
[059]　Alecto，不安女神。

其廟宇。人們給她們獻上白鴿、山羊、雪松和山楂樹枝。

　　她們有著女人的面孔，但陰森可怕。她們穿著沾滿血跡的黑衣，手握燃燒的火把、匕首和蠍子鞭；有蛇盤繞在她們的額頭、脖頸和肩上：

**嘶嘶的毒蛇像王冠一般纏繞在她們頭上。**

命運三女神（對應羅馬神話中的帕耳開）

　　復仇三女神懲罰罪犯時，命運三女神在一旁嚴厲地宣讀判決。命運三女神分別是克洛索（Clotho）、拉克西斯（Lachesis）和阿特洛波斯（Atropos），為黑夜女神倪克斯和黑暗的化身厄瑞玻斯所生。她們擁有極大權力，奉命管理著生命之線。

　　克洛索雙手紡織著生命之線；拉克西斯轉動輪子決定生命線的長度；阿特洛波斯手拿剪刀負責切斷生命之線。她們的旨意不可改變。通常她們被描述為三名老婦人，身著紫色鑲邊的白色貂皮長袍，頭戴羊毛和水仙花編織而成的花冠。

　　哈耳庇埃（Harpies）是三個貪婪的怪物，長著女人的臉、禿鷹的身體和惡龍的爪子。

終於，我登上了史特洛菲特斯島（Strophades）；

免受大海洶湧波濤的威脅；

這些島嶼被愛奧尼亞大陸包圍；

邪惡的鷹身女妖統治這恐怖之處；

從山頂傳來可怕的呼號，

飢餓的哈耳庇埃拍打著翅膀，

他們搶奪肉食，玷汙所看到的一切；

離開後留下一股令人作嘔的惡臭。

此外，還有三個蛇髮女怪戈爾貢，她們面容姣好，但頭頂長的是毒蛇而非頭髮。任何人看見她們，都會嚇得魂不附體，變成石頭。

另一類神是掌管款待客人的家庭守護神拉列斯（Lares）或珀那忒斯（Penates）。壁爐是他們的祭壇，也是陌生人的避難所。

馬涅斯（Manes）是掌管墓碑的地獄之神。有時，透過馬涅斯，已故者的靈魂才能得以表達。

# 第 29 章
# 半神和英雄

古時，若有人學問、仁善或英勇超越他所處的時代，使他躍居周圍人之上，那麼他的行為常會因世人的輕信而被誇大、神化。這些傑出之人死後，迷信的人們賦予他們神聖的榮耀。有些人會被當作英雄來崇拜，有些甚至會被尊奉為神。

海克力斯

　　關於他們的歷史，真真假假，叫人著實無法分辨。透過歲月的迷霧，後來的人們認為古代的英雄們很有可能是身處高位的人。他們生於塵世間，但舉止和名聲已經與天齊高，所以逐漸地被世人神化。

　　在希臘的諸多英雄中，人們把海克力斯奉若神明，他的領袖地位值得我們關注，但此處我們僅簡要介紹他的生平。他是宙斯和底比斯王后阿爾克墨涅（Alcmena）之子。尚在幼年時期的他就勒死了天后赫拉派來殺他的兩條毒蛇。

忒修斯

伊阿宋

　　後來，海克力斯拿著雅典娜、阿波羅和赫菲斯托斯賜予他的武器，完成了使他名垂青史的艱鉅任務。他的形象是一位身披尼米亞猛獅皮，手持「橄欖大棒」[060]的壯漢。

　　前文已詳細敘述伊阿宋和忒修斯的主要事蹟。接下來是我們不得不提的半人馬族，據說他們居住在色薩利地區，行事大多野蠻，其中有一位名叫喀戎（Chiron）的人馬怪卻很有才能，文武雙全。阿爾戈諸英雄在遠征途中拜訪了他，有一位詩人如此描述當時的情景：

> 我們直接走入一片昏暗的薄暮，
>
> 半人馬巨人躺在一塊孤零零的石床上，
>
> 他伸直身子和雙腿，
>
> 尖利的蹄斜倚在石頭之上。
>
> 男孩阿基里斯筆直地站在他身邊，
>
> 用靈巧的雙手彈奏著撫慰心靈的七弦琴音。
>
> 半人馬看到高貴的首領們出現時，
>
> 他站起來熱情地歡迎並親吻了他們，
>
> 端上酒杯，用落葉撒滿床榻，邀請他們坐在他的身旁。

人馬族

---

[060]　海克力斯用一棵野生橄欖樹的粗大樹幹削成，這是他從不離身的武器。

人們普遍認為喀戎是阿基里斯的音樂老師，因為在赫庫蘭尼姆（Herculaneum 古羅馬城鎮）的一座房子裡，發現了一幅畫，畫中是半人馬喀戎在給阿基里斯上豎琴課。

然而半人馬族並非都具有喀戎那樣的紳士風度。在一些傑出詩人的筆下，忒修斯在一次激烈的交鋒中戰勝了凶殘好色的半人馬族。

卡斯托耳和波呂丟刻斯是孿生兄弟，由宙斯和勒達（Leda，斯巴達王后）所生。卡斯托耳擅長騎馬和管理馬匹，而波呂丟刻斯擅長摔跤。這兩兄弟曾陪同阿爾戈諸英雄遠征科爾基斯。遠航期間，他們遭遇一場可怕的風暴，卡斯托耳和波呂丟刻斯頭頂隨即出現兩團火焰，風暴立刻減弱了。

卡斯托耳和波呂丟刻斯

後來，卡斯托耳在一次衝突中喪生，波呂丟刻斯請求諸神讓他與兄弟同死，宙斯憐憫他們兄弟情深，便將波呂丟刻斯的壽命分一半給卡斯托耳，他們半生時間住在地獄，另半生則住在奧林匹斯山，每六個月交替一次。他們的形象是兩個並肩騎著白馬，手持長矛的青年，頭頂各有一顆閃耀的星星。

珀耳修斯（Perseus）是宙斯和阿爾戈斯國王阿克里西俄斯（Acrisius）之女達那厄（Danae）的孩子。珀耳修斯從荷米斯那裡得到一對翅膀和一

把鑽石匕首。哈迪斯贈予他一頂可以使佩戴者隱形的頭盔；雅典娜贈予他一塊鏡子般的黃銅盾牌。珀耳修斯砍下了蛇髮女怪美杜莎的頭顱，當他帶著這顆頭顱經過利比亞的沙漠時，灑下來的血滴生出了無數條蛇。此後，這些蛇便一直在當地肆虐。

在這次旅途中，珀耳修斯沒有受到毛里塔尼亞（Mauritania）國王阿特拉斯（Atlas）的友好接待，於是他將蛇髮女怪的頭拿了出來，由於看到它的人都會變成石頭，國王阿特拉斯就立刻變成了一座山。今非洲北部仍有以他的名字命名的阿特拉斯山。

在衣索比亞（Ethiopia）的海岸上，珀耳修斯看到美麗的安朵美達[061]（Andromeda）被鎖在一塊岩石上，一隻海怪正欲吞掉她，於是他把美杜莎的頭拿出來呼喊那隻怪獸，怪獸聞聲看了過來，隨即變成了石頭。珀耳修斯解救了安朵美達後，娶她為妻。

珀耳修斯

當珀耳修斯砍下美杜莎的頭顱之時，雙翼飛馬珀伽索斯從血泊之中跳了出來。這匹馬飛到赫利孔山，成為繆斯女神的寵兒。

---

[061] 衣索比亞公主。

## 第 30 章
### 阿斯克勒庇俄斯等

　　阿斯克勒庇俄斯是阿波羅和海仙女塞洛尼斯（Ceronis）之子。他師從半人馬喀戎，是阿爾戈諸英雄中的一名醫生，死後被奉為醫神。他精通草藥的藥性，救人無數，冥王哈迪斯還因此向宙斯抱怨。

　　後來宙斯用雷劈死了阿斯克勒庇俄斯，被激怒的阿波羅為了報復，射死了為宙斯鍛造雷矢的獨目巨人庫克羅珀斯。阿斯克勒庇俄斯的形象是一個留著長鬍子、頭戴月桂花冠、拄著柺杖的老人。

阿斯克勒庇俄斯　　　　　　海吉亞

　　阿斯克勒庇俄斯是健康女神海吉亞（Hygeia）的父親，大多數學者認為海吉亞就是智慧女神雅典娜。

普羅米修斯

　　普羅米修斯是泰坦神伊阿佩托斯（Iapetus）與一位海仙女之子。他在
雅典娜的幫助下爬上天堂，並從太陽戰車的車輪上偷走天火。然後他用泥
造了一個人，藉助火賜予泥人生命。為了懲罰普羅米修斯的狂妄自大，宙
斯命令荷米斯將他鎖在高加索山（Caucasus）上，並派一隻禿鷲不斷地啃
食他的內臟。內臟被吃完後又會長出來，宙斯想讓他受盡無邊的折磨。

　　普羅米修斯是色薩利國王丟卡利翁（Deucalion）的父親，在丟卡利翁
統治期間，整個大地被洪水淹沒。人類因褻瀆神明激怒了宙斯，招致自身
的毀滅。普羅米修斯建議他的兒子建一艘船，後來除了丟卡利翁和其妻子
皮拉（Pyrrha）外，無人倖存。

阿特拉斯

奧菲斯

　　阿特拉斯是普羅米修斯的兄弟，也是毛里塔尼亞國王。他被珀耳修斯
變成了非洲的阿特拉斯山，這座山高聳入雲，據說可以直達天堂。

　　奧菲斯（Orpheus）是阿波羅和繆斯女神卡利俄佩之子。他彈起父親
的七弦琴，聞者皆陶醉，他用琴聲馴服了森林中的野獸，還使河流改道。
甚至那些高大的樹木也彎下腰來聆聽他的音樂。他深愛的妻子歐里狄克
（Eurydice）被一條潛伏在草叢裡的蛇咬傷而死。

奧菲斯因為失去妻子而鬱鬱寡歡，於是前往冥王哈迪斯的府邸，決心寧死也要奪回妻子。聽到豎琴的聲音，伊克西翁（Ixion）的輪子停止了轉動，西西弗斯（Sisyphus）的石頭也停止滾動；坦塔洛斯忘記了自己的口渴，就連復仇女神們都被感動了。

波瑟芬妮為他的悲傷所感動，冷酷的冥王忘記了他的嚴厲，同意歸還他的妻子，但前提是在他領著妻子走出地府之前決不能回頭看她，否則她將永遠不能回到人間。奧菲斯欣然同意，但就在天初亮時，他回頭看了一眼分離已久的歐里狄克，她便永遠從他眼前消失了。

此後，奧菲斯銷聲匿跡，再也不彈豎琴。後來，由於他不敬重酒神戴歐尼修斯，被色雷斯的婦女殺害並碎屍萬段。他的頭顱被扔進赫布魯斯河（Heburs），隨著河水漂到了愛琴海，據說人們還能聽到頭顱低聲喚著歐里狄克的名字。

安菲翁是另一位著名的音樂家，是宙斯和安提俄珀（Antiope）之子。他師從荷米斯，並以豎琴的魔力建成了底比斯的城牆。

傳說他彈奏的動聽優美七弦琴聲感動了頑石，圍繞他建成一座城池，即後來的底比斯城。這個傳說意指他依靠傑出的口才說服了那些未開化的人們築起防禦工事，以免遭敵人的侵犯。

## 第 31 章
### 希臘神話概述

從簡述中可以得知，希臘人豐富的想像力使天空、大地和海洋充滿各式各樣的生靈，這些生靈被賦予神力。自然界中的每一件事物，每一種思想或情感，都有其象徵的神。

眾神的干預，讓人們生活中普遍存在且不可思議的現象有了合理的解釋。打雷是宙斯在怒吼，閃電是他在揮舞長矛。夏日的微風是風神澤費羅斯在揮動翅膀，森林中的回音是女神的聲音。情人間的愛意是阿芙蘿黛蒂的旨意，戀人們為愛煎熬是因為中了愛神邱比特之箭（羅馬神話說法）。

關於戰爭，戰神阿瑞斯一馬當先，其他神也會加入戰鬥，他們用神器武裝他們青睞之人，並賦予他們神力。關於海洋，人們認為海神波塞頓非常警惕，一直在暗中觀察，肆虐的巨浪是因為他在發怒。

如果起風了，那便是埃俄羅斯的傑作；如果天空飄過一朵雲，那便是宙斯的戰車駛過。日出天明是手若玫瑰般嬌嫩的黎明女神厄俄斯的手筆；彩虹掛在天空是由於彩虹女神伊里絲現身了。整個人間便成了天堂，而天堂就在這塵世之上。

如此說來，希臘神話是基於想像的宗教。它像一場夢，雖然在某些方面十分可怕，但整體而言是一場美夢，其中還有諸多寓意。儘管希臘神話故事中真假參半，不是基於理性或被披露的事實，卻在種種混沌、神祕的人物形象中隱藏著崇高的真理。

然而我們必須承認，希臘人用想像力塑造出來的神對物質的追求遠超過對道德的追求。諸神被描繪成耽於凡塵俗事的形象，常常依仗自己的神力和智慧來作惡。他們和人類一樣，被嫉妒、怨恨所驅使，屈服於心中的邪念，為滿足一己私慾，不惜採取一切卑鄙手段。即使是眾神之王宙斯，也被描述成一個多情放蕩的神。

但奇怪的是，大多數希臘人似乎沉溺於真誠的宗教情感。古老的神明故事對他們來說充滿權威性，長年累月讓他們習慣向那些理性無法解釋的神臣服。

希臘盛極一時的時候的聖賢、哲學家和其他受過教育的智者，似乎不太可能相信希臘神話中的那些無稽之談。實際上，眾所周知，蘇格拉底和其他古代充滿智慧的人們拒絕相信當時流行的信仰，他們觀察到大自然的創造都展現出明顯的一致性。於是，得出結論——整個宇宙是由一個無所不能、無所不知的上帝創造的，他是一切的主宰和統治者。

## 第32章
## 來世 —— 獎勵與懲罰

希臘人相信靈魂的永生，以及來世的獎賞和懲罰。他們想像，人死後靈魂會降落在一條可怕的瘟疫之河斯堤克斯（Styx，即冥河）岸邊。在那裡，面容冷酷的擺渡船伕卡戎（Chaoron）將亡魂渡過冥河，送往冥王哈迪斯的領土。

入土為安者才能乘上卡戎的船。那些溺斃於海中的人，或無土葬習俗的人，必須在冥河河岸遊蕩 100 年，才被允許過河。

卡戎

離開卡戎的船後，顫抖的亡靈們直接來到冥王哈迪斯的宮殿，宮殿大門由一隻三頭巨犬刻耳柏洛斯守衛，它身上沒有毛髮，而是長滿了蛇。然

後他們來到冥府三判官彌諾斯（Minos）、拉達曼迪斯（Rhadamanthus）和阿坎索斯（Acanthus）面前，有罪之人據情節輕重接受相應的懲罰，而無罪者將在美麗祥和的極樂世界過上衣食無憂、吟風弄月的幸福生活。

塔爾塔羅斯地獄是懲罰之所，充滿了黑暗與恐怖。坦塔洛斯因惡行在冥界遭罰站在水中，每當他試圖解渴時水卻退走；他的頭頂懸掛著結滿誘人果實的樹，但每當他伸手摘水果時，果實卻會升高。

塔爾塔羅斯地獄中還有伊克西翁，他被宙斯縛在永不停轉的火輪上，承受著無盡的痛苦。西西弗斯因生前罪愆在陰間受罰，他需要將一塊巨石推上山頂，每次到達山頂後巨石又會滾回山下，如此永無止境地重複下去。地獄的一邊是在復仇女神無情的鞭笞下痛苦掙扎的罪人；另一邊則是被一團永不熄滅之火包圍著的惡人。

西西弗斯、伊克西翁和坦塔洛斯

極樂世界，是有神佑之人的居所，是一個幸福的完美國度。四周圍繞著翠綠茂密的樹林和波光粼粼的清溪。空氣清新、寧靜、溫和；鳥兒在樹林裡愉快地歌唱，一片比陽光更明亮的光散布在這片幸福的土地上。居住在極樂世界的人們無憂無慮，他們要麼做著凡間喜愛的事情，要麼崇拜著神的智慧和力量。

## 第 33 章

# 宗教儀式 —— 寺廟 —— 祭司

　　希臘人是一個富有想像力的民族，他們的神話和宗教儀式都為滿足他們的幻想設計，並非為了激發感情或提升心靈。他們的公眾祭祀極具儀式感。

　　在宏偉的廟宇裡，他們向諸神祈禱並獻祭，將動物，有時還有孩子和俘虜，置於祭壇上。隆重的宗教節日期間人們會舉行包括遊行、公眾比賽、戲劇性娛樂、宴會和化裝舞會等活動。除此之外，在紀念酒神戴歐尼修斯期間，信徒們會瘋狂酗酒、大聲喧囂，縱情歡愉，極盡放蕩。

希臘人在神廟中獻祭

　　有的神殿建在山谷裡，有的建在樹林中，還有的建在河邊或泉水邊，這取決於人們崇拜的是哪位神。古人將特定的事務歸於特定的神管理，並根據其獨特的性格和品質將各種神殿分為不同的建築形式。

　　神殿初建之際，古人雖崇拜神靈，但殿內沒有神靈的雕像或其他物件。據推測，對神像的崇拜是在西元前 1556 年雅典建立者刻克洛普斯時期傳入希臘的。

　　起初這些神像是由粗糙的木頭或石頭製成，直到雕刻術發明後，這些粗糙的神像才變得栩栩如生。隨後人們用大理石、象牙，甚至寶石製作神像，最後金、銀、銅和其他金屬也被投入使用。總而言之，在希臘文明時代，雕刻家使出渾身解數製作的精美神像，現代工藝根本無法比擬。

祭壇通常置於神像下方，由一堆堆呈正方形或長方形的泥土、灰堆、石堆或者獸角磚石堆砌而成，還有一些用黃金覆蓋以顯氣派。有些祭壇用於火祭，有些用於獻祭動物以求神靈息怒，而有些祭壇上依制只能放置石碑、水果或其他無生命的東西。

廟宇、雕像和祭壇是神聖不可侵犯的，所以很多罪犯會躲入神殿逃避懲罰。希臘詩人經常提及此類做法。因此希臘悲劇詩人歐里庇得斯評論道：

> 野獸被岩石保護著，
> 還有在眾神祭壇旁卑鄙的奴隸。

祭司並不會向人們反覆灌輸道德教育。「己所不欲勿施於人」這一高尚的思想在那時還不曾被提出。祭司們唯一傳授的教義便是：信徒必須虔誠崇拜眾神，還須在物質上表現敬意，他們的供品愈是豐富昂貴，得到神的恩惠愈多。

宗教除了公共服務外，還會舉行一些只有信徒才能參加的神祕儀式，以紀念特定神靈。這些神祕儀式中最引人注目的就是在阿提卡地區的埃萊夫西納城為紀念穀物女神狄蜜特而舉行的盛大儀式。它被稱為「埃萊夫西納祕儀」，所有參與者都要莊嚴宣誓不會洩漏任何儀式細節。

## 第34章
# 神諭

古人認為諸神與信徒無法直接交流，而是透過神諭給予指引。神諭存在於希臘各地，其中最早的，一段時間以來最著名的是伊庇魯斯城的多多納神諭。

在多多納附近有一片橡樹林，古人迷信，認為橡樹可以將主神宙斯的神諭傳達給虔誠的問訊者。據說黑鴿子常出沒在這片樹林中傳達眾神的神諭。

多多納神諭據說源於一個狡猾的女人，有人把她從埃及的宙斯神廟中偷走，隨後又賣到伊庇魯斯做奴隸。為了擺脫不幸的命運，她決心改變所到之處週遭的愚昧且輕信的人們。在橡樹林中安頓下來之後，她宣稱宙斯賦予她通靈之力，可預測未來之事，一時間聲名鵲起。

她的計畫成功了，很快她因占卜術而聲名遠播。在她死後，其他取巧之人也毫不猶豫地做起了這個既能賺錢又能得到尊重的祭司職業。

但迄今為止，希臘最著名的神諭來自德爾斐城帕納塞斯山斜坡上的阿波羅神殿。很久很久以前，人們發現，在帕納塞斯山的一側有一個很深的山洞，洞中散發出令人神志不清的氣體，氣味濃烈，足以使人和牛都抽搐不止。

附近的原始居民無法解釋這一現象，認為這一定是由超自然作用造成的，並相信那些吸入有毒氣體的人，他們那語無倫次的話語是在神的啟示下說出的預言。

當那令人神志不清的氣體從地面升起時，人們首先猜想這一新發現的神諭來自大地女神蓋亞，但後來人們又將它與海神波塞頓連繫起來，認為他對此神祕事件有輔助作用。最後人們將其視為阿波羅的神諭。不久後，一座神廟在此聖地建起，皮提亞（Pythoness）被任命為女祭司，她的職責是在規定的時間間隔內吸入那些致幻氣體。為了避免像前幾位祭司一樣掉入洞中，人們在洞口架起一個三腳凳。

女祭司這一職位風險重重。洞裡的有害氣體會引起痙攣，女祭司需要承受持久劇烈的疼痛，甚至會猝死。因此，要使這位祭司坐到洞口的三腳凳上來常常需要使用武力。

女祭司瘋狂地叫喊出不連貫的詞語，一旁的其他祭司們會將其整理成句，他們可以輕鬆地按順序排列這些詞語，並填補其中的空缺之處，他們的主要目的是讓這些文字元合神殿的利益。

為避免引起懷疑，祭司會謹慎使用晦澀難懂的語言來表達神諭。這樣，無論事態如何發展，他們的預言都不會被認為是錯誤的，甚至更有可能被證實。隨著時間的推移，我們可能會發現神殿的祭司們最有可能使用假裝痙攣的方式來傳遞符合他們利益的神諭。

德爾斐神諭很快便聲名鵲起，在整個希臘及愛琴海和地中海沿岸的許多殖民島嶼，人們開展重要事件之前都會詢問女祭司。

從詢問者 —— 其中不少是王子或有影響力且富有的領袖 —— 那裡收到的貢品，為神殿帶來了永久性的收入來源，不僅讓祭司們過上了衣食無憂的生活，同時也提供了足夠的資金改造神殿。它一改最初的簡陋，變得富麗堂皇。

德爾斐神諭受到高度尊崇，這使祭司們在公共事務中享有很大的影響力。他們有時充分利用其影響力，支持那些政治家、立法者和勇士，幫助他們改善政治體制，改革法律和禮儀，或捍衛希臘自由。

與奧林匹克運動會一樣，阿波羅神諭也在希臘眾多的獨立城邦之間建立起連繫，並透過眾神的權威減少了城邦間瑣碎的猜忌和爭執，以激勵諸城邦謀求共同福祉。

第35章
近鄰同盟

即使在希臘其他地區遭受內戰困擾時，阿波羅神殿的領土也遠離了戰爭的喧囂。且因其處於神聖之地，極其安全，使得德爾斐成了保存國家財富的地方。

為避免德爾斐周邊好戰的部落不懼神靈復仇，肆意掠奪擁有豐富寶藏的阿波羅神廟，以神廟為中心的近鄰同盟建立起來，以保護神廟為己任。

該同盟由希臘各主要城邦國家的兩名代表組成，職責是根據同盟會的建議和授權，解決諸城邦間可能出現的各種政治和宗教爭端，並決定與外國保持和平或發動戰爭。

近鄰同盟的成立日期尚不確定，據說早在西元前14或前15世紀就已存在；換言之，在特洛伊戰爭爆發前的兩三個世紀就已經存在。有人認為其創始人安菲克堤翁（Amphictyon）是阿提卡國王，但也有人認為他當時不僅統治阿提卡，還統治整個希臘直至色薩利以南的地區。

近鄰同盟每年舉行兩次會議：秋天在色薩利北部邊境的塞莫皮萊（Thermopylae）山口；春天則在德爾斐。每一位議員都宣誓決不背叛或傷害任何一個同盟國，而且，如果有人企圖破壞同盟團結，他便要用武力加以反對。他們還發誓，如果任何一方破壞德爾斐的神聖領土，或對聖殿有不良企圖，他們將竭盡全力懲罰犯事者。

近鄰同盟有一段時間確實卓有成效，若希臘人充分認識到同盟對促進各方利益的重要性，它本可以造成更大的功用。但不幸的是，事實並非如此，除少數重大緊急情況外，該同盟在防止或制止希臘諸城邦間的紛爭方面似乎沒有什麼影響力。

## 第 36 章
# 第一階段的詩歌 —— 荷馬

像很多其他國家那樣，在希臘，詩歌的出現也早於散文。據說在遙遠的古代，利努斯（Linus）、奧菲斯和牟叟斯（Musaeus）都創作過詩歌，儘管有些現存詩歌過去曾被認為出自他們之手，但現在人們普遍認為那些是近代人的手筆。

荷馬是希臘詩歌的始祖，他的作品被較完整地保存了下來，據說他生活在西元前 10 世紀，換言之，他的出現比已知的希臘散文作家早了約 3 個世紀。

關於荷馬本人，我們知之甚少，甚至有人懷疑他是否真實存在。直到約西元前 540 年，雅典的一位統治者庇西特拉圖（Pisistratus）召集了一批學者來收集整理一系列民間口口相傳的詩歌片段，那時候人們普遍認為這些詩歌是由一位名叫荷馬的早期詩人所寫。

這些被收集的片段組成了如今為世人所熟知的長篇史詩《伊里亞德》和《奧德賽》（Odyssey）。荷馬是否只是人們想像出來的？如果他真實存在過，由庇西特拉圖下令收集的詩歌與荷馬所寫的詩歌間有多大差異？這些都引起了很大爭議，且這些爭議並非毫無緣由，非常值得探討。

我們可以確定的是，這兩部史詩出自同一人之手，因為它們的風格完全統一。還需注意的是，在書面文學出現之前，當時的口頭文學傳統與當下的截然不同。

古時詩歌和其他作品並不是偶然的記憶產物，而是靠那些以背誦謀生的人的記憶才得以記錄的，這些人轉而將它們傳授給其他人，並從中獲得報酬。

　　在傳記作家筆下，荷馬是一位雙目失明的老吟遊詩人，四處流浪，以背誦或吟唱自創的詩歌謀生。人們認為他生活在西元前 900 年左右，是小亞細亞西部海岸的希奧島居民，這似乎可以解釋他詩歌中的愛奧尼亞方言。

　　荷馬生前歷經了多年飢寒交迫且懷才不遇的生活，死後卻至少有七個希臘城邦國家競相聲稱是這位才華橫溢的乞丐的故鄉。因此，古詩人諷刺地說：

　　死後的荷馬被七個希臘城邦爭搶，

　　活著的荷馬卻每日在那裡乞討麵包。

　　然而，希奧島（Scio）最有可能是他的出生地。

## 第 37 章

# 希臘詩歌 —— 荷馬 —— 赫西奧德

　　荷馬的《伊里亞德》和《奧德賽》都是長篇敘事詩，主要敘述了希臘人遠征特洛伊城的故事。《伊里亞德》開篇之時，圍城的第十個也是最後一個年頭就已經到來，之後發生的事件和戰爭結果都在富有想像力的詩人筆下一一呈現。

　　《伊里亞德》全詩分為 24 卷，主要內容是敘述希臘人遠征特洛伊城的故事。詩中描寫了眾多英勇善戰的英雄及壯觀的戰鬥場面，塑造了一個個為後人熟知的古代英雄形象，這些都為這部作品增添了多重魅力。

　　希臘聯軍的領袖是阿基里斯，書中有許多關於他的有趣故事。色薩利的半人馬喀戎教授他戰爭和音樂的知識，母親忒提斯握住幼年阿基里斯的

腳踝將他浸入冥河，所以阿基里斯除了腳踵是致命死穴以外，全身刀槍不入，諸神難侵。

赫克托耳是特洛伊人的統帥，據說有 30 多位希臘首領死於他手。在荷馬高超的藝術技巧和雄健的筆力之下，赫克托耳在那個野蠻的時代背景下作為兒子、丈夫、兄弟和愛國勇士的形象，被生動地描繪出來。

作品展現出諸神對此次戰爭的濃厚興趣，他們中有的甚至還親自參戰。當然，詩歌中描述的神與人的事蹟有許多都來自自然機率事件。然而，撇開這種異議，《伊里亞德》中有許多內容引發了研究者對人類早期歷史的關注。

《伊里亞德》中包含了豐富的場景描述和重大事件，闡明瞭詩歌中事件發生的時間或地點，以及文中所描述的那個時代。英雄們駕著戰車；女王和公主們忙著紡紗；阿基里斯會徒手殺死山羊親自準備晚餐。

與現在的英雄和女主角的日常活動相比，這些活動既乏味，又庸俗不堪，但在荷馬筆下，這些活動並未讓人物的莊嚴感減少分毫。

這部史詩的基調肅穆凝重，文中的選詞通常會讓讀者覺得恰如其分，甚至一個詞有時能讓讀者在腦海中形成一整幅歡快的完美畫面。

但是，這部史詩的最大優點在於其表現出的思維力和獨特的想像力。「沒有任何詩人在詩歌主題選擇上比荷馬更快樂，」布萊爾博士（Dr. Blair）說，「也沒有人在描繪歷史類作品方面比荷馬更成功。」

「《伊里亞德》在風格上與《聖經》中《以賽亞書》（Isaiah）的某些部分十分相似，這一點不足為奇，因為《舊約》和荷馬的史詩幾乎是同一時代的產物，誕生地也距離傳說中的荷馬的故鄉不遠。」

《奧德賽》延續了《伊里亞德》的英雄故事，主要講述了特洛伊戰爭

結束後，伊薩卡島國王奧德修斯即羅馬神話中的尤利西斯（Ulysses）歸國途中的冒險故事。

這部史詩與《伊里亞德》傳世兩千多年來一直備受人們喜愛。寫下類似風格詩歌的詩人也為數不少，儘管他們所處的環境比這位失明的老吟遊詩人有利得多，他們的詩歌卻沒有一首能與荷馬史詩媲美。

荷馬同時代詩人赫西奧德（Hesiod）的影響力遠遜於荷馬本人。據說，赫西奧德曾寫過幾首小有名氣的詩歌，其中《神譜》[062]（*The Theogony*）和《工作與時日》（*The Works and Days*）兩首一直流傳至今。

古文獻對赫西奧德的生平鮮有記載，與他有關的少量史料似乎也無甚價值。從一些詩歌中我們了解到，赫西奧德來自維奧蒂亞地區的阿斯克拉鎮（Ascra），幼時在赫利孔山幫父親牧羊。

他在一場為紀念埃維厄（Euboea）國王的詩歌比賽中獲得了最受公眾歡迎獎。據說赫西奧德後半生居住在帕納薩斯山附近的洛克里斯地區。

他性情恬靜溫和，但最終慘遭橫死。一個與他同住一屋的米利都人（Milesian）侮辱了一位年輕女子，她的兄弟誤以為赫西奧德是共謀，將他視為復仇對象。他們殺害了這位無辜的詩人和有罪的米利都人，並把他們的屍體拋入大海。

---

[062]　或稱《諸神時代》（*The Generation of the Gods*）。

# 第二階段
## 奧林匹克運動會設立至希波戰爭爆發

第二階段
奧林匹克運動會設立至希波戰爭爆發

## 第 38 章
### 希臘的政治環境 —— 萊克格斯

儘管希臘人已經開始擺脫其原始的野蠻行徑，但在奧林匹克運動會設立之際，他們仍處於非常粗魯、愚昧的狀態。人們最喜歡的活動是發動戰爭，對和平和文明一無所知或者不屑一顧。

在這樣的社會狀態下，身強力壯是比精神富足更重要的品質，即便對君主或領袖而言亦是如此。當時，對大多數古希臘人而言，強身健體和敬拜神靈是他們唯一認可的教育。

城邦國家的人口分為三個階級，即公民、無特權的平民，以及奴隸。即使是在希臘最民主的城邦之中，政治權力也都為第一階級所壟斷；而在寡頭政體中，只有一小部分公民，即貴族或貴族階層，才能管理國家事務。

　　手工業和農業勞動者為國民提供必要的食物和舒適的設施，他們主要由不享有公民權的第二階級自由民和占各城邦人口相當大一部分的奴隸組成。

　　這些奴隸和他們的主人有共同的祖先，說著同樣的語言，擁有一樣的宗教信仰。大多奴隸是戰爭中俘虜的後代，還有部分是買來的。

　　忒修斯推行明智寬鬆的政策，並在治下人民的積極配合下，使早期的雅典成為希臘城邦中最繁榮、最具影響力的國家。此時的斯巴達在萊克格斯（Lycurgus 又譯呂庫古）的英明帶領下，從默默無聞中脫穎而出，與雅典不相上下。

　　這位著名的立法者是斯巴達的雙王之一歐諾摩斯（Eunomus）的次子[063]，據說活躍在西元前884年左右。歐諾摩斯在暴動中被殺，他死後，其長子波呂得克忒斯（Polydectes）繼承王位，但即位後不久就去世了。

　　萊克格斯隨後登上王位。然而他的統治時間並不長，在得知他死去的兄長的孩子即將出生時，他宣布，如果這個未出生的孩子是個男孩，他便會放棄王位，並在姪子年少時僅以保護者或攝政王的身分助其管理國家。

　　當波呂得克忒斯的遺孀聽聞萊克格斯宣布此決定時，她私下告訴萊克格斯，若他願意娶她，他兄長所有的孩子都不會成為他繼承王位的障礙。

　　萊克格斯對這個有違倫理的提議厭惡無比，但抑制住了自己內心的憤怒，為了確保未出世的姪子安然無恙，他騙兄長的遺孀說，孩子一出生，就將其殺死。

　　同時，他又祕密地吩咐她的侍從，孩子一出生就交給他。有一天晚上他和地方官員們享用晚餐時，有人把一個沒有父親的男嬰抱到他身邊。

---

[063]　當時斯巴達實行「二王制」。

他立刻將新生姪子抱在懷中，對著人群說：「斯巴達人，這是你們的國王！」

斯巴達人為他們的嬰兒國王歡呼著，同時他們對萊克格斯大公無私的行為表示敬佩，畢竟他放棄了唾手可得的王位。

## 第39章
# 萊克格斯

萊克格斯的高尚之舉雖為他贏得了國內所有正義之士的尊敬，但同時也招致波呂得克忒斯那位失望的寡婦及其朋友和擁護者的敵意，他的敵人們開始四處散布流言，說萊克格斯意圖謀殺他年幼的姪子以篡奪王位。

萊克格斯之前的所作所為人們都看在眼裡，所以大家並不相信那些謠言。但是那些毫無原則的控告者，不遺餘力地阻撓著他管理國家，存心給他製造諸多麻煩，所以後來萊克格斯選擇放棄高位，離開斯巴達。

他聽聞克里特島的繁榮昌盛皆歸功於國王米諾斯制定的法律、制度，於是他便前往克里特島研習。後來萊克格斯在斯巴達制定的法律與克里特島的很相似，這也充分說明了他的立法參照了米諾斯的法律制度。

在克里特島生活了一段時間後，他又前往小亞細亞研究希臘殖民地的法律、習俗和風土。此時，愛奧尼亞殖民地的財富和名氣遠超最繁榮時期的母國希臘。

那些殖民地位於沿海地區，土壤肥沃，加上施行了明智的制度，當地在商業和藝術領域取得了長足的進步。萊克格斯在那裡還偶然讀到荷馬的詩歌，並為之吸引，於是收集了荷馬的部分詩歌，將其傳入希臘。在此之前，希臘人對荷馬知之甚少。

與此同時，斯巴達長期受內部分裂和派系紛爭的困擾，甚至到了人民無視法律和國王權威的地步，一切都陷入混亂之中。

這種惡劣境況使斯巴達人普遍認為國家機構改革迫在眉睫，於是他們的目光轉向了萊克格斯，因為他的經驗、智慧和廉潔足以承擔為母國建立新的法律和政治制度的重任。

在多次被邀請之後，萊克格斯最終同意擔此重任；但是他認為在立法工作開展之前，應該先獲得宗教的批准，以便他未來的改革能更容易被人們接受。

因此，他前往德爾斐的阿波羅神殿，神殿的女祭司在傳達神諭時稱他是「諸神鍾愛之人，不是凡人而是神；而且他即將建立的制度將是有史以來最優秀的創造」。

得到神諭支持後，他返回了斯巴達，開始謹慎地向朋友們解釋自己的計畫。在獲得國內許多名門望族的同意後，他召開了公民大會，在會上他的政黨集結力量，推翻了一切反對意見，使得最終他能夠公開地制定改革計畫，並付諸實踐。

## 第 40 章
# 萊克格斯立法（一）

萊克格斯首先將注意力集中在改善國家政治體制上。他延續了在孿生兄弟歐律斯透斯和普羅克勒斯時期建立的王權分割制度，並將皇族的共同財產傳給這些君主的後裔。但他極大地限制了王室特權，將行政權移交給由 30 名成員組成的元老院，其中兩位國王擔任主席職務。

剩下的 28 位元老是從賢明、高尚的公民中精挑細選的，並規定這些人

　　的繼任者必須由人民選出。元老需終身任職，未滿 60 歲的人無資格參選。

　　元老院的職能是審議和執行。由元老院制定的法律提交給與會公民，供他們批准或否決，公民以簡單的投票方式簽署，不改變或甚至不討論提交給他們的法律條文。

　　國王除擔任元老院主席外，還是軍隊的指揮官和國家宗教的大祭司。他們還負責領導公共事務，接待客旅和使臣、並監督修造公館和道路。

　　為避免國王或元老院自己觸犯法律，人民每年選舉產生 5 名監察官，負責審判所有違法之人，無論違法者來自什麼階級，他們都有權實施罰款或鞭打以示懲罰，甚至對國王和元老本人也不例外。

　　解決了斯巴達的政府架構後，萊克格斯接下來開始改革社會制度和規範民眾的行為舉止。當時斯巴達人的貧富階層對立已十分嚴重，為消除積弊，他決定採取大膽的措施，實行土地平均分配。

　　據此，他將拉科尼亞地區的領土平均分成 39,000 份，斯巴達的每位公民，或拉科尼亞的自由居民都可分得一份土地。因為萊克格斯規定所有斯巴達人不得生活奢靡，所以每一塊地都只能勉強滿足一個家庭的需要。

　　為了使國人僅依賴本土產品，並防止個人累積過多財富，他禁止使用除鐵幣之外的任何貨幣。因為鐵幣面值小、重量大，將其用作交換媒介會使貿易難以進行，尤其是對外貿易。

　　同時，透過加工讓鐵幣變得易碎，使其既不方便也不值得收藏，破碎以後就無法使用。如果一些古代作家所述不虛，萊克格斯這一措施達到了預期效果。外國商人不再與斯巴達進行貿易；且因為當時通行的鐵幣作為交換品時不再值錢，斯巴達本土工匠不願再製造侈品和裝飾品。

　　但事實似乎是，在萊克格斯立法的那個年代，位於內陸的斯巴達幾乎

沒有開展對外貿易，何談摧毀對外貿易一說？另外，當時人們的生活方式過於簡樸，沒有裝飾性物品的需求，所以由於引入了鐵幣而停止生產裝飾性物品這一說法似乎也不足以令人信服。

若古斯巴達人像當時作家描述的那樣崇尚奢靡生活，那麼他們仍可以透過以物易物的方式獲得之前用黃金白銀買到的商品。外國商人會與國內商人一樣不拒絕用他們的商品換取黃金、白銀或其他貴重物品，儘管這些真金白銀並未被鑄造成貨幣，也並非當時流通的貨幣。

## 第41章
# 萊克格斯立法（二）

萊克格斯的下一項措施更有效地打擊了斯巴達的奢靡之風。他命令所有人不分貴賤，必須在公共食堂裡用餐，那裡的食物最為普通，甚是沒滋沒味。我們可以發現，與前兩項相比，這一舉措對斯巴達富人階級更具挑釁意味。

公共食堂中的食物由人民提供，每人每月必須繳納一定比例的糧食。為避免有人在家裡或私下享用豐盛的食物，法律嚴格要求人們定時前往公共食堂用餐。

這項措施起初遭到了人們的強烈抗議，在一場騷亂中，一個名叫阿爾坎德（Alcander）的年輕人打瞎了萊克格斯的一隻眼。然而，這一暴行卻使公眾更傾向於支持立法者，於是阿爾坎德被人們交給萊克格斯處置。但萊克格斯並未嚴懲他，而是將他帶回家，寬厚對待，予以規勸，讓對方意識到自己的錯誤行徑。最終，阿爾坎德從一個憤憤不平的反對者變成了堅定不移的支持者。

在公共食堂進餐時，禁止粗魯或嘈雜的談話，也不能在別處提起人們在該場合說過的話。吃飯時，斯巴達人坐在沒有坐墊的長凳上；而他們的孩子們，從小就被允許坐在他們腳邊的凳子上。通常他們的食譜是黑色的肉湯、水煮豬肉、大麥麵包、少許乳酪和一些無花果或棗子。

他們喝的是葡萄酒和清水，分量很少，勉強能解渴。餐後甜點包含家禽肉、魚類、野味、蛋糕和水果，但需要私人額外點單付費。後來，斯巴達的這一規矩不那麼嚴格時，人們便以甜點的名義在公共餐中新增了許多豐盛而昂貴的美味佳餚。

為避免與外國人交往會破壞斯巴達人的樸素禮儀，所有外國人被命令離開斯巴達，國人禁止出國。沉默寡言的萊克格斯厭惡健談之人，他煞費苦心地向國人介紹一種簡潔明瞭的講話方式。此舉大獲成功，斯巴達式的言簡意賅很快就眾所周知，直至今日，簡短有力的對話仍被稱為「laconic」，出自斯巴達領土的名字 —— 拉科尼亞。

斯巴達人一生都會接受嚴格的訓練。孩子一落地，他的父親就須將其交給監察官，他們會決定孩子的去留。只有身體健全的嬰兒才能透過檢測，存活下來；虛弱畸形的則會被扔至野外，自生自滅。

監察官下令留下的那些嬰兒會移交給國家提供的護理人員，他們接受過專業培訓，按照一定的方式使孩子們身體強壯、無所畏懼。

斯巴達的男孩長到 7 歲之後便會被安排前往集體訓練場接受培訓和教育。在那裡，他們被分成幾小隊，每隊都由一位更年長或表現更積極的男孩擔任隊長，隊長有權整頓紀律和懲罰行為乖戾之人。

他們接受的斯巴達式教育，目的在於讓斯巴達男人都經受嚴酷考驗，學習克己與服從；他們會被灌輸不屈不撓、堅忍不拔的精神，以及強烈的愛國精神。

隨著年歲的增長，他們會接受更為嚴苛的訓練。即使在寒冬臘月，他們也必須光著腳，穿著單薄的衣服。而且他們一整年只能穿一件衣服，無論這件衣服到了多麼骯髒和破舊的地步。他們睡在蘆葦床上，拒絕一切讓人喪失男子氣概的東西。

為了培養斯巴達人的尚武精神，城邦內經常會舉行搏鬥比賽。前輩們在一旁觀戰，為那些勇敢靈巧的戰鬥者，或是那些身負重傷但依舊堅忍不拔的勇士鼓掌。所有的訓練都是為了使他們體魄強健、堅忍不拔、無所畏懼、果敢堅毅。

為了磨練心智，萊克格斯鼓勵孩子們偷竊食物，甚至是公共食堂或者公民房屋和花園裡的食物。如果孩子們偷東西被發現了，就會受到嚴厲的懲罰。懲罰並不是因為偷竊行為本身，而是因為不夠謹慎被人發現。

即使已經成年，30歲以前他們還是無法按照自己的意願自由行事，還是會像以前一樣在軍營裡過集體生活，法律會賦予他們每個人相應的職責。每個公民都應關注集體利益，而非個人利益；如果能夠為國家服務，他們甚至準備好隨時獻出自己的生命。

斯巴達法律禁止他們從事手工業或農業；不服兵役時，他們會花時間去管理公立學校，參加體育和軍事演習，打獵，舉行莊嚴集會或組織宗教活動。

30歲之前，任何人都無權參與公共事業，人們甚至認為一個地位普通的人過多干涉政治事務是踰矩且冒昧的。若一個人把大部分時間花在家庭生活上，或者流露出對家庭成員的喜愛，也被認為是不體面的。只有國家才真正值得斯巴達人愛戴。

## 第 42 章
# 萊克格斯制度 —— 萊克格斯之死

在斯巴達，奴隸是國家財產，奴隸與土地會被同時分配給拉科尼亞的自由居民，類似於一些現代殖民地，流放的罪犯會被分配給自由定居者。

斯巴達的奴隸主要是拉科尼亞原住民的後裔，被稱為希洛[064]。希洛本是個鎮名，當伯羅奔尼撒的多里安入侵希洛時，原住民雖曾頑強抵抗，但最終還是被擊敗，希洛的人們也淪落為奴隸。

根據萊克格斯的法律，希洛人主要從事農業和手工業生產活動。戰爭期間，希洛人必須與主人一同參與戰鬥，最初所謂的輕裝部隊一般都是由希洛人組成。他們同時還是家僕，為主人做各式各樣的雜事。

儘管希洛人在斯巴達城邦國家中有如此重要的作用，但他們仍然會遭到傲慢的主人們殘忍無禮的對待，甚至常因為主人的一時興起或一句玩笑而被處死。他們必須穿上表明自己奴隸身分的衣服：一頂狗皮帽和一件羊皮背心。他們被禁止教導自己的孩子任何可能與主人平起平坐的技藝。

斯巴達人可以每天鞭打一次奴隸，僅是為了提醒對方其奴隸身分。有時奴隸被迫喝酒直到酩酊大醉，並表演放縱下流的舞蹈，為的是警示斯巴達的年輕人酗酒會使人墮落。

主人殺死奴隸不受法律制裁，按照慣例，斯巴達青年每年一次組隊分散在全國各地，伏擊並暗殺他們所能找到的最健壯的希洛人，以顯示他們的英勇。

萊克格斯一心只想讓斯巴達的男性體格健碩、吃苦耐勞且對戰爭狂熱，只要能實現自己的夙願，他會毫不顧忌斯巴達女性的看法。他命令女

---

[064] Helot，又稱黑勞士。

性必須放棄她們輕鬆愜意的生活方式，也應該積極鍛鍊，進行跑步、摔跤、擲標槍等活動。他所採取的措施表明，他完全蔑視作為當時社會美德和幸福基礎的婚姻義務。在萊克格斯的制度下，到了後來，一位斯巴達母親最擔心的事情便是兒子成了戰場上的勇士，而她能送給孩子最好的禮物就是一件盔甲。

**斯巴達母親**

整體而言，用我們今天的眼光來看，萊克格斯的制度雖然比那個時代其他地區的先進，但仍是一種狹隘野蠻的制度。它消滅了個人自由，使每個人都成為國家或社會的奴隸。社交獨立 —— 人存在的最大魅力被摧毀。設計此制度僅是為了建立一個全民皆兵的國家，軍事力量被認為是最高的民族榮耀。這一制度在這一目標上是合格的。

人民安居樂業、快樂地享受最大程度的自由、擁有美德、家庭幸福、家族昌盛、事業有成，這些是未來時代的觀念，在當時即使最明智之人也不曾想到。

斯巴達人被灌輸的主要美德是軍人般的美德，例如對體格健碩的追求，對貧困的忍耐，對危險和痛苦的漠視，堅不可摧的決心，以及英勇氣概。斯巴達人的節儉和克己，他們莊重的禮儀、無敵的勇氣和愛國主義奉

獻精神，都是值得讚揚的。但是這些美德被過分抬高，終淪為惡習，讓斯巴達國民變得禁慾、殘酷和無情。

他們對戰爭的狂熱使得斯巴達的外交政策極具侵略性和專制性，他們對藝術、和平及寧靜的家庭生活嗤之以鼻，這也導致他們無法擁有人性的溫柔善良。但實際上，溫柔善良才是人類快樂的主要泉源。

完成立法後，萊克格斯召集公民大會，並告訴斯巴達全體公民，他還有問題想諮詢德爾斐神諭，但出發之前，他希望人們能夠宣誓，在他返回之前不會改變他所建立的制度。

斯巴達人遵從了他的意願，於是他前往德爾斐，在那裡他得到了神諭的肯定回覆：如果斯巴達繼續遵守他的法律，就將成為世界上最偉大、最繁榮的國家。

他將這個可喜可賀的神諭寫下來後送回母邦。然後，為了使斯巴達人永遠遵守他臨走之前的誓言，據說他心甘情願地餓死異鄉。

但有些作家聲稱他死於克里特島，齊享天年，並且遵照他的要求，死後其屍體被火葬，骨灰撒入海中，以免有人將其運回斯巴達，讓同胞們找到藉口解除「永遠遵守他的法律」這一誓言。

## 第 43 章
## 美塞尼亞戰爭

萊克格斯逝世約一個世紀後，斯巴達人向其鄰國美塞尼亞發動了一場持續 20 年之久的戰爭。在這場曠日持久的戰爭中，美塞尼亞人詢問了德爾斐神諭，得到的回覆是，他們須將一位出身高貴的處女獻給地獄之神，才能得到神靈庇佑。

於是美塞尼亞的將軍阿里斯托德穆斯（Aristodemus）將自己的女兒作為祭品，當她即將被燒死的時候，她的情人奮不顧身地前來營救，還謊稱她不是處女之身沒有資格獻祭。但是，這番話激怒了阿里斯托德穆斯，這位將軍殘忍地將刀刺入女兒的心臟。

這場戰爭持續了數年，美塞尼亞取得了不小的成功。阿里斯托德穆斯在這場戰爭中以勇氣和能力而聞名，最終登上了美塞尼亞的王位。但是他在名利雙收之時，一直為殺死了自己的女兒而後悔至極。最後，他實在無法再忍受內心的譴責，便在女兒的墳前自殺了。

隨著阿里斯托德穆斯的隕落，美塞尼亞也隨之衰落。在他死後不久，美塞尼亞就被斯巴達吞併。至此，所謂的第一次美塞尼亞戰爭結束了。

美塞尼亞人臣服 39 年之後，開始起義反抗斯巴達人，他們在一位傑出青年領袖阿里斯托梅尼斯（Aristomenes）的領導下，於西元前 685 年發動了第二次美塞尼亞戰爭。美塞尼亞人在阿卡迪亞人、阿爾戈斯人和埃利安人（Elians）的幫助下，三勝斯巴達軍。

斯巴達人對己方的霉運感到不安，於是向德爾斐神諭尋求建議。他們被告知，如果想要取勝，必須前往雅典尋找一位將軍。但斯巴達人和雅典人之間一直以來都是針尖對麥芒，前者相當不願向後者開口討要一位將軍。

然而，他們還是聽從了神諭。雅典派了一個名叫提爾泰奧斯（Tyr-taeus）的瘸腿教師去當將軍。他們無疑是在嘲笑斯巴達人，但事實證明雅典人送出的這位將軍再好不過了，因為提爾泰奧斯是一位優秀的詩人，他振奮人心的詩歌激發了斯巴達人對軍事實力的自豪感；他們受到鼓舞，加倍努力，很快就逆轉了戰爭局勢。

在第二次美塞尼亞戰爭中，有一次，美塞尼亞將軍阿里斯托梅尼斯被俘，他和約 50 名士兵被一起扔進斯巴達一處深不見底的洞穴中，斯巴達人通常將那裡當做懲處戰俘的絕佳葬身之所。

阿里斯托梅尼斯成為數十人中唯一的倖存者。在山洞中煎熬度過兩天後，他準備閉上眼睛等待死亡降臨。突然，不遠處傳來一陣呲呲聲，他艱難地站起身來，在微弱的光線中，看到一隻狐狸正啃食著他同伴的屍體。

他小心翼翼地靠近，抓住了狐狸的尾巴，在昏暗的洞中跟著試圖逃離的狐狸，直到它從一個小洞口逃到外面。阿里斯托梅尼斯費了些力氣把洞口挖大，成功地逃出洞穴。他一路奔回母國，在那裡受到了國民的熱烈歡迎。

阿里斯托梅尼斯將軍為抵抗斯巴達人，守衛伊拉（Ira）要塞長達 11 年之久。但因盟軍的背叛，要塞最終被攻破，他不得不棄城而逃。在各種冒險經歷之後，他意識到對斯巴達再加抵抗也是徒勞，於是隱退到羅德島，娶了一個首領之女為妻，安逸寧靜地度過了餘生。

許多美塞尼亞人不願再次臣服於斯巴達，於是離開了他們的國家，移居到西西里海岸的墨西拿（Messina）。其餘的美塞尼亞人淪為奴隸遭受壓迫。西元前 670 年，第二次美塞尼亞戰爭宣告結束。

## 第 44 章
# 動盪的雅典 —— 德拉古法典

受萊克格斯所建立的制度的影響，斯巴達的權力和領土正在不斷擴大，而當時的雅典被國內無休止的派系紛爭和陰謀詭計攪得不得安寧。一方面是寡頭政治的壓迫，另一方面是民眾暴亂四起。

科德魯斯死後，雅典人對其建立的政府體制感到不滿。在那之後大約三個世紀，雅典廢除了世襲繼承權，賦予官員選舉權，並將每位執政官的任期限制在 10 年內。

西元前 683 年，另一個重要變化也發揮了重要作用。雅典任命了九名執政官（此前僅為一名），並規定每年都須選舉一次。位居九大執政官之首的通常被稱為首席執政官。位居第二的執政官被授予國王頭銜，同時還是國家宗教的守護者兼大祭司。

位居第三的執行官被任命為軍隊總司令，負責戰爭。其餘的執政官在法院中擔任司法執政官，並與前三位執政官一起組成雅典的最高權力機構。

由於犯罪和騷亂仍時有發生，正直卻嚴厲死板的德拉古（Draco）當選為執政官，承擔改革雅典體制的任務。他制定了極其殘酷的法律，古希臘史家普魯塔克（Plutarch）稱該法律「不是用墨，而是用血書寫的」。

即使犯下輕微罪行也會被判處死刑。當被問及為何立法如此嚴苛時，德拉古回答說，犯下最輕微罪行者應被處以死刑，而對於罪大惡極之人，只是尚未想到比死更重的懲罰罷了。

德拉古法典同之前所有嚴苛的法律一樣，最終以失敗告終，這也是歷史的必然。與此同時，一直是雅典最大病根的派係爭鬥變得日益頻繁和激烈。雅典城邦中出現了三個政黨。第一個由阿提卡山區的居民組成，崇尚民主，支持人民為統治力量的政府；第二個則由山谷原住民組成，贊成寡頭統治，支持將政府權力集中在少數有特權的個人手中；由沿海居民組成的第三方則傾向於一種把寡頭政治和民主原則結合起來的混合政體。

在這個動盪的時期，富人和窮人之間本就有敵對情緒，而另一個因素又讓這種情緒變得愈加濃烈 —— 有些人累積了巨大財富，而大多數人民

卻陷入了赤貧的境地。他們還背負著滿足富人奢侈浪費的沉重負擔，而且看不到任何能夠減輕這些負擔的曙光。

一項嚴苛法律的出現讓當時的境況雪上加霜，該法令使債權人有權扣押債務人，僱用其做苦力，甚至可以將對方當作奴隸賣掉。

但這一法令很容易為富人所利用，窮人因此被徹底激怒，一場下層階級的大起義一觸即發。

# 第 45 章
## 梭倫改革（一）

在這種危險的處境中，各方審慎明智之人似乎都認為，愛國君主科德魯斯的後裔梭倫（Solon）才華橫溢、品德高尚，是唯一有能力和足夠影響力去消除現存分歧、救雅典於水火之中的人。

他大公無私、謙遜善良，深受窮人喜愛；又因為他屬於富人階級，故富人對他也懷有好感：他受到了所有人的尊敬和信任。

許多有名望之人支持甚至懇求他去繼承王位，如此他才能更有效地鎮壓動亂，平息派系紛爭，讓人們遵從他認為有必要制定的法律。他卻毅然決然地拒絕了這一建議。

梭倫

　　但幾乎所有人都一致投票選擇讓他做執政官，梭倫被賦予了重塑國家體制的特殊權力，經過一番猶豫後，他最終還是接受了該職位。

　　梭倫生於薩拉米斯島（Salamis），其父伊克西斯泰德（Execestides）雖地位顯赫，但並不富裕。為獲得一筆可觀的財富，梭倫年輕時大部分時間都在從事商業活動。

　　這段經歷對這位未來的立法者而言無疑是大有裨益的，遊歷列國給了他絕佳的機會去研究人類和風俗，並比較當時世界各地的文明和政治經濟制度。

　　據說，他在從商期間先後遇見了六位著名人士，與他們相談甚歡。這六位著名人士和他本人一起獲得了「希臘七賢」稱號，我們將在下文對他們一一介紹。

　　梭倫是一位智者，亦是一位詩人，他是以詩人的身分在雅典初露鋒芒的。當時雅典和麥加倫人（Megarensians）為爭奪薩拉米斯陷入持久戰，但由於厭倦了曠日持久的戰爭，雅典人通過了一項法律：無論是誰，提出開戰收復薩拉米斯者，一律處以死刑。

　　然而，不久之後，雅典人民希望廢除該法律，但是由於害怕受到懲罰，所以大家都不敢提出。在此背景之下，梭倫想出了一個妙計，讓他能夠在不傷害自身的情況下達到目的。

　　他假裝精神錯亂，甚至連他的朋友都被矇騙了過去。有一天，他寫了一首關於薩拉米斯戰爭的詩，衝到集市上，瘋狂地在人們面前背誦他的詩句。

　　起初，人們出於好奇聚集在他周圍，他激昂的詩篇激起雅典人的愛國熱情和民族尊嚴，且在梭倫密友的現場「挑唆」下，人們不僅廢除了禁止

令，還投票選出了另一支對戰薩拉米斯的遠征隊，並任命梭倫為指揮官。戰爭結果充分證明了雅典人的選擇是正確的，因為這位新領袖很快就讓薩拉米斯臣服於雅典。

這是梭倫早期的一些成就，但它們與後來梭倫作為立法者做出的努力相比，就顯得黯然失色。雅典面臨最直接的危險源自窮人的不滿情緒，於是梭倫開始採取措施來改善當時目光短淺、受壓迫、受折磨的窮人階級狀況。

他廢除了這些窮人的所有債務，並下令今後債權人無權奴役無力償債的債務人。他似乎很清楚，除非絕對必要，否則沒有任何理由可以為這項措施辯護。因此，他下令陪審法庭（雅典最高司法機關）的陪審員宣誓，絕對不能在另外的債務免除提案上投贊成票。

為進一步救濟窮人，他大膽地降低了利率，使他們能夠以優惠的條件獲得貸款；在此之前，窮人只有在緊急情況下才可獲得貸款。

## 第 46 章
## 梭倫改革（二）

梭倫隨後廢除了德拉古制定的殘酷法律，只保留謀殺罪要判處死刑的部分，並以較輕刑罰代替之前的酷刑。然後，他著手重建雅典的政治和司法機構。

舊時雅典國王忒修斯曾將公民分為三類，但是現在梭倫根據公民的年收入將他們分為四個等級。

第一、二等公民就是後來被稱為騎士的那一批人。他們在戰時須自備軍械、軍裝和馬匹作戰，而另外兩個較低的階級則作為步兵參戰。

第一等級的公民可擔任包括執政官在內的一切官職；第二等級的公民可以擔任除財政官（一種執政官）以外的高級官職；第三等級可任低階官職；第四等級的公民不得擔任公職，但有權參加公民大會和民眾法庭。公民大會擁有絕對和無限的政治權力，為了在某種程度上平衡這一民主制度，梭倫建立了國家議會，恢復了古老的貴族會議 —— 最高法院[065]。

國家議會由 400 名成員組成，從阿提卡的 4 個轄區中各選舉 100 人。後來，阿提卡轄區增至 10 個時，改為每個區域選舉 50 個成員，組成一個共 500 人的議會。

這些議員的任期僅為一年，他們有權提出和制定所有立法措施。這些立法措施隨後由公民大會進行討論並作出決定。

梭倫恢復建立了亞略巴古（Areopagus）法院，該最高法院由那些有資格履行執政官職責的人組成，終身任職。作為刑事法庭，最高法院司法權至高無上，且管轄範圍非常廣泛。它的職責還包括負責審查公共道德，並有權懲處褻瀆神靈者、揮霍無度者，甚至遊手好閒之人。

每位公民每年必須向最高法院提交一份年度收入報告，並說明收入來源。在司法方面，最高法院審判案件會在黑暗的夜間進行，並規定：凡是對被告進行指控或為被告進行辯護的人，都被禁止使用雄辯術，只能陳述事實。

長期以來，最高法院受人敬畏，它不僅有權修訂其他刑事法庭所宣布的判決，甚至有權廢除公民大會的司法法令。

梭倫將由執政官掌握的司法權轉移到一個由普通法官組成的陪審法庭。該法庭由不少於 6,000 名陪審員組成，有時又細分為 10 個下級法院，

---

[065]　位於亞略巴古，此山名為最高法院的代名詞。

每個下級法院有 600 名陪審員。

這些法院中有 6 個民事法院，4 個刑事訴訟法院。30 歲以上且未被法律剝奪勞動資格的公民都具備成為陪審法庭成員的條件。陪審員出庭期間可獲少量報酬。

許多立法者都會犯這樣的錯誤，即擴大立法的實際領域，以刑法去推動改革，殊不知有些改革只有透過道德力量才能完成。而在梭倫的其他成文法典中，有證據表明他也不可避免地犯下了這些錯誤。

為防止人們漠視公共利益，他頒布法令，凡在民事辯論中保持中立的人，應處以沒收財產的懲罰，並被逐出雅典。為遏制女性奢侈攀比之風，他對女性在公共場合的穿著和行為做出了嚴格的規定。

他宣布無所事事、遊手好閒之人必須受懲罰，規定雅典公民必須教導兒女學會一種手藝，否則子女將來有權拒絕贍養雙親。他嚴禁惡言攻擊死者，並對公開辱罵生者之人處以罰款。為阻止買賣婚姻，他命令父親不得給女兒任何嫁妝。

## 第 47 章
# 梭倫遊歷

梭倫完成了改革任務，並讓雅典人承諾 100 年內不廢除或修改他的任何一項法令。但後來，一些喜歡指手畫腳的人要求梭倫提出修改建議，自認為是在改進他的法律，這惹惱了梭倫。於是，他決定離開雅典，讓人們有足夠的時間了解並熟悉他的制度。

出發前他要雅典人起誓，謹守他的法律，在他回國之前不得更改。取得雅典人的同意後，他便開始了長達 10 年的遊歷。他航行到了埃及，與

包括這個古老王國的祭司在內的眾多學者就哲學問題進行了交談。

隨後他訪問了塞普勒斯島，在那裡，他幫助一個名叫披羅庫普洛司（Philocyprus）的小國國王規劃並建造了一座城。為紀念這位雅典立法者在建造這座城時做出的貢獻，這座城被命名為索里（Soli）。

據說，梭倫離開塞普勒斯後，前往小亞細亞呂底亞（Lydia）首都薩迪斯（Sardis），拜訪了該國國王克羅伊斯（Crooesus），這人素來以豪富和地位顯赫聞名，我們當下使用的一些諺語還源自於他。

這位君主在梭倫面前炫耀其富有，並問他是否曾見過比在場的皇室成員更精緻高貴之人。「是的，」雅典智者回答說，「公雞、野雞和孔雀更為美麗優雅，因為它們的裝飾品是自己的，但在座貴人們的都是借來的。」

然後梭倫被問及是否見過比克羅伊斯更快樂的人。他回答說：「見過。」他補充道，人類歷史滄桑變化，「所以在人臨終之前，誰也不能肯定他是幸福的」。

梭倫的一番話讓克羅伊斯很不高興，但據說後來他的話應驗了。不幸的呂底亞國王被波斯人（Persian）居魯士（Cryus）廢黜，還被下令綁在火刑柱上，臨死之際，他不禁大聲喊道：「梭倫！梭倫！」

人們問他叫喊什麼，他說他所叫的名字是希臘七賢之一，那個人曾經告訴他這樣一個「真理」，即一個人快樂與否，要在他死後才能得出結論。克羅伊斯補充說道，「我自己的命運便證實了這點」。

據說，居魯士聽到這些話後便開始思考自己的命運，他不僅寬恕了克羅伊斯這個不幸的國王，後來還一直給予他特別關照。

## 第 48 章
# 梭倫歸來 —— 庇西特拉圖篡位

　　早在梭倫 10 年遊歷結束之前，雅典已再次成為黨派鬥爭的舞臺。山區、山谷和沿海地區的古老派系，又開始爭奪政權。人們名義上仍遵守梭倫的法律，但梭倫一回國便發現雅典早已是一團亂麻。

　　梭倫的親戚庇西特拉圖野心勃勃，試圖動搖雅典的民主政體，作為山地派（或稱民主派）的領導者的他，態度溫和，假裝熱衷於保護窮人的權利，獲得了民眾的廣泛支持。

　　梭倫了解他這位親戚的真實性格，看穿了他的意圖，設法勸他放棄陰謀未果。據說後來庇西特拉圖故意自殘，滿身是血地出現在集會地點，指責他的政敵攻擊並虐待他。他向人們哭訴道，為窮人說話的人在雅典得不到安全保障，他將離開阿提卡，除非人們允許他採取措施保護自己。

　　人們對這位他們喜歡的領導者受虐待感到憤慨，立即投票給他 50 人做守衛，完全不顧梭倫的懇切勸阻。梭倫清楚地認識到他們正在武裝庇西特拉圖，而這些武裝很快就會被用來對付他們自己。

　　梭倫所說應驗了，狡猾的庇西特拉圖逐漸增加了他的守衛的人數，後來發展成一支相當強大的軍隊，接著突然占領了雅典衛城。意識到危險的民主政體支持者進行了激烈抵抗，但庇西特拉圖擊退了所有反對者，確立了自己至高無上的統治，成為雅典僭主（西元前 560 年）。

　　關於這一稱謂，值得一提的是，古希臘人使用「僭主」一詞的含義與現在人們對它的理解有所不同。那時人們對每個篡位者或復辟帝制的統治者都用此尊號，不管他後來如何溫和公正。因此，儘管歷史記載說明了他的統治仁慈開明，庇西特拉圖仍被稱為僭主。

庇西特拉圖在完全掌權之後，並沒有因愛國智者梭倫當初堅持反對，甚至差點破壞他的計畫而蓄意報復，反之對梭倫的親人極為仁慈尊敬，並維護和執行梭倫的法律。

梭倫這位可敬的立法者不允許有人反對之前的立法，所以他多次拒絕了向他徵詢意見和求取幫助的庇西特拉圖。梭倫永遠不能容忍他顛覆民主政體。

因此，梭倫再次離開雅典，自願在流放中度過餘生。據說，他最後死在塞普勒斯島，享年 80 歲。雅典人為了表示對他的尊敬，將他的雕像立在公民集會的地方，他故鄉薩拉米斯的居民也賦予他同樣的榮譽。

後來庇西特拉圖繼續張弛有度地管理著雅典政府，還因大力提倡文學、美術而受人尊敬。他建立了歷史上首個公共圖書館。如前文所述，他命人收集並完整地寫出了荷馬的詩歌。他還在雅典大興土木，修築了許多美輪美奐的公共建築，並為市民建造了首個公園。

## 第49章
### 希庇亞斯和希帕克斯

庇西特拉圖死後，他的兩個兒子希庇亞斯（Hippias）和希帕克斯（Hipparchus）繼位，共理國政，他們沿用了父親溫和開明的統治方式。同父親一樣，他們也提倡文學藝術，並廣招天下賢士，吸引了著名詩人阿那克里翁（Anacreon）和西蒙尼德斯（Simonides）定居雅典。

簡而言之，雅典在這兩兄弟的共同治理之下一度繁榮昌盛，文明迅速發展。因此，古代一位聰明睿達的哲學家將這一時期稱為另一個黃金時代。

希帕克斯和希庇亞斯雖實行明政，但統治頗為短暫，以暴力衝突倉促結束。事件源於庇西特拉圖的次子希帕克斯侮辱了雅典貴族哈爾莫狄歐斯（Harmodius）的妹妹，憤怒的哈爾莫狄歐斯決心殺死庇西特拉圖的兩個兒子。他在朋友阿里斯托格頓（Aristogiton）的幫助下，在泛雅典娜節上襲擊並殺死了希帕克斯。刺客哈爾莫狄歐斯本人在隨後的騷亂中被殺身亡（西元前514年）。

此事件發生後，為尋求內心的安全感，希庇亞斯開始變得偏執暴躁，統治方式也逐漸嚴苛冷酷。他後來的行為一度可以稱得上字面意義上的殘暴「僭主」。為了尋找與希帕克斯之死有關的祕密，他嚴刑拷問了一位名叫萊昂納（Leona）的女子，然而她守口如瓶，在刑訊中咬舌身亡，拒絕透露任何訊息。

為逃避希庇亞斯的壓迫，許多有權勢之人離開了雅典，後來在斯巴達人的協助下，這些人服從德爾斐神諭的命令，大舉入侵阿提卡，圍攻雅典。

一段時間之後，他們成功迫使希庇亞斯下臺，將其流放至其父庇西特拉圖於西元前510年在赫勒斯滂建立的雅典殖民地利金（Ligeum）。

雅典人恢復了由梭倫建立的民主政體，最早拔劍抵抗顛覆民主政體的哈爾莫狄歐斯和阿里斯托格頓受到了雅典人的尊敬，人們作詩讚美他們，並在一些公共節日中吟誦。

驅逐了希庇亞斯的領袖克利斯提尼（Clisthenes）透過了一項准許外國居民享有公民權的法令，使得雅典的政體更趨民主化。

克里斯提尼還創立了陶片放逐制度，即雅典公民可以在陶片上寫下那些不受歡迎或是那些極具社會威望、廣受歡迎、最可能成為僭主的人的名

字，並透過投票表決將企圖威脅雅典民主制度的政治人物放逐 10 年，不管那人是否犯過罪。

這一制度因公民在投票時會在一塊陶片上寫下那個令人討厭的人的名字，故被稱為「陶片放逐」。據說，克利斯提尼是這項法律的第一個受害者。

## 第 50 章
## 古希臘風俗 —— 著裝 —— 婦女

正如前文所說，希臘人享有得天獨厚的條件，希臘女性大多天生麗質，有著健康小麥色皮膚、烏黑的頭髮和黑曜石般的眼睛。關於性情，除斯巴達人外，其他希臘人皆熱情活潑、多情善變，還頗愛熱鬧。

他們在某種程度上比其他民族更具思想天賦，因此他們在哲學、政治、文學、雕塑、繪畫和建築藝術等方面都取得了重大進展。希臘的許多藝術作品至今仍然是整個文明世界的典範。

希臘花瓶

希臘花瓶

　　希臘地區氣候溫和宜人，所以希臘人衣著輕便樸素，他們的穿著更多是為了遮蔽身體，以彰顯高雅美觀，而不是為抵禦惡劣的天氣。

　　希臘男性常身穿寬鬆的亞麻或羊毛外衣，稱為短袍，長及膝蓋，外披一件披風。古希臘人最早並不戴帽子，後期才開始戴一種兩端繫在下巴的垂帽。鞋則常為繫帶涼鞋。

　　希臘女性服裝包括一件白色的亞麻或羊毛束腰外衣，腰上繫著一條寬腰帶，衣服的裙襬一直垂到腳跟。女子還會在這件衣服外套一件短袍，一般為橘紅色，用絲帶繫在腰間。這兩種服飾的底部都有不同顏色的鑲邊。

　　她們的編髮很有品味，會用金色頭繩紮起，戴著金耳環和金手鐲。在雅典最奢華輝煌的時代，當地婦女常會打上腮紅，畫好眉毛，在頭髮上撒上黃色的粉末後戴上花環。她們出門時總會用面紗掩面。

　　希臘的女性常常被隔離約束起來，有點類似於今天的土耳其和其他起源於東方的國家。除了隆重節日和其他公共儀式外，婦女必須待在家中，在家裡紡線、織布、烤麵包，並監督女奴隸工作。

　　她們要出現在公共場合也必須成群結隊，低著頭，被奴隸和侍女圍著，或者低調地迅速趕往她們要去的地方。

　　然而，下層階級實際上是沒有這些限制的，甚至有地位的女性也想出了許多辦法來逃避這些限制。斯巴達的婦女就不同了，萊克格斯的法律規定，婦女可以在公共場合露面。

　　但斯巴達的婦女在有些方面也很特別。她們不會為在戰鬥中英勇犧牲的丈夫或兒子哭泣，她們反而在收到消息後會開心地出現在公眾面前。只有當她們的親友戰敗後毫髮無損地回來，使自己蒙羞時，她們才會做出悲傷的樣子。

## 第 51 章
# 階級、職業、娛樂、飲食、教育、婚姻、葬禮

希臘人分為自由者和奴隸兩大階級。如前所述，在斯巴達，所有農活和體力勞動都由奴隸完成，而自由人則將注意力全部集中在戰爭、政治和年輕人的教育上。

然而，此時雅典和其他希臘國家的公民更多從事貿易和其他有利可圖的商業活動，奴隸不僅是農業和體力勞動者，在相當程度上也是手工業者。

希臘有如下職業：皮革品製造商、銀行家、理髮師（有些是女性）、醫生、籃子製作者、鐵匠、銅匠、屠夫、木匠、棉花種植者、製革匠、染工、上釉工人、代理商、農夫、漁夫、亞麻加工匠、澆鑄工、壁畫畫家、漂洗工、鍍金工人、金匠、花匠、過磅員、造紙商、調香師、領航員、家庭教師、江湖郎中、牧羊人、織工等。

雅典的許多公民沒有工作，而是靠參加政治和司法會議獲得報酬，或靠公共節日發放的津貼度日，偶爾依靠國庫或富人的施捨來維持生活。

他們日常的消遣包括一起談天說地，在集會或市場上聽演講，在公園裡散步，聽哲學家們的演講和辯論，以及協助為紀念眾神舉行的無數遊行、競賽和慶祝活動。

希臘人通常一日兩餐，第一餐在清晨，主餐在晚上。他們不像西歐國家的人吃飯時筆直地坐在餐桌前，而是斜倚在墊子或沙發上。

在原始時代，他們以水果和植物根莖為食，但後來他們用動物和許多美味佳餚烹調美食。富人的餐桌上擺滿了葡萄酒，就餐時音樂、舞蹈和啞劇表演更增添了娛樂的氣氛。

酒壺

　　參加宴會之前，希臘人會淨身沐浴並塗上橄欖油；到達宴會場所時，招待他們的人或拉著他們的手，或親吻他們的嘴唇、手或腳，以示尊重。在開始用餐之前，餐桌上的一部分食物是作為祭品獻給神的；餐後，人們通常會吟唱讚美詩。

　　希臘人沒有「為健康乾杯」這一做法，但他們也有個類似的飲酒習俗：在喝酒前，他們常常倒一部分酒在地上，以敬神靈或者已故的朋友，這一習俗被稱為奠酒。

　　希臘人注重優良的禮儀禮節。他們反感長指甲、髒牙齒、吃飯時擤鼻涕、向服務員吐痰等粗俗表現，也厭惡誇誇其談者。那些令人反感的行為還包括：在宴會上總想方設法坐在主人旁邊；吹噓要帶孩子去德爾斐神廟寄存頭髮；誇耀自己悉心照顧了一個黑人男僕；有人獻祭時在其門口擺放花環；為一條寵物狗立紀念碑；等等。

　　希臘人非常注重年輕人的教育，學校似乎採用了貝爾─蘭卡斯特制度 [066]。如前文所述，斯巴達式的訓練體系僅限於訓練意志，增強體力，他們認為藝術和科學的研究及對文學的追求不值得人們關注。

　　雅典人與模仿雅典風俗習慣和制度的希臘其他一些國家的人民，為他們的年輕一代提供了更為自由開放的教育。除體育鍛鍊是必授科目外，還

---

[066]　貝爾──蘭卡斯特制度：Bell──Lancaster system，亦稱「導生制」。

教授閱讀、寫作、語法、音樂、朗誦，後來還增加了哲學、演講術等科目。希臘有諸多著名學校，學生經常有機會參加公開辯論，聆聽雄辯家的演講。

希臘的女性 14 歲左右就可以結婚，雅典人的婚姻在年紀尚小時便已訂好。雅典的訂婚程式很是繁瑣，解除婚約卻很容易，離婚雙方只需向執政官提供一份書面同意書，證明他們同意離婚即可。

斯巴達的婚姻習俗，與該國所有其他制度一樣，有其獨特之處。斯巴達男性獲得女方父母同意後，必須強行帶走其配偶，因為女性同意結婚這一行為在他們眼中不合乎禮節。即使結婚後，年輕的丈夫和妻子也要長期小心翼翼地避免一同出現。他們得祕密交往，要是沒有孩子，有時數年之後人們才知道這兩人結婚了。

希臘人的葬禮儀式頗為隆重。在清洗、塗橄欖油並穿上昂貴的衣服後，屍體會被放置一兩天，甚至三天。遺體頭頂會放置一束花環，手中握著麵粉和蜂蜜製成的蛋糕──作為地獄三頭看門犬刻耳柏洛斯的祭品。

一枚價值 3.5 便士的小硬幣被放進死者的嘴中，是給冥間擺渡人卡戎的搭船費，好讓他將逝者的靈魂擺渡過冥河。葬禮開始前，親屬和聘請的送葬者一直會圍繞在遺體四周，伴隨著哀怨的笛聲，他們高聲哀鳴。

隨後人們會將遺體置於柏樹棺中，裝上馬車，運送至墓地。送葬隊伍是按以下順序前進：首先是演奏或吟唱哀樂的樂師；接著是穿著黑衣的男性親友；然後是逝者的棺槨；隊伍最後是婦女。

按照死者或親屬的意願，遺體可被土葬或火葬，火葬後骨灰會被收集起來放在骨灰盒中，然後埋在地下。葬禮上人們會舉行奠酒儀式，或向眾神獻祭，人們祈禱著，大聲呼喚著死者的名字。那個時候，人們就已經習

慣在墓前立一塊紀念石碑或雕像。

前文敘述過祭司的主要工作是主持宗教儀式和典禮。人們前往廟宇禮拜，會提供最優質的牲畜和上等物件作為祭品，在開展重要活動之前人們都會透過宗教儀式請教諸神。

# 第 52 章
# 軍隊 ── 戰爭 ── 要塞城鎮

希臘各城邦沒有常備軍或僱傭軍，而是依靠一支由公民和武裝奴隸組成的民兵部隊來保衛國家，這支部隊在戰時才會被召集。從荷馬的詩歌中可以看出，早期希臘軍隊中許多首領和戰士都坐著由馬牽引的戰車，但是後來隨著時代的發展，這些戰車被完全棄用了。

按照慣例，軍官和上層階級騎馬作戰，普通士兵步行作戰。常規騎兵裝備有長劍和長矛。步兵則分為兩類，一類是由公民組成的重灌步兵，另一類則是由奴隸或下等自由民組成的輕裝步兵。

戰鬥中的希臘人

重灌步兵頭戴黃銅或鐵質頭盔，胸前、腿上戴著鐵甲，右手持長矛或長劍，左手握盾牌，通常以密集隊形作戰，稱為方陣。盾牌緊挨、長矛互搭的方陣一般分 8 人方陣和 16 人方陣。

輕裝步兵的裝備則主要是弓箭、標槍和投石器，相對於重灌部隊他們在戰爭中就顯得沒那麼重要了。因此，古代作家在描寫戰爭敘述參戰人數時，常常會忽略輕裝部隊的人數。

圓盾

希臘軍隊會軍紀嚴明地以快速、整齊的步伐向敵人挺進，只有軍號聲或斯巴達長笛聲偶爾打破行進中的沉默。當武器的碰撞聲和垂死之人的呻吟聲響起，戰爭則宣告正式開始。

希臘所有 20 歲到 60 歲之間的公民都有義務應召保衛國家，只有那些年事已高的人可免於服役。雅典的法律規定每支軍隊須任命 10 名將軍，由阿提卡的 10 個區中各選出 1 名組成。

起初，這些軍官每天輪流掌握最高指揮權，但不久人們就發現這種不明智的安排會造成諸多麻煩，於是改變做法。他們任命 10 位軍官中的 1 位做真正的指揮者，剩下的 9 個擔任顧問，或被授予將軍的榮譽頭銜在家休沐。

希臘的城鎮都有城牆、塔樓、壕溝等防禦工事，這使當時攻城變得非常困難。儘管這些城池在當時被認為堅不可摧，但在現代火炮的攻擊下，它們很難堅持一個小時。雖然希臘人擁有的攻城器械無法與大砲相比，但他們的工具一樣可以重創那些堅固的城池。

希臘士兵

　　主要的攻城器械有攻城槌、移動塔、龜甲攻城器、彈弓和石弩。攻城槌是一根很粗的木頭，木頭頂端有一個鐵頭，形狀類似槌子，用來撞擊城門。有的攻城器會懸在一座木製建築的頂部，底部則用來掩護攻城者，使之免受城上敵軍發射物的襲擊。另外一些較小的器械由軍人隨身攜帶。

　　這些器械的主要用途就是破壞、推倒城牆。根據史書的記載，這些工具在攻城戰役中造成了不小的作用。守城一方為減輕這些器械對城牆的破壞，通常會將一袋袋的羊毛放在攻城者所要攻擊的城牆壁上。

　　移動塔是方尖形的木製建築，底部裝有車輪，方便移動到要進攻的防禦工事附近。這些塔的底部面積從 30 到 40 平方英呎 [067] 不等，而且高度比普通城牆要高得多。

　　塔的最低一層是一隻攻城槌，中間部分是一座可以調節高度的吊橋，以便進攻者從塔上衝向城牆，塔的頂部則會布滿士兵，向城牆的守衛者投擲標槍和射箭。

　　龜甲攻城器形似一座木屋，約 25 平方英呎，高 12 英呎。像移動塔一樣，它也裝有輪子，方便向城牆移動。它上面覆蓋著堅硬的獸皮，同

---

[067]　1 平方英呎 ≈ 0.929 平方公尺。

時，這些獸皮經藥水浸泡後有防火的功效，像龜殼一樣保證了裡面人員的安全，故而被稱為龜甲攻城器。它的作用是掩護士兵填平溝渠或者破壞城牆。

石駑和彈弓是用來投擲巨石和標槍的機器，據說它們非常像現代的十字弓，只是相對而言體積巨大。

# 第 53 章

## 希臘戰艦 —— 房屋、家具等

荷馬時代的希臘戰船是一種大型的無甲板敞艙船，能載 50 人到 120 人。這些戰船上有船帆，但通常靠士兵划槳來推進。

早期，槳手沿著船的兩邊各排成一列划船。後來科林斯人發明了三層划槳戰船，有三層高，船的每邊有三排槳手，並且像現代巨型戰船一樣裝上了甲板。

這些戰船中最大的一艘可載約 200 名船員，其中一部分是水手，還有一部分是士兵，現在我們稱之為海軍。在海戰中，這些海軍站在甲板上，用標槍攻擊敵人，當敵船靠近時，他們就用劍和長矛短距離攻擊。

雖然三層划槳戰船是當時使用最普遍的戰船，但仍有許多比它體型更大的船 —— 每側有四層或者五層的槳手，每層四五十人。不過，這些巨型戰船卻顯得華而不實。

希臘船隻的船首通常裝飾有神、人或動物的雕像，類似現代船隻的艏飾像。在船頭底部有一個「喙」，是根巨木，上面插著一根銅或鐵的尖刺，它主要是用來撞毀或擊沉敵方船隻 —— 試圖用船喙撞擊敵方船側來制服敵人，是古代海戰戰術的重要組成部分。

另一種常見的海戰戰術是逼近敵方的航線，撞斷敵船的划槳使其失去行動能力。隨後兩方船隻靠近，士兵們近身肉搏一決勝負。

希臘戰船

希臘城市中的普通住宅大多是用黏土或未燒好的磚砌成的，極其簡陋，在狹窄的街道兩邊不規則地排列著。但富人的住所寬敞豪華，一般有兩層或以上，配有樓梯，包括幾個套間。

房屋最前方是一扇大門，門外是一堆用作肥料的馬糞和騾子糞，通常養著許多狗和豬。進門的第一個房間裝飾有繪畫，還有為男士、訪客和陌生人準備的客房；另有一間供女孩子住的偏僻房間，房門緊鎖。

雅典富人住宅

富人的房屋中有許多繪畫、雕塑、花瓶和裝飾藝術品。牆上抹了灰泥後由木工細細打磨好，最後裝飾上奢華的掛毯。牆壁和天花板以壁畫裝飾，家具閃耀著富麗華貴的金色和象牙色。

家庭用具通常包括椅子、鵝毛床、帶蚊帳的床架、小羊皮毛氈、桌子、燭臺、地毯、腳凳、燈具、保暖鍋、各式各樣的花瓶、籃子、盆、風箱、掃帚、水箱、烘爐、煎鍋、手磨、刀具、湯勺、燈籠、鏡子、研缽、篩子、烤肉扦子。我們現在還使用著上述物品中的大多數或者相應的替代品。

希臘公共建築的宏偉和耐用性在世界上也是首屈一指的。神廟和公共建築由拋光石材或上等大理石建成，在建造過程中充分展現了希臘三大建築形式 —— 多立克式（Doric）、愛奧尼亞式（Ionic）和科林斯式（Corinthian）令人讚嘆的比例和美感。長久以來，這些建築一直被認為是人類藝術的奇蹟。

儘管這些建築已是一片廢墟，但他們仍是世界上高雅、有品味民族的模仿對象。現代建築師非但不敢奢望超越他們，反而為自己成功地複製了傑出藝術品而感到慶幸。

## 第 54 章
# 第二階段的詩人

西元前 8 世紀，即荷馬和赫西奧德之後的那個時代，是希臘歷史上一個相對空白的時期，沒有詩人被銘記，也沒有任何優秀的詩篇流傳下來，所有的一切都在歷史長河中淹沒了。

　　西元前 7 世紀，阿爾基洛科斯（Archilochus）、提爾泰奧斯和阿爾克曼（Alcman）的出現，預示著一個光明時期的來臨。西元前 6 世紀比上一個世紀更輝煌，誕生了莎孚（Sappho）、阿那克里翁和西蒙尼德斯，以及其他幾位稍稍遜色，但也才華卓著的詩人。

　　阿爾基洛科斯是西元前 7 世紀的詩人，生於帕羅斯島（Paros）。他的作品多為諷刺詩歌，除了少量片段外，都已絕跡。但是，從其作品對他同時代人產生的影響來看，我們可以確定阿爾基洛科斯絕不是詩才平庸之人。

　　提爾泰奧斯也是一位詩人，前文中提到過他被雅典人派去嘲弄斯巴達人，替斯巴達指揮第二次美塞尼亞戰爭，他的詩極大地激發了斯巴達軍人英勇無畏的氣概，帶領斯巴達人取得勝利。他出生在小亞細亞的愛奧尼亞地區的米利都城（Miletus），深受跛足之苦，後來一隻眼睛還失明了。

　　他早年定居雅典，在雅典的一所學校任教。第二次美塞尼亞戰爭之後，他移居斯巴達，因戰爭中的功績備受當地人敬重。他的作品流傳至今的只有一些片段，但他的名字在希臘仍家喻戶曉。

　　阿爾克曼是西元前 7 世紀的抒情詩人，生於斯巴達。他的詩歌主要以愛情為主題，除了一些殘篇外，其他都已遺失。同一時期的另一位抒情詩人特爾潘德（Terpander）出生於萊斯博斯島（Lesbos）。他還是一位頗有成就的音樂家，並在德爾斐運動會和斯巴達的公共節日上獲得了音樂和詩歌方面的多項大獎。他改進了里拉琴（lyre），還將幾種新方法引入希臘詩歌中。

　　莎孚是一位抒情女詩人，希臘人深敬其才，授予她「第十繆斯女神」（或「第十詩神」）的稱號。約在西元前 610 年，她出生於萊斯博斯島的米

蒂利尼城（Mitylene），後來嫁給了安德羅斯島（Andros）的一位富豪，並與對方生了一個女兒，名為克萊絲（Cleis）。

莎孚身材矮小，膚色黝黑，長相與漂亮完全沾不上邊。她生性熱情奔放，詩歌主要描寫了愛情帶來的希望和恐懼。

她的作品只有兩首被完整地保存下來，分別是《阿芙蘿黛蒂頌》和《少女頌》，這兩首抒情詩都極具美感、熱情動人，所以古人對其詩歌有很高的評價也是公平公正的。

她熱烈的感情最終使她走向毀滅。丈夫死後，她極度迷戀一個名為法昂（Phaon）的年輕人，她傾盡全力卻發現自己無法激起對方的熱情，於是從勒卡特（Leucate）海角一塊高高的岩石上縱身跳下。她殉情之地後來被稱為「情人崖」。

抒情詩人阿爾凱奧斯（Alcaeus）與莎孚生活在同一時代，據說還是她的情人之一。他的作品只有些許殘篇流傳至今。同莎孚一樣，他也是米蒂利尼城人，也是一個感情熾烈之人，不受道德感的束縛。

約西元前 600 年，抒情詩人伊比庫斯（Ibycus）出生在義大利南部的利基翁鎮（Rhegium），年輕時移居薩摩斯島。人們對他的生平知之甚少，只知道他在一次旅途中被一群強盜所殺。他的作品也幾乎全部失傳了。

彌涅墨斯（Mimnermus）是一位輓歌詩人，也是一位成功的音樂家。他出生在小亞細亞愛奧尼亞的克勒芬城（Colophon），並活躍在西元前 600 年左右。他的作品只有零散的詩句流傳到了現代。

忒奧格尼斯（Theognis）生於塞隆尼克灣（Saronic Gulf）南端多利安的麥加拉（Megara），全盛期在西元前 550 年左右。他的著作《忒奧格尼斯集》流傳至今，其中包含了一系列的道德箴言。

阿那克里翁是一位大名鼎鼎的詩人，約在西元 6 世紀中葉出生於愛奧尼亞的特奧斯城（Teos）。當時統治著雅典的希帕克斯和希庇亞斯兩兄弟邀請他參觀雅典，根據柏拉圖的說法，他們派了 50 多艘船的艦隊迎接這位詩人到阿提卡。

希帕克斯遇刺後，阿那克里翁穿越愛琴海回到故鄉特奧斯，但是由於西元前 500 年小亞細亞的希臘諸國試圖擺脫波斯國王大流士的枷鎖，導致波斯軍隊進攻希臘，阿那克里翁被迫再次離開。他來到特奧斯殖民地阿夫季拉，在 85 歲那年（大約西元前 470 年）與世長辭。

據說他是喝酒時被葡萄籽嗆死的 —— 一個並不光彩的死亡方式。阿那克里翁現存的作品包括頌歌和十四行詩，主要涉及愛情和美酒主題。他的文風優美、明快且流暢，但是在人們眼中他不過是一個才華橫溢的酒色之徒。雅典人為他立了一座紀念碑，形狀是一個醉漢在歌唱。

西蒙尼德斯是一位著名的輓歌詩人，約西元前 560 年出生於喀俄斯島（Ceos）。成年後，他建立了一所學校，並教授了一段時間的音樂和舞蹈。不過，他對教師職業越來越厭倦，於是前往小亞細亞，四處遊歷，受僱為公共賽事獲勝者作詩歌頌詞。

他在希帕克斯統治時期訪問雅典，隨後航行到西西里島。在那裡，他憑藉自己的詩歌創作能力，引起了人們的注意，並與錫拉庫扎（Syracuse）國王希羅（Hiero）結為朋友。希羅因廣納天下賢士而聞名於世。西蒙尼德斯餘生的大部分時間在這位開明君主的宮廷裡度過，在這裡他創作了一些著名詩歌。

西蒙尼德斯以其智慧和詩歌天賦而聞名。有一天，國王希羅問他：「上帝的本質是什麼？」他請求國王給予一天時間來考慮這個問題；再後

來，又請求再給他兩天的時間；就這樣循環往復，總是把請求的天數增加
一倍。最後希羅驚訝地問他為什麼要拖延這麼久。西蒙尼德斯的回答是，
他思考這個問題的時間越長，就顯得問題越難。

曾經又有一次，有人問他知識和財富哪個最令人嚮往，他回答說一定
是財富，因為他每天都看到有學問的人站在富人家門口 —— 這是對阿諛
奉承者嚴厲但公正的反思。

西蒙尼德斯以寫輓歌見長，但在其他體裁的詩歌上也有造詣。他歌頌
馬拉松、塞莫皮萊、薩拉米斯和普拉蒂亞戰役的詩歌備受讚譽，並憑藉這
些作品的首篇在與悲劇詩人埃斯庫羅斯（Aeschylus）對決時勝出，最終贏
得獎勵。

他的詩歌溫柔甜美、莊重凝練，無人能出其右。古代作家特別提到了
他的一本名為《哀嘆》的作品。這是一首令人感動的詩，讀起來會讓人不
由自主地潸然淚下。

據說他增加了四個字母，完善了希臘字母表，並發明了人工記憶術。
他年事雖高卻仍舊才華橫溢，在 80 歲高齡時獲得了詩歌創作獎。他最終
在西西里島去世，享年 90 歲。在他的眾多作品中，只有少數殘篇歷經時
間洗禮流傳至今。

## 第 55 章
## 第二階段的聖人和哲學家 —— 希臘七賢（一）

前文中我們提到過「希臘七賢」，他們分別是米蒂利尼城的庇塔庫斯
（Pittacus）、普里恩涅城（Priene）的畢阿斯（Bias）、雅典的梭倫、斯巴
達的奇倫（Chilon）、林迪（Lyndus）的克萊俄布盧（Cleobulus）、科林斯

的佩里安德（Periander）和米利都的泰勒斯（Thales）。

古代作家曾提到這七位聖賢會面過兩次，一次是在德爾斐，一次是在科林斯。據說，「希臘七賢」的名號源於這樣一個故事：有一天，小亞細亞米利都的漁民把網撒到海裡後，向一些碰巧站在旁邊的路人出售預期的捕獲物。

但是當漁網被拉上來的時候，人們發現漁網裡有一個黃金三足鼎，於是漁民反悔了，拒絕賣網中的東西，聲稱他們只答應賣漁網網住的魚。多番爭執後，雙方同意將此事提交米利都人裁決，但米利都人也覺得這個問題很難解決，於是他們就前往德爾斐請示神諭。

神諭命令他們把三足鼎判給他們知道的最有智慧的人，於是米利都人把三足鼎送給他們的同胞泰勒斯，但是泰勒斯拒絕了，謙遜地說他並不是最有智慧的人。後來他把鼎送給了普里恩涅的畢阿斯，但對方同樣謝絕了這份禮物，並將其轉送給了另一個智者。

就這樣三足鼎分別流經後來被稱為「希臘七賢」的七人之手。最後，三足鼎被供奉給阿波羅，並放在德爾斐的神廟裡。當他們從鼎的發現者和持有者手中拿走這個鼎時，神殿的管理者可能早已經預見到此結果了。

在愚昧無知的年代，由於缺乏現代教學手段，透過經驗和思考總結出的那些簡短精闢的格言是無價之寶。希臘七賢不僅是流行諺語和道德語錄的開創者，其中還有幾位是活躍的政治家，比如梭倫是雅典著名的立法者，泰勒斯是傑出的自然哲學家。

## 第56章
## 希臘七賢（二）

西元前 650 年左右，庇塔庫斯生於萊斯博斯島的米蒂利尼城。他與雅典人作戰時十分英勇，一戰成名。後來他又成功推翻了萊斯博斯島僭主梅拉克洛斯（Melanchrus）的統治。他的同胞們心懷感激，將他推上了空缺的王位。在位期間，他一直勤勉持政，成功地讓國家恢復往日的寧靜，還改革了該國的法律和制度。後來他辭去職權，退而隱居，並於西元前 568 年去世，享年 82 歲。

以下是他的一些格言：

掌權可以讓一個人的性格盡顯無遺。

無論做什麼，都要盡善盡美。

你討厭鄰居對你做的事情，也不要對鄰居做。

懂得抓住機遇。

永遠不要透露你的計畫，以免計劃失敗使你蒙受嘲笑和失望。

畢阿斯是愛奧尼亞地區的普里恩涅人，出生年月不詳。他生性豁達，對財富不屑一顧。他具有雄辯家的口才，據說他在為一位朋友辯護時過勞而死。以下的逸事和格言可以顯示他的機敏和智慧。

曾經有個人譏諷地問他道：「什麼是宗教？」他沉默不語。這個人繼續逼問他沉默的原因，他回答說：「我沉默是因為你問的是與你無關的事情。」還有一次，他在海上遇到了風暴，那些浪蕩出名的水手們嚇得連連祈禱。「保持安靜，」畢阿斯說道，「以免諸神發現是你們這些浪蕩子在航行。」

畢阿斯的格言包括：

努力獲得所有人的善意。

談及神時要心存敬畏。

人生中最大的福氣是擁有一位值得信賴的朋友。

與其屈服於強迫，不如臣服於說服。

最痛苦的人是不能忍受痛苦的人。

制定計畫要深思熟慮，執行計畫時要堅定不移。

不要因為財富去稱讚一個不值得尊敬的人。

區別你的敵人比區別朋友更重要。因為敵人一旦變成朋友，會比朋友更可靠；而朋友變成敵人，會比敵人更危險。

前文已經提及過雅典智者和立法者梭倫的一些事情。此處再贅述一件他與米利都的泰利斯之間的故事，以展現這兩位聖賢思想情感上的差異。

當時梭倫也居住在米利都，一次他去探望泰勒斯，問對方為什麼不娶妻。泰勒斯當時沒有回答，不久之後他向梭倫介紹了一個剛從雅典來的人，思鄉心切的梭倫急切地問這位陌生人關於母國的消息。

那位假扮的旅行者按照泰勒斯的指示，回答說：「雅典沒有什麼新鮮事，只是那位偉大立法者梭倫的兒子逝世了，全城的人都去送葬，但是他的父親沒能親自參加兒子的葬禮，據說是外出旅行去了。」梭倫一聽到這個消息，立刻悲痛欲絕，放聲痛哭。

泰勒斯急忙安慰他，向他解釋這個故事是編造的，還笑著補充道：「正是因為害怕遭遇類似的不幸，我才不娶妻生子。」

以下是梭倫的一些格言：

敬畏上帝，尊敬父母。

不要跟惡人來往。

要相信高貴的品格，而不要相信誓言。

在私下向朋友提出忠告，切不可當眾責備他。

不要注重眼前的快樂，要考慮終極幸福。

擇友勿要急躁，棄友更須三思。

學會指揮之前，先須懂得服從。

透過努力獲得的榮譽比偶然獲得的更有價值。

奇倫出生於約西元前630年的斯巴達，曾擔任該國監察官。他的格言有：

人生有三大難事：保守祕密，善用閒暇，忍受痛苦。

不要誹謗逝者。

敬老愛老。

控制你的憤怒。

切勿草率。

說話要謹慎，尤其在節日期間。

莫做不可能之事。

患難更能見真情。

寧可自擔損失，休取不義之財；前者只會令你懊惱一陣子，後者卻會令你後悔一輩子。

克萊俄布盧是羅德島林迪的僭主，生於西元前634年左右。因其才能、美貌和智慧聞名於世。他為求知前往埃及，據說在那裡他逐漸喜歡上了神祕文學，並在他後期的作品中有所展現。他於西元前564年左右逝世，享年70歲。

除了 300 篇寓意高深的詩歌外，克萊俄布盧還用通俗易懂的語言寫下了許多格言，如：

出門前先問自己打算幹什麼，回家後問問自己實現了沒有。

多聽建議少說話。

教育好子女。

憎惡忘恩負義之人。

永遠努力思考有價值之事。

佩里安德於西元前 665 年出生於科林斯，其父庫普塞羅斯（Cypselus）推翻科林斯共和體制繼而成為科林斯僭主。後來佩里安德子承父業，他堅定審慎地執掌著政權，行事嚴厲。儘管他以才智著稱，在其統治下科林斯一度繁榮昌盛，但據說他生性殘暴。

佩里安德曾在盛怒之下一腳踢死了自己的妻子梅利莎（Melissa）；他也曾憤怒地下令燒死一群汙衊他的婦女；他還因為幼子憎惡他是個殺妻凶手，便將此子驅逐出境。除此之外，他還犯下了許多暴行。西元前 585 年佩里安德去世，享年 80 歲。

他的一些格言字字珠璣，若他能更為審慎地踐行格言內容，它們必會產生更大的影響力。

在順境中要節制；在逆境中要謹慎。

快樂是短暫的；榮譽是不朽的。

謹慎可以成就一切。

犯罪意圖和犯罪行為一樣有罪。

兌現你所有的諾言。

## 第 57 章
## 希臘七賢（三）

泰勒斯常被稱為希臘七賢之首，他大約在西元前 640 年出生於愛奧尼亞地區的米利都城。其父生於腓尼基，後定居米利都，聲稱自己是維奧蒂亞地區底比斯城創始人卡德摩斯的後裔。

青年時期的泰勒斯便年少有為，被選舉擔任重要職位。但是，他寧願選擇令人寧靜的哲學，也無意從事激昂的政治活動，因此不久便放棄了公職，去往克里特島和埃及等地，與當地學識淵博者交流。在那個時期，埃及等國在藝術和科學領域的發展處於世界前列。

據說在埃及時，泰勒斯在數學方面得到了埃及孟斐斯城（Memphis）祭司一些有價值的指導。作為回報，他教他們一種用陰影測量金字塔高度的方法。後來他回到米利都繼續研究哲學，熱情絲毫未減。

據泰勒斯本人說，他永遠都不會結婚，因為他不願讓自己暴露在婚姻生活的焦慮和悲傷中。當他的母親第一次讓他娶妻時，他回答「還為時過早。」當泰勒斯步入老年之後，他的母親更加憂心他的婚姻大事，但他回答是，「現在為時已晚了」。

跟其他許多偉人一樣，他專心鑽研自己喜愛的學問時常常出神，有時甚至會將自己置於相當尷尬的境地，遭受世俗的嘲笑。

據說一天夜晚泰勒斯正專心致志地觀察天上的星辰，沒注意腳下，一失足整個人都掉進一個坑裡。這時，一位老婦人前來幫忙，她笑道：「你連腳下的路都看不清，談何知曉天上的事情呢？」

約西元前 550 年，他前往觀看奧林匹克運動會。當時天氣炎熱，泰勒斯非常口渴，倍感虛弱。中暑暈倒後，他便再沒有醒過來，就這樣與世長辭。

像其他希臘先賢一樣，泰勒斯提出的許多格言廣為流傳，包括：

我們對自己的父母如何，我們的子女以後就會對我們如何。

裝飾心靈勝於修飾容貌。

衡量一個人的智慧，不是看他的舌頭有多長。

不要做你討厭別人做的事情。

最幸福的莫過那些有健康體魄、平坦命運、機智頭腦之人。

上帝不僅知道罪行，還了解人們的邪惡思想。

最難的事是認識自己，最簡單的事是給他人提建議。

最古老的存在是上帝，因為他無始亦無終。

萬物皆有靈，世界美麗無比，因為它是上帝的傑作。

萬物中最大的是空間，因為它包含萬物；最敏捷的是思想，因為它瞬間就能穿越宇宙；最強大的是必然性，因為它可以征服一切；最明智的是時間，因為它可以發現一切。

泰勒斯曾感謝命運女神道：「第一，我生而為人，而不是畜牲；其次，我生而為男人，而不是女人；第三，我生而為希臘人，而不是蠻族人。」

泰勒斯是希臘第一個真正意義上的哲學家，創立了愛奧尼亞學派（又稱米利都學派），並由此產生了蘇格拉底學派和其他幾個哲學派系。他的作品無一倖存，但從其他人對其作品的描述來看，他認為萬物最初都是由上帝從水中創造出來的，即水生萬物。

他認為地球是一個位於宇宙中心的球形物體；太陽和星星是燃燒的天體，由蒸汽滋養；月球是一個不透明的物體，它的光來自太陽。根據他的說法，神聖心靈籠罩萬物並賦予生命活力，是一切運動的起源。

他相信人的靈魂永生，認為一切能運動的物質，包括低等動物，甚至是磁鐵[068]都具有靈魂或生命。他在天文學和數學方面也做出過諸多貢獻。

他是第一位預測日食的希臘人，還確定了 365 天為一年。他教希臘人把天空分成五個區域，還提出至點和分點。在數學方面，他曾發現不少平面幾何學的定理，後來被納入歐幾里得（Euclid）的《幾何原本》中。

## 第 58 章
### 哲學家 —— 阿納克西曼德、畢達哥拉斯

大約西元前 610 年，阿納克西曼德（Anaximander）在米利都出生。他是希臘首個在公立學校教授哲學的人，其理論吸取了泰勒斯的部分觀點，但在一些觀點上也與之不同。他認為太陽在天空中居於最高的位置，月亮次之，星星最低。

他聲稱太陽比地球大 28 倍，而星星是由火和空氣組成的球體，是眾神居住的地方。泰勒斯認為水是萬物之源，但並未解釋為什麼水會變成萬物，水和其他的物質相比有什麼特殊的地方。阿納克西曼德認為水的存在也需要被解釋，進而引入了一個新概念 ——「無限（Infinity）」。他認為一切事物都有開端，而「無限」沒有開端。世界從它產生，又復歸於它。各部分可能會有所改變，但整體是恆定不變的。

為了深入理解這一學說，我們有必要了解他所說的「無限」究竟為何，但不幸的是，我們知之甚少。有人認為它指物質，具有物質的永恆性、不變性；有人則認為它暗指物質和運動共同構成的一個無限宇宙。

阿納克西曼德在數學和天文學方面也做出了貢獻。他是首位在球體上

---

[068]　泰勒斯曾經說過「磁石有靈魂，因為它吸動鐵」。

繪製出世界地圖的人。據說他還是日晷的發明者，但是，巴比倫人很可能率先使用過這種工具，而阿納克西曼德只是把它引進了希臘。

阿那克西米尼（Anaximenes）也出生於米利都。他是阿納克西曼德的學生，是繼他老師後愛奧尼亞學派的下一任教師。他認為氣是上帝，萬物由氣而生。透過稀散和凝聚，氣可以製造出火、水和土等所有元素。

畢達哥拉斯（Pythagoras）是古代最著名的哲學家之一，也是「南義大利學派」（又稱畢達哥拉斯學派）的創始人。他出生在愛琴海中的薩摩斯島（今希臘東部小島），活躍在西元前 6 世紀中葉。其父經商，給他提供了良好的教育，據說他自幼就聰明好學。

畢達哥拉斯後來前往埃及，在那裡生活了 22 年。除了完全掌握埃及宗教和科學知識外，他還學會了埃及的三種文字形式，即書信體、符號體和象形文字。

長期四處遊歷後，他回到了薩摩斯島，致力於教授同胞道德準則。他在自己長期研究的神祕深奧的哲學領域的學者中，挑選了一批門徒信眾。

薩摩斯島上的居民蜂擁而至，渴望得到他的指導。於是，其哲學流派蓬勃發展。後來為了擺脫當時君主的暴政，他決定放棄薩摩斯，前往義大利，在希臘殖民地「大希臘」（Magna Graecia）的克羅托納城（Crotona）定居下來。

當時，克羅托納的居民因道德敗壞而臭名昭彰。畢達哥拉斯一到那裡，就著手改變他們的舉止。一天，他在岸邊行走時，觀察到一些漁民拖著裝滿了魚的漁網。於是他買下了這網魚，沒把魚拿出來就把網拋進了海裡。他藉此向克羅托納人強調尊重和保護生命的責任。

畢達哥拉斯用從埃及祭司那裡學到的技巧，透過假裝神祕和超自然力

量來獲得無知且迷信者的尊敬。不久，他成功地吸引了人們的注意，前來聽他道德演說的人越來越多。據說他擅於雄辯，說服力極強，最終讓克羅托納人摒棄了他們的放縱和墮落行為。

應地方執法官的要求，畢達哥拉斯還制定了社會治理的法律。後來他開創了一個哲學學派，在當時極具聲望，很快便有兩三千人報名成為他的學生。

畢達哥拉斯認為崇高的哲學教條是神聖而寶貴的，不能毫無保留地傳達給普通人，所以每一個申請者都要被嚴格地考核。只有那些容貌、談吐、舉止討他喜歡，人品讓他滿意的人才有資格做他的學生。

畢達哥拉斯的哲學學派成立了一個社團，社團成員的所有財產收歸公有。社團候選者們在精神和身體上都會受到多年最嚴格的紀律約束。他們如果無法完成長期的訓練和考核，可以選擇放棄，退出時可以帶走比來時更多的錢。學員們會為退出者舉行葬禮，並建一座墳墓，彷彿他已經被死神帶走。這種儀式意在表明放棄智慧之路的人會徹底迷失在社會之中。

另一方面，那些以優異成績透過指定考驗的候選人，會被收為門徒或成為畢達哥拉斯神祕結社成員。他們首先要宣誓永不洩漏學派的祕密和學說，才能接受自然哲學和道德哲學的教導。

他們學習數學、音樂、天文學、政治和道德方面的知識，透過畢達哥拉斯簡單樸素的話語，聆聽著關於上帝本質和宇宙起源的最深層思索。

畢達哥拉斯以簡單隨意的方式教授的學員屬於神祕結社或私立學派，而那些參加他公開演講的人，則被認為是屬於開放或公開學派。畢達哥拉斯在公開演講時一般採用象徵或比喻的形式來傳授道德真理。

## 第 59 章
# 畢達哥拉斯（續）──伊索

在克羅托納的神祕結社約有 600 名學員。他們和妻兒住在一個叫做「公民禮堂」的公共建築中，就像一個大家庭。社團的組織紀律嚴明，行事很有規範：每天早上，學員會仔細思考該如何度過當日；晚上，他們會仔細回顧當日發生和處理好的事務。

他們在日出之前起床，隨後向太陽致敬，接著反覆吟誦荷馬和其他詩人的精選詩節。有時他們也會透過歌唱或演奏的方式振奮精神，使自己有精力完成當日的苦修。

然後他們會花費數小時學習科學，接著是一段休息時間，通常他們會散散步，順便沉思片刻。接下來的時間會用來相互探討。晚飯前一個小時是運動時間。

他們的晚餐主要是麵包、蜂蜜和水。正式加入社團後，他們是被禁止飲酒的。一天中的空餘時間都用來處理國內事務、溝通交流、沐浴和舉行宗教儀式。

畢達哥拉斯無論是在神祕結社還是在公開演講時都穿著一件長白袍，留著飄逸的鬍鬚，還頭戴花冠，始終保持儀態威嚴莊重。他希望塑造一個性格優越於常人、不易受感情影響的形象，所以他常小心翼翼，從不流露出任何喜悅、悲傷或憤怒的情緒，在任何情況下都表現得十分平靜。

畢達哥拉斯的教導並不局限於克羅頓人，他也在義大利和西西里島的許多其他城市進行了訪問和講學。無論他行至何處，都會有許多人前來拜師。他在公開演講中談及政治和道德話題時，會譴責暴政，並告誡人民維護自身權利。他也因此激起了幾座城市的人們站起來反抗壓迫者的束縛。

　　但是，這種干涉政治的行為為他招來了許多敵人，並最終導致了他的死亡。他的公開演講為整個大希臘的貴族政黨敲響了警鐘，他們強烈反對畢達哥拉斯學派。

　　這位哲學家本人也因此被驅逐，輾轉各地，最後來到了梅塔蓬托城（Metapontum）。他的敵人鼓動當地人反對他，於是他被迫逃到一座繆斯女神的神廟裡避難，在那裡他因飢餓而悲慘地死去。

　　最黑暗的時候，他的門徒四處遭受殘酷迫害。後來他的哲學學派得以重建，並恢復了往日的聲望。人們為了紀念他，設立了許多雕像，他在克羅托納的居所還被改建為穀神廟。

　　畢達哥拉斯去世時已年逾八十，膝下有兩子一女，都是博學強識之人，聲望極高。兩個兒子繼承了父親的哲學思想，女兒則以學識淵博著稱，還對《荷馬史詩》作出了精闢的評論。

　　畢達哥拉斯是否曾將他的學說著作成書一直存在爭議。有幾篇作品據說出自他手，但真實性有待考證。他的教義也只能從其門徒那裡略知一二了。

　　關於上帝，畢達哥拉斯認為上帝是宇宙的靈魂，是萬物的基本原則；上帝外形似光，本質像真理；他是無形的、廉潔的，不知痛苦為何物。

　　他認為「太一（The One）」的神聖心靈中產生了四種智慧生命，即神、半人半神、英雄和人類。其中，諸神是最高等級；半人半神第二；占據第三位的英雄是一類由微妙發光物質組成的生物；人類是最低的等級。

　　眾神、半人半神和英雄居住在天上，人類按照他們的意願經歷疾病、繁榮或災難。根據畢達哥拉斯學說，人的靈魂本質上是自我運動，它由理性和非理性兩部分組成，理性是神聖心靈的一部分，位於人的大腦中；而

非理性是激情的泉源，存在於心靈之中。

　　他傳授靈魂輪迴的教義，因此他的追隨者被嚴格禁止食肉，不得奪走任何生物的生命；我們無法證明人們在屠宰公牛或射殺鴿子時，是否會使古代某個著名的武士或聖賢靈魂脫殼，甚至是否在親手殺害自己已故的親友。實際上，畢達哥拉斯的這一學說推廣甚遠，他甚至斷言記得自己在成為畢達哥拉斯之前曾經歷過幾次人生輪迴。

　　根據這位哲學家的說法，太陽是一個火球，位於宇宙的中心，圍繞它旋轉的是行星，地球是其中的行星之一。太陽、月亮和星星是神靈和半人半神居住的地方。宇宙中共有 10 個天體：太陽、地球、其他 7 個行星，還有一個背對地球運轉我們肉眼看不到的行星「對地星」（Antichthon）。

　　畢達哥拉斯學派認為天體的執行秩序也是一種和諧，各個星球保持著和諧的距離，沿著各自的軌道、以嚴格固定的速度執行，產生各種和諧的音調和旋律。這些天體在宇宙中移動時發出聲音，由於它們與地球的距離分別對應音階中音符的比例，因此產生的音調會隨著幾個球體的相對距離、大小和速度變化，從而形成最完美的和聲。

　　據畢達哥拉斯說，如此便產生了天體音樂。只有畢達哥拉斯一人能聽見天體音樂，這是神的旨意。畢達哥拉斯學派對日食的解釋是，日食是由於月球和地球之間的干涉造成的，而月食是由看不見的「對地星」和月球之間的干涉造成的。

　　從以上簡短論述中，我們可以看出，整體而言，沒有一個古人比畢達哥拉斯更了解宇宙的執行規律，這可能得益於他在埃及遊學的那些經歷。

　　畢達哥拉斯很重視數字，無論是在算術還是音樂方面。據說他曾教導說，數字「1」表示上帝或萬物的生命法則；數字「2」是物質的象徵，或

者說是被動原則；數字「3」象徵著由前兩個結合而成的世界；數字「4」代表了大自然的完美。數字「10」是前面這些數字的總和，包含所有數學和音樂的性質和比例。

如上文所述，畢達哥拉斯本人非常喜歡且精通音樂。人們認為他是音樂節律的發明者，並且還發明了帶有可移動琴橋的測絃器或單絃器，用於測量和調節音樂間隔比率。

他在幾何學方面也很有造詣，對之做出了幾個重要補充。《歐幾里得》第 1 卷第 47 個著名論證便是畢達哥拉斯在該領域立下的不朽豐碑。

作為一名道德導師，畢達哥拉斯留下了許多格言，其中包括：

在得到上帝的許可之前就喪失勇氣，是懦夫的表現。

不自律的人不能被稱為自由人。

追求與自己相稱的美好，而不要僅追求令人愉悅的東西。

節制是靈魂的力量，因為它保護理性不受激情的曚蔽。

不要去崇拜代表眾神形象的人，而應該以純潔的心靈、乾淨的貢品表示崇敬。

值得一提的還有著名寓言家伊索（Aesop），他於西元前 600 年左右出生在弗里吉亞，是一位成功的智慧導師。他的道德箴言雖以寓言的形式表現，但其作品產生的影響經久不衰，毫不遜色於同時代的其他智者。

他身體畸形，但幸運的是，他有智慧靈活的大腦。他被當作奴隸賣給雅典人得馬卡斯（Demarchus），在雅典生活期間，他學習了希臘地區的語言。後來他被薩摩斯島哲學家克桑特斯（Xanthus）買下，隨後又成為該島另一位哲學家伊德蒙（Idmon）的財產，伊德蒙發現此人才華卓越，很是欣賞，便歸還其自由身。隨後伊索遊歷希臘，用道德寓言來教導人們。

　　他抵達雅典後不久庇西特拉圖篡奪了王位，並察覺到雅典人不願臣服於這位僭主的統治威權，伊索向人們講述「青蛙請求宙斯賜給他們一個國王」的寓言，警告人們企圖實施政治變革的危險。

　　最後，他因隨意譴責德爾斐公民的惡習而被憤怒的德爾斐人殺死。據推測，此事件發生在西元前 561 年左右，伊索當時年僅 39 歲。後來，雅典人為紀念他立了一座雕像。

# 第三階段
## 希波戰爭爆發至斯巴達占領雅典

### 第 60 章
### 亞述之戰與希波戰爭 —— 皇帝大流士

　　古亞述興起於兩河流域，從西元前 10 世紀末葉起，經過兩個多世紀的征戰，亞述人最終建立起一個橫跨西亞、北非的帝國。直到西元前 767 年，國王薩丹納帕路斯（Sardanapalus）死後，亞述被分為三個獨立的國家 —— 亞述本土，首都為尼尼微城 [069]；新巴比倫王國 [070]，首都在巴比倫；米堤亞王國（Media），首都埃克巴坦那（Ecbatana，今伊朗哈馬丹市）。前兩個王國後來重新統一，合稱亞述國。

　　亞述帝國以東是波斯帝國，一位波斯王子居魯士（即後來的居魯士二世）繼承了米堤亞的王位，將兩個強大的王國聯合起來。西元前 612 年，米堤亞和巴比倫一起摧毀了亞述帝國。野心勃勃的居魯士這時已經合法地

---

[069]　Nineveh，在今伊拉克摩蘇爾附近。
[070]　Babylonia，與古巴比倫王國相區分。

獲得了滔天權勢，但他仍不滿足。他制定了一個大膽的計畫，即征服巴比倫帝國，將勢力範圍擴大到整個西亞。

在實施該計畫過程中，他首先攻占了呂底亞王國，廢黜了國王克羅伊斯。然後派米堤亞貴族哈爾帕哥斯（Harpagus）征服了小亞細亞的希臘城邦。他則親自率軍挺進巴比倫，最終於西元前 538 年成功占領巴比倫。

自此，亞述、米堤亞、波斯及整個小亞細亞全部被居魯士二世征服，納入了波斯帝國的統治。後來居魯士二世之子岡比西斯二世（Cambyses II）征服了埃及，進一步擴張了波斯帝國的版圖。

岡比西斯二世統治著地球上最富裕、人口最密集的大片土地，被尊稱為「王中之王」，就連其仇敵希臘也尊稱他為「偉大的國王」。

在岡比西斯二世的繼任者大流士一世統治時期，小亞細亞愛奧尼亞地區的希臘人反抗波斯的統治，並派人前往希臘本土求援（西元前 502 年）。據說，愛奧尼亞的使者幾乎就要說服斯巴達國王克里昂米尼（Cleomenes）加入戰鬥，但國王的女兒突然喊道：「快逃吧，父親，不然使者會毀了你的！」

這時，被驅逐的雅典僭主希庇亞斯受了波斯總督兼呂底亞總督阿爾塔弗涅斯（Artaphernes）的恩惠。在希庇亞斯的唆使下，阿爾塔弗涅斯傲慢地命令雅典人接受希庇亞斯，否則便是與波斯為敵。

雅典人對此無理要求無比憤怒，立即決定幫助亞細亞殖民地對抗專橫的波斯人，並向愛奧尼亞聯盟的主要城市米利都派遣了 20 艘戰船。

雅典艦隊與愛奧尼亞艦隊會合後一同前往以弗所。在這裡，兩國陸上部隊下船後向著呂底亞的首府薩迪斯挺進。最終他們成功占領了薩迪斯城，躲在城中的波斯總督阿爾塔弗涅斯與該城同葬火海。

但波斯迅速招募集結了一支大軍，擊敗了雅典和愛奧尼亞兩國的聯合軍隊。雅典軍隊敗走還鄉，愛奧尼亞人在歷經了長期鬥爭後又一次被迫屈服於波斯。

與此同時，大流士一世得知薩迪斯城被燒的訊息時勃然大怒。按照波斯習俗，他向空中射了一箭，祈求上天幫助他懲罰在戰爭中犯下此番罪行的雅典人。為了讓自己銘記此仇，他命令一位隨從在每次用餐時提醒他希臘人的惡行。

不久後，大流士一世開始準備入侵希臘。西元前 493 年，他集結大軍，命令指揮官馬鐸尼斯（Mardonius）率領波斯大軍向愛琴海的歐洲沿岸前進，還派遣使者前往希臘各城邦索要貢品 —— 土地和水，意思是臣服於波斯。

大多希臘城邦國家懼怕強大的波斯帝國，都選擇臣服，唯有雅典和斯巴達斷然拒絕。他們還不顧道義地殺害了前來索要貢品的波斯使者。雅典人將使者丟進土坑，斯巴達人將使者推下深井，讓他們自取「土地和水」。

波斯指揮官馬鐸尼斯在其陸軍部隊在馬其頓海岸登陸後，繼續帶領艦隊向南航行，但在繞過阿索斯（Athos）山角時，遭遇了一場狂風暴雨，導致 300 艘船隻被毀，2 萬多人溺水而死。

他的陸軍同樣遭遇了不幸，在夜裡被色雷斯人（Thracian）突襲，遭大規模屠殺。在雙重打擊下，馬鐸尼斯重整艦隊和陸軍殘部，匆匆返回亞細亞。

# 第 61 章
## 馬拉松戰役

大流士一世從未如此急切地想要征服希臘。他火速徵集了一支新的軍隊，任命米堤亞貴族達提斯（Datis）和上文提到的波斯總督的兒子小阿爾塔弗涅斯為指揮官。這次集結的部隊有 50 萬人和 600 艘戰船 [071]。

一支虎狼之師最先攻占了愛琴海諸島嶼。留下小部分軍隊駐紮在占領地後，達提斯和小阿爾塔弗涅斯親率 10 萬步兵和 1 萬騎兵橫渡愛琴海，直抵阿提卡地區，在雅典郊外的馬拉松平原登陸，登陸點距雅典僅 30 英哩。

雅典人得知敵軍已然近在咫尺的消息後驚恐萬分，急忙派使者前往斯巴達請求援助。當時斯巴達有一種迷信，軍隊不可在月圓之前上陣廝殺，而雅典使者前來求助時離月圓之日還有 5 天，所以斯巴達人推遲了派出援軍的時間。

此時雅典外援僅有普拉蒂亞人（Plataeans）。多年前雅典曾幫他們擊退了鄰國底比斯的侵略，普拉蒂亞人對雅典感恩戴德。此番得知雅典有難，立刻發動舉國之兵馳援，但也僅有 1,000 名勇士。雅典近乎處於無援境地，獨自面對波斯侵略者。

除了這 1,000 名普拉蒂亞勇士外，雅典軍隊只有 9,000 名重灌步兵，及其他隨軍的輕裝奴隸。儘管與波斯軍隊的壓倒性優勢相比，雅典軍力微不足道，但一番深思熟慮之後，雅典人還是決定大膽採取行動，在廣闊的平原迎戰敵軍（西元前 490 年）。

---

[071] 後世史學家對此數據存有爭議。

　　根據雅典法律，人們從阿提卡的 10 個區中各選出 1 名將軍，10 位將軍出征期間輪流掌管指揮權，每人一天。聰慧正直的指揮官阿里斯提得斯（Aristides）意識到了這種安排可能帶來的風險，便將自己當天的指揮權交給了另一位久經沙場的將軍米提亞德（Miltiades），他還告訴在場的人，服從德才兼備的指揮官是光榮高尚的行為。

　　隨後其他 8 位指揮官都效仿阿里斯提得斯，讓米提亞德一人全權指揮。這樣，米提亞德才能在敵強我弱、敵眾我寡的形勢下採取必要措施，尋求一絲勝利的希望。足智多謀、步步為營的米提亞德沒有辜負另外幾位指揮官的託付。

　　米提亞德觀察到波斯軍隊在馬拉松平原上紮營，便在距敵軍約 1 英哩處的山坡上安營。為阻礙波斯騎兵的攻勢，他令人在夜間用樹幹、樹枝將敵軍與山坡中間的空地鋪滿。次日清晨，雅典軍隊擺出戰鬥陣形，右翼是雅典自由民，左翼是普拉蒂亞援軍，武裝奴隸居中。

　　波斯的士兵大多是從波斯敵國的附屬部落和國家中徵召而來，大部分士兵用弓箭、標槍等投擲武器作戰，部分手持長矛、劍和戰斧作戰。

　　波斯士兵手持柳條盾，上身僅披著輕便的鱗片甲。他們的防禦裝甲無法與雅典人相比，根本承受不住希臘重灌步兵的猛烈攻擊。

　　米提亞德很清楚這一點，他命令中間的輕裝奴隸士兵跑步前進，逐漸加快速度，距敵 300 公尺時全速衝刺，弓箭手和投擲手近距離作戰誘敵深入。然後，左右兩翼雅典的長矛重灌步兵包抄攻擊裝備較弱的波斯軍隊。

　　起初由輕裝奴隸組成的希臘中間部隊被敵人攻破，但兩側的雅典自由民和普拉蒂亞人對深入敵陣的波斯中間部隊形成兩面夾擊，成功瓦解了波斯軍。米提亞德的計謀非常成功，雅典方大獲全勝。

波斯軍隊看到大勢已去，驚慌失措，拚命逃向海邊的波斯戰艦，米提亞德的軍隊乘勝追擊，大肆屠殺。在這場令人難忘的戰役中，6,000 多名波斯士兵戰死，而雅典方僅 192 人戰死，其中還包括兩名雅典指揮官和另外幾名軍官。最終波斯人在損失 7 艘戰艦後，大部隊安全撤回亞細亞。

雅典的流亡僭主希庇亞斯也在馬拉松戰役中戰死。他竟然帶領波斯人遠征自己曾統治過的這片土地，這種墮落是極為可悲的。

戰鬥結束次日，斯巴達軍隊才到達。他們在滿月時從斯巴達出發，大軍迅速挺進。但趕到時，只剩下橫屍遍野的戰場。他們讚揚了英勇的盟友雅典後，便舉兵回國了。

## 第 62 章
# 米提亞德 —— 阿里斯提得斯 —— 地米斯托克利

雅典人聽到戰爭勝利的蕭怡時興奮至極。馬拉松之戰以後，米提亞德在受到所有希臘人的崇敬和愛戴，雅典人還授予他城邦最高榮譽。但沒過多久，他就受到善變又忘恩負義的同胞們的背叛。

為奪回那些臣服於波斯的愛琴海諸島，他請求率領一支由 70 艘戰船組成的艦隊出征。起初，他成功地占領了其中的幾座島嶼，但在攻擊帕羅斯島時敗北。雅典人隨即對他口誅筆伐，指責他是受了波斯人的賄賂才停止圍攻帕羅斯的。

公民大會便以叛國罪審判他，當時的米提亞德因在帕羅斯島身負重傷而無法自辯，便由其兄長斯特薩哥拉斯（Tesagoras）代為申辯。但米提亞德仍被那群見風使舵且忘恩負義的國民指責，最終被判處支付 50 塔

蘭特 [072] 的罰款。由於無法籌集這麼大一筆錢，他被迫入獄。僅僅幾個月後，米提亞德就因為傷重不治，在獄中孤苦伶仃地辭世（西元前 489 年）。

按照雅典的法律，父死，罰款由子女負責繳納。甚至有傳言說，雅典人在米提亞德年幼的兒子西蒙（Cimon）籌錢支付完罰款前，甚至不允許米提亞德的遺體入土為安。儘管米提亞德生前遭受了迫害，但他昔日的榮耀得以存續，雅典人在他死後又開始緬懷他。古往今來，人的天性中似乎都有這樣一種反常現象，即輕視、譴責活人的功績，而只有在那人往生之後，方才對其予以尊重。

半個世紀後，雅典令人繪製了一幅馬拉松戰役的圖畫。米提亞德出現在此圖的最顯著位置，帶領著雅典軍隊走向勝利。

馬拉松戰役的勝利拯救了整個希臘，也讓雅典在希臘諸國的地位顯著上升。隨後雅典在幾位卓越領袖的帶領下，權力和影響力得到進一步的擴大。

當時雅典的阿里斯提得斯和地米斯托克利（Themistocles）都是難得的治世能才。雖然他倆針鋒相對、政見不合，但都會為國家利益竭盡全力。阿里斯提得斯是馬拉松戰役期間雅典 10 位指揮官之一。他出身於富裕家庭，父親是利西馬科斯（Lysimachus）。地米斯托克利也是一個體面雅典家族的後裔。

他們年少時便相識，據說那時兩人就已經表現出性格上的巨大差異。阿里斯提得斯溫文爾雅、坦率正直，地米斯托克利則大膽自信、熱情洋溢、能言善辯。

當時雅典有兩個主要黨派，即貴族黨派和民主黨派。阿里斯提得斯本

---

[072] talents，希臘質量和貨幣單位。50 塔蘭特約等於 5 萬美元。

人屬於前者，地米斯托克利則屬於後者。他們很快便成為各自政黨的領袖，由於立場和觀點的分歧，兩人一直處於對立面。

阿里斯提得斯聰慧廉潔，備受雅典人尊崇；地米斯托克利則能言善辯，常以雄辯的口才戰勝不善言辭的阿里斯提得斯。

阿里斯提得斯和同胞們

但阿里斯提得斯並未因此灰心喪氣，反而耐心地引導人們提出更明智的意見，同時竭力避免人們因草率決定而產生嚴重後果。

馬拉松戰役結束後的一年裡，阿里斯提得斯被選為首席執政官。他在位期間的功績充分證明了他的正直公正，後來還被授予「公正者」的稱號。許多人遭遇糾紛時會請他單獨裁決，而不是去普通法院。

地米斯托克利嫉妒他的競爭對手被授予此等榮譽，並利用「單獨裁決」這一情況四處散布謠言，中傷阿里斯提得斯企圖集中包括司法權、民法權在內的一切權力，最終建立違背憲法的獨裁統治。

令人驚訝的是，雅典人曾賦予阿里斯提得斯「公正者」的稱號，曾有那麼多機會來鑑定他溫和謙遜的卓越特質，但他們這次竟真的輕信了這些傳聞。庇西特拉圖的篡位仍歷歷在目，雅典人認為在溫和、愛國主義的外衣下，可能潛藏著最極端、最危險的狼子野心。

因此，當聽說一位受歡迎的領導人又一次密謀違反雅典法律時，他們

感到無比震驚，魯莽地對善良的阿里斯提得斯施行「陶片放逐」── 針對此類危險的保護措施 ── 判處他流放 10 年。關於此事有一則逸聞，它展現了一種令人驚訝但並不少見的人類情感：

在陶片放逐投票過程中，一個不會寫字的公民來到阿里斯提得斯身邊，他並不認識阿里斯提得斯，就請對方把阿里斯提得斯的名字寫在貝殼上。「這個人傷害過你嗎？」阿里斯提得斯問道。「沒有啊，」公民回答，「我並不認識他。但我討厭到處聽到別人稱他為『公正者』。」阿里斯提得斯一言不發，把自己的名字寫在陶片上，然後還給了這位同胞。

## 第 63 章
## 雅典擴展海軍 ── 薛西斯一世備戰入侵希臘

在雅典議會中地位穩固的地米斯托克利不曾擁有阿里斯提得斯那樣純粹的愛國主義精神，但他對名譽有著無限渴望。當他意識到提升國家福祉可以為自己贏得聲譽時，就像受到最強烈的責任感驅使一樣，滿腔熱忱地投入增進國家利益的事業之中。

他十分渴望建立豐功偉業，當米提亞德在馬拉松戰役中獲得榮譽時，他竟一度陷入深深的憂鬱之中。當被問及原因時，他回答道：「米提亞德的戰利品讓他無法入睡。」當他在雅典獲得話語權後，很快出現了一個讓他得以施展拳腳、揚名立萬的機會。

一段時間以來埃伊納島（Aegina）的居民一直反對雅典的貿易活動，於是地米斯托克利建議雅典人撥出拉夫里翁山（Mount Laurium）的銀礦收入建造一支艦隊去懲罰那些尋釁滋事的島民，以往這些銀礦收入每年都會分給雅典公民。

　　雅典人聽從了他的建議，於是地米斯托克利用這筆錢修建了 100 艘戰船，有效地打擊了埃伊納島的海軍力量。此時雅典已成為希臘的海上霸主，但地米斯托克利仍在繼續建造戰船，直到建成 200 艘三層划槳戰船。

　　他堅持造船是因為他堅信波斯人會再次入侵希臘，所以預備一支裝備精良的艦隊至關重要。艦隊不僅可用於抵禦外敵入侵，也可作為家園被侵略者征服後的避難所。

　　地米斯托克利所料不假。當大流士一世得知他的波斯軍在馬拉松戰敗的訊息後，決定裝備一支比先前規模更大的軍隊遠征希臘。然而，一場發生在埃及的叛亂打斷了他的計畫。不久之後，大流士一世去世，他所有的安排就此終結。

　　大流士之子薛西斯一世（Xerxes I）繼承父位，在鎮壓了埃及起義後，他承襲先王遺志，積極擴軍備戰，準備更大規模的遠征。波斯再次派遣使者前往希臘諸國，跟上次一樣要求各國奉上「土地和水」以示臣服，許多小城邦再次選擇照做。但鑑於雅典與斯巴達之前殘酷地殺害使者，所以這次波斯沒有派遣使者去這兩國。

　　薛西斯一世耗時四年召集軍隊、組建艦隊，還開鑿了一條穿越地峽、連線阿索斯山和希臘大陸的運河。打通這條通道是為了讓波斯戰船能夠向南直行，不用繞著危險的阿索斯海角航行（阿索斯海角曾經是波斯將軍馬鐸尼斯船隊失事的地方）。準備工作終於完成了，薛西斯一世親自指揮遠征隊，向赫勒斯滂海峽出發。

　　他帶領的波斯軍隊是有史以來規模最大的一支，由 170 萬步兵和 40 萬騎兵組成。如果算上隨軍的大批奴隸和婦女，那麼總人數共計 400 萬人以上。[073]

---

[073]　後世史學家認為波斯軍隊有 20 萬 —— 30 萬人左右。

　　波斯艦隊包括包括 1,200 艘戰船和 3,000 艘運輸船，共載 60 萬人。據說，有一次薛西斯一世檢閱這支強大的軍隊時，想到百年後他面前的百萬雄師將無一存世，不禁熱淚盈眶。

　　然而，矛盾是人類的天性，儘管這位東方的專制者為人類生命短暫而徒勞地哀嘆感慨，但他仍毫無愧疚地準備剝奪成千上萬人的生命，讓本已苦不堪言的人們再度面臨戰爭的災難。

　　為方便軍隊從亞細亞進入歐洲，薛西斯一世下令在赫勒斯滂海峽南北兩端的兩座小鎮阿拜多斯（Abydos）和塞斯托斯（Sestos）間架起一座橋。這兩鎮間的海峽寬度不足 1 英哩。不久後橋雖建成了，不料一場暴風雨襲來將其毀於一旦。

　　薛西斯一世為人衝動，聽到橋塌的消息時，大發雷霆，愚蠢而殘忍地下令處死所有建造這座橋的工人。

　　據說他奢侈無度、行事荒謬，竟令人用棍子擊打赫勒斯滂海峽的水域，把腳鐐扔入海峽，以示懲治狂風惡浪的決心。他的僕人對大海說道：「你這苦鹹的水啊，主人就是這樣懲罰你，不管你是怎樣的殘酷無禮，他還是決心要穿越你這危險之流。」

　　波斯國王下令再建一座橋，由牢牢固定在兩側的雙排船隻組成。船隻透過麻製纜繩連線在一起，船隻的甲板上鋪滿樹幹，並以木板修飾平整以便部隊通行。

　　波斯軍隊耗時七天七夜才渡過這座特別的浮橋，隨後薛西斯一世率軍穿過色雷斯、馬其頓和色薩利，直奔希臘南部，大軍途經的各北部城邦國家都表示臣服，波斯的艦隊越過今孔泰薩海灣，穿越阿索斯峽灣的運河，繼續向南行駛。

# 第 64 章

## 波斯軍挺進希臘

與此同時，那些拒絕向波斯屈服的希臘國家正積極準備迎戰逼近的侵略者。這些城邦在科林斯召開了聯盟大會，組成了希臘城邦聯盟，並於會上商定了共同禦敵的對策。

在這個危急關頭，我們由衷敬佩希臘人的無畏精神。儘管敵我雙方實力懸殊，但他們不允許自己有哪怕一剎那的沮喪。他們集結了希臘各城邦幾乎全部的人口與龐大的波斯軍隊作戰，希臘聯軍總共不超過 6 萬自由民，可能還有 6 萬的武裝奴隸。

就好像要挫傷他們的鬥志一樣，希臘人在出發之前得到的德爾斐神諭是非常悲觀的。神諭告知斯巴達人，只有斯巴達海克力斯族的一位國王自願獻出生命才能拯救斯巴達。而雅典人則被告知：

「西哥羅佩 [074] 邊界之內和神聖的西塞隆（Cithaeron）山深處的一切都將倒塌，只有宙斯賜予雅典娜的那面木牆，是你們和孩子們的避難所。因此，不要在陸上抵禦來自歐洲大陸的龐大騎兵或步兵軍隊，你們要轉身撤退，尋找那面木牆。神聖的薩拉米斯啊！無論穀神是否顯靈，無數母親還是將失去兒子！」

雅典人一開始很困惑，不知道神諭所指的木牆是什麼。有人以為是指雅典衛城，在古時那裡曾被一道木欄環繞。但是地米斯托克利很有可能私下提點了德爾斐祭司，堅持聲稱艦隊就是神諭中提到的木牆，並敦促雅典人相信他們的船艦可以抵禦波斯人。最終他的建議被採納了。

勇猛的斯巴達國王列奧尼達（Leonidas）親率從各地集結的希臘聯軍

---

[074]　Cecropian，又稱雅典衛城。

約 7,000 人，率先趕到色薩利和福基斯之間的塞莫皮萊[075]，扼守住地勢險要的關隘之地。雅典艦隊和盟國艦隊一起向埃維厄島[076] 和色薩利海岸之間的海峽出發，在距溫泉關口約 15 英哩的阿提密西安（Artemisium）海角安營駐紮。

此時，薛西斯一世的行軍更像是凱旋的遊行，而不是在攻城略地。希臘北部地區無人勇於阻擋波斯大軍前進。他們途經的各個小國驚恐萬分，競相稱臣，甚至熱情歡迎波斯國王和他的大軍。

薛西斯一世此時完全沒有意識到他將要面對的希臘勇士是多麼頑強不屈，也忘記了父親曾戰敗於此的前車之鑑。到達塞莫皮萊山口後，他得知山口的防衛力量薄弱，於是派使者前去要求希臘人放下武器。勇猛的斯巴達國王列奧尼達回答道：「有本事你就來拿走！」

波斯使者向希臘人保證，如果他們放下武器，偉大的國王（即波斯國王）就會與他們結為盟友，並賜予一個比他們母邦更大、更富饒的國家。但是斯巴達人毅然回絕，並稱：「無德的國家不配成為我方盟友；至於武器，無論與薛西斯一世是敵是友，我們永不放下武器。」說完這些話，列奧尼達就若無其事地繼續操練士兵，或做其他消遣活動。

薛西斯一世耐心地等待了四天，見守關的希臘人沒有絲毫投誠之意，便下令用武力征服這些不知好歹的希臘人。但是溫泉關是一個易守難攻的狹窄通道，有的地方只有 15 英呎，最寬不超過 25 英呎。如此一來，波斯軍隊無法充分利用自己在人數上的巨大優勢。每一列攻入狹隘通道的波斯軍都被英勇無畏的斯巴達軍屠殺。

---

[075]　Thermopylae，又稱溫泉關。
[076]　Euboea，又譯優卑亞島。

薛西斯一世坐在鄰近高地的寶座上，情緒激動地目睹著這場戰鬥，他看到自己最精銳的部隊被擊潰，便下令暫停進攻。第二天，戰鬥又開始了，但波斯方仍舊沒有取得勝利。他們無法正大光明地取勝，便開始耍陰謀詭計，決定使用金錢收買和招降。一個名為埃彼阿提斯（Epialtes）的希臘人背信棄義，投靠敵國波斯。

塞莫皮萊山向西幾英哩處有一條迂迴曲折的小路，除了鄰近地區的居民外，幾乎沒人知道它的存在。希臘叛徒埃彼阿提斯提議指引波斯軍隊從這條小路繞過去，攔截列奧尼達的撤退之路，並從希臘軍背後發起攻擊。

波斯國王欣然接受了這一提議，並派遣將軍海達爾尼斯（Hydarnes）率領兩萬軍隊於黃昏時分出發。他們行軍一整夜，在日出時到達山頂附近。然而，他們遇到了一個意想不到的障礙 —— 福基斯（Phocian）守衛隊。這支隊伍受列奧尼達委託保護這條人跡罕至的山路。

剛開始，波斯軍隊在山中橡樹樹蔭下行進並未被發現；但後來，福基斯人察覺出這不同尋常的沙沙聲及龐大部隊沉重的腳步聲，開始拿起武器準備抵抗。

此時福基斯人發現敵強我弱，若是在這低處的山口堅守必定慘敗。有鑑於此，福基斯人放棄了原先駐守的山口，轉移到更高的地方，以免遭到波斯人強大箭雨的攻擊。

但是，海達爾尼斯並沒有像福基斯人預期的那樣去追擊他們，而是從容不迫地沿著撤空的山口向平原挺進，深入腹地，留下福基斯人在一旁為自己的輕率舉動後悔不已，敵人竟這樣順利地攻入了。

## 第65章
# 溫泉關防衛戰

溫泉關的希臘守軍在薛西斯一世的陣營中有許多密友。薛西斯一世徵召的新兵在內心深處並不將希臘視為敵人,其中有一個士兵在海達爾尼斯率部隊行軍數小時後,就設法逃到了希臘的據點,並告知希臘守軍埃彼阿提斯已然叛國。

列奧尼達知道大勢已去,立即召開了戰事會議,會上各方一致同意為保留實力,希臘聯軍大部隊應立即向科林斯地峽撤退。

與此同時,列奧尼達和他的 300 名斯巴達勇士決心堅守自己的位置,視死如歸地掩護主力部隊撤退。700 名泰斯比亞人(Thespian)為斯巴達人的崇高精神所激勵,也決定一同守衛關口,誓與列奧尼達共進退。

原先的軍事聯盟已然四分五裂,不過還有 400 名底比斯戰士沒有離去,他們來自底比斯的統一政黨的兩個幫派。列奧尼達把他們留了下來,以防止底比斯提前叛變。比起作為同盟軍,他們更被視為人質。因為底比斯人向來反對其他希臘人的自由觀,他們支持寡頭政治,在希臘與波斯起爭端時有意與波斯為盟。

列奧尼達鼓舞他的部下準備好迎接死亡。「來吧,我的戰友們,」他喊道,「讓我們坐下來,共進此世的最後一餐,明天我們就將和冥王哈迪斯一同進食了。」到了午夜,他帶領小分隊衝向敵人的營地。

波斯人因此突襲而大吃一驚,頓時陷入混亂。由於在黑暗中分不清敵友,他們常常攻擊到自己人。而希臘人則緊緊地團結在一起,那些視死如歸的希臘人傾盡全力,勢如破竹的猛攻使敵人潰不成軍,差一點就深入薛西斯一世的帳前。

黎明時分，波斯人便發現攻擊者為數不多，列奧尼達為避免發生敵眾我寡的衝突，只好放棄襲擊，將部下帶回山中狹徑。波斯人緊隨其後，雙方在很長時間裡戰事焦灼，難分勝負。

希臘人有著破釜沉舟的毅力，眾多敵人倒在他們的刀劍之下。但是，在戰鬥最激烈的時候，一支波斯標槍刺穿了英雄列奧尼達的心臟。這讓他的追隨者們更加憤怒，波斯軍逐漸因抵擋不住憤怒的希臘軍而開始撤退時，交戰雙方看見由海達爾尼斯指揮的兩萬名士兵正從山口的另一端向前推進。

斯巴達人和泰斯比亞人撤退到峽口最窄處的高地上，占據一堵舊城牆，決心繼續將生死置之度外，奮戰到底。但是卑鄙的底比斯人質們試圖乘機逃跑投降敵軍，可惜他們中的大多數人在沒有到達敵軍之前就被不明所以的波斯軍殺死。

波斯軍從四面八方包圍了希臘守衛戰士，有些人忙於推倒希臘人身後的舊牆，其餘人則不停地射箭，一時間箭如雨下。從始至終希臘人都展示了不變的泰然自若和超絕勇氣。

有人曾說，波斯的標槍和箭雨多得把陽光都遮住了，甚至斯巴達的勇士狄奧尼斯（Dioneces）疾呼道：「在這陰涼下作戰，何等暢快！」希臘方一直英勇頑抗到最後一個士兵倒下。他們倒下時，身上滿是攻擊者射來的箭。至此，溫泉關最終被波斯軍隊侵占。

後來人們在這些勇士埋骨之地周圍豎起了兩座紀念碑。一座碑上的銘文記載了少數希臘人反抗 300 萬波斯人的英勇行為，而另一座碑文上詳細記錄了列奧尼達和 300 個斯巴達勇士的事蹟，上面寫著：「過客啊，請帶話給斯巴達人，說我們堅決地履行了諾言，將在此長眠了。」

列奧尼達軍隊的表現堪稱愛國典範。在溫泉關戰役進行的同時，希臘聯軍艦隊在海上與波斯海軍相遇，但這場海戰中希臘方並沒有拿出像溫泉關守軍們那樣無畏的勇氣。

但似乎上天還是眷顧著希臘，當薛西斯一世的龐大艦隊在色薩利海岸的卡司塔納伊亞灣（Casthanaea）停泊時，遭遇了持續三天的暴風雨襲擊，波斯損失了至少 400 艘戰船，另有大量運輸船和補給船也葬身大海。

暴風雨平息之後，波斯軍迅速駛離了這個不祥之地，前往埃維厄島與希臘大陸間的海峽，最後停泊在阿菲提（Aphetae），距離希臘艦隊駐紮的阿提密西岸海角約 10 英哩。

## 第 66 章
## 海戰

儘管暴風雨讓波斯艦隊蒙受了不少損失，但這支艦隊仍舊規模龐大。波斯大軍壓境使希臘聯軍驚恐萬分。他們立即召開戰事會議，與會多數人決定向南撤退。

埃維厄人（Euboeans）意識到，如果希臘聯軍艦隊向南撤退，那麼埃維厄島就會暴露在波斯艦隊的攻勢之下，所以他們竭力勸說希臘聯盟艦隊總指揮 —— 斯巴達人歐利拜德斯（Eurybiades），請求艦隊推遲出發，給埃維厄人時間將家屬和財產轉移到安全的地方。

但歐利拜德斯不為所動，斷然拒絕了他們的請求，於是埃維厄人轉而向曾在會議上反對撤軍的雅典軍隊指揮官地米斯托克利求援。地米斯托克利表示，黃金有時比言辭更有說服力，若是埃維厄給他 30 塔蘭特，他就會著手阻止聯軍艦隊出發。

埃維厄島居民付給他規定的數目後，地米斯托克利用 5 塔蘭特賄賂歐利拜德斯，讓他撤銷艦隊的撤退命令。除了堅持要撤軍的科林斯人阿狄曼圖（Adimantus）之外，其他指揮官都服從總指揮官的命令。後來地米斯托克利用 3 塔蘭特作為禮物換取了這位科林斯將軍的默許，剩下的 22 塔蘭特則入了他自己的腰包。

地米斯托克利在這一事件中的所作所為充分展現了他對人性的了解。其他唯利是圖或苟且偷生的指揮官只有在接受賄賂之後才勇於面對波斯勁敵，這與溫泉關戰役愛國保衛者們英勇無畏的精神形成了鮮明對比。

波斯艦隊指揮官已經做好了戰鬥準備，並派出 200 艘埃及戰艦繞過埃維厄島東側到達埃夫里普（Euripus）海峽的最南端，將海峽出口堵住，準備來一個甕中捉鱉，將希臘聯軍一網打盡。

波斯艦隊的一名逃兵將這一軍情透露給希臘人，於是希臘聯軍又緊急召開會議討論對策。會議上指揮官們表示，由於波斯艦隊近期遭遇風暴，折損了不少，又有 200 艘戰船離開大部隊，波斯軍力現已被削弱。於是他們一致決定主動出擊波斯艦隊。希臘戰艦在日落前起錨，向敵人發起進攻。

儘管波斯軍隊在數量上占極大優勢，但希臘聯軍的船小且靈活，能在狹窄海灣運轉自如。他們充分利用此優勢，很快便俘獲了敵軍戰船 30 艘，同時擊沉了很多敵船。夜幕降臨時，突如其來的暴風雨使戰事中斷。

希臘人很快重返阿提密西安島駐紮，但波斯人就沒那麼幸運了。由於不熟悉這片狹窄而複雜的海域，又被黑夜和暴風雨弄得暈頭轉向，他們不知道該朝哪個方向航行，許多波斯戰船在逃回阿菲提駐地的途中不幸失事。

這次風暴同樣讓那 200 艘駛向埃夫里普海峽南端的波斯戰船損失慘重。他們被困茫茫大海之中，此時烏雲密布，漆黑一團，找不到可以指引方向的星星，船隻隨著波濤洶湧的海浪飄蕩，最終被海水捲到埃維厄島岸邊的礁石上。整個艦隊遭受了嚴重損失。

第二天，前來增援的 53 艘雅典戰船將這可喜的情報傳達給希臘指揮官。希臘聯軍士氣大振，當晚便再次攻擊了波斯艦隊，併成功摧毀了波斯方一支名叫西西里（Cicilian）的艦隊。波斯指揮官們見敵軍竟能以少勝多，感到十分挫敗和羞愧，因此決心傾盡全力挽回聲譽。天剛一亮，他們便下令準備全面開戰。

大約中午時分，他們抵達希臘聯軍的駐地，激烈的戰鬥打響。此役以希臘方獲勝告終，不過他們為勝利付出了沉重的代價──5 艘戰船被摧毀，許多船隻遭損，特別是雅典艦隊損失慘重。

在這種情況下，加之收到列奧尼達和斯巴達軍隊在溫泉關全軍覆沒的訊息，讓希臘指揮官們決意南撤，以幫助阿提卡和伯羅奔尼撒各城邦的居民。因為溫泉關失守，這兩地必定暴露無遺，波斯大軍可能不日便會進攻。

希臘聯軍艦隊立即起航駛向賽隆尼克灣，並在薩拉米斯島和阿提卡海岸間的海峽中停泊。

## 第 67 章
# 波斯摧毀希臘大部分地區

這時，薛西斯一世的地面部隊越過福基斯和維奧蒂亞到達阿提卡，而他的波斯艦隊也向南駛進，跟隨希臘聯軍艦隊進入賽隆尼克灣。

無力抵抗的伯羅奔尼撒人已經撤退到了科林斯地峽，波斯軍隊在行進

途中幾乎沒有遇到任何抵抗。雅典的主要武裝力量在艦隊之上，無奈之下也被迫放棄了雅典城。

在這個動盪的年代，德爾斐城的阿波羅神廟依舊保存完好。與此相關有一則趣事：德爾斐人聽說波斯軍隊成功地占領了溫泉關，驚恐萬分，便詢問神諭如何保護神殿和殿內的珍貴寶藏。

神諭的回覆是：「阿波羅的武器足以保衛他的神殿。」於是，德爾斐人棄城而逃，舉家穿越科林斯灣遷往亞該亞 [077]，躲在帕納塞斯山石峰間深深的洞穴裡。

前往此處的唯一道路坎坷崎嶇。追擊德爾斐人的波斯軍隊沿此路前進時，一場突如其來的雷雨襲來，波斯兵惶恐不安，迷信地認為是凶兆。德爾斐人則歡欣鼓舞，堅信雷雨是阿波羅神正在履行他的諾言，保護他的神廟。

不知是因為雷擊還是德爾斐人在暗中發力，兩塊巨大的岩石從帕納塞斯高山上滾落下來，砸向了波斯士兵。波斯軍驚慌失措，急忙逃竄。此時德爾斐人從藏身之處衝出，對波斯軍窮追不捨。

為了給這次慘敗找尋藉口，這支波斯軍隊返回主力部隊後，添油加醋地描述了許多奇聞，說他們在德爾斐聽到了從地下傳出的可怕聲音，還看到很多恐怖的東西。神廟祭司就喜歡到處散布牛鬼蛇神的故事，不久人們都相信褻瀆聖殿者遭受挫敗是因為神的懲罰。

希臘聯軍艦隊抵達薩拉米斯之後，地米斯托克利認為挽救阿提卡為時已晚，於是說服雅典人前往戰船避難。之前他也對神諭做出過相關解釋——戰船就是阿波羅所說的可保雅典安全的「木牆」。

---

[077] 伯羅奔尼撒北部。

　　因此，他們將雅典民眾送往薩拉米斯島、埃伊納島，以及阿爾戈利斯地區特洛曾（Troezene）的內海港鎮，將廢棄的家園留給了憤怒的侵略者。出發前，雅典人在地米斯托克利的鼓動下透過了一項法令：為了共同保護母國，召回所有被流放的雅典人，雅典人也因此獲得了流放在外的阿里斯提得斯的寶貴援助。

　　阿里斯提得斯當時居於埃伊納島，一聽到法令便奔向薩拉米斯。國難當頭，他不計前嫌，一心掛唸著雅典同胞的安危。

　　薛西斯一世的軍隊很快占領並摧毀了阿提卡。曾經不可一世的都城被攻破。當初全民撤退時仍有少數雅典人拒絕離開母國，他們徒勞地保衛著雅典城，最終全部成了波斯侵略者刀劍下的亡魂。

　　與此同時，波斯艦隊在距雅典海軍所在海灣不遠的雅典海港卡勒隆（Chalerum）駐紮。希臘聯軍也在考慮是該冒險再與波斯軍交戰，還是該繼續向海灣深處撤退，以幫助保衛科林斯地峽。此時伯羅奔尼撒人已經在科林斯地峽修築了一道防禦工事，抵擋侵略者的進攻。

　　地米斯托克利在軍事會議上力勸大家留下與波斯人作戰，但絕大多數指揮官急切地想繼續撤退。最後少數服從多數，大會決定立即起航後便結束了此次會議。地米斯托克利知道，若是會上透過的決議生效，一切都將付之東流，於是說服歐利拜德斯召開了第二次會議，他竭盡所能勸導指揮官們撤銷之前的決定。

　　在討論的過程中，地米斯托克利有一句話冒犯了歐利拜德斯。他舉起手杖做出要打人的樣子，但地米斯托克利一心只想說服希臘同盟軍留下作戰，對斯巴達人威脅的姿態毫不在意，只是平靜地對他說：「打吧，但請聽我一句。」歐利拜德斯對自己的暴力行為感到慚愧。他請對方繼續說下

去，並不再打斷。

地米斯托克利堅信離開當前據點會讓希臘聯軍暴露無遺。他們現在處於狹窄的水道中，龐大的波斯艦隊無法在這裡全力施展，但如果撤軍就必會經過寬闊的海域，敵軍很有可能快速趁勢攻擊，將希臘聯軍一掃而盡。他還強調如果放棄薩拉米斯和埃伊納島上的雅典婦女兒童，他們必遭波斯敵軍的殘忍屠戮。

他話音剛落，科林斯海軍將領阿狄曼圖便嘲笑道：「難道大家想被那個已經無城可守的雅典人指揮嗎？」此言暗指雅典城已被波斯毀滅，地米斯托克利是亡命之徒，沒有資格發言。地米斯托克利激憤地答道：「雅典人的確為維護自己的獨立和希臘民眾的自由犧牲了私有財產，但他們仍有『一座城』留存在 200 艘戰船之中。」

他補充道：「如果盟國拋棄雅典，那麼雅典人就會帶上妻兒和 200 艘戰船前往義大利海岸尋找新的家園。古神諭曾預言雅典人終有一天會建立一個繁榮興盛的國家。」希臘各盟國若真的讓雅典走上這條路，必定會後悔莫及，因為當下只有雅典艦隊才能保護希臘海岸。

地米斯托克利的這番話警醒了各盟國，他們唯恐雅典人真的脫離同盟，於是一致決定讓希臘聯軍艦隊堅守薩拉米斯，備戰迎敵。但儘管命令已下，伯羅奔尼撒的幾個指揮官不久又想著撤軍。地米斯托克利得到消息，大多數想撤軍的人打算在夜間起航。

為了讓他們無路可退，地米斯托克利祕密實施了一個阿里斯提得斯絕不可能採納的計謀。他祕密派遣使者前往拜訪波斯國王薛西斯一世，告訴對方希臘士兵已經手足無措，正準備逃跑。如果波斯想立刻粉碎敵人，就應該派出一支艦隊封堵希臘船隻出逃的海峽口。

薛西斯一世以為地米斯托克利已經變節，心中暗喜，便聽從了他的建議。當那些想臨陣逃脫的希臘聯軍得知波斯人已封堵海峽口時，便發現自己已無路可退，於是隻能專心準備迎戰。

## 第68章
## 薩拉米斯海戰

西元前480年10月20日的清晨注定要因薩拉米斯戰役被世人永遠銘記。希臘將士們吟唱著神聖的讚美詩和頌歌迎接這一天的到來，歌聲中不時還夾雜著一陣陣振奮人心的號角聲。

希臘聯軍在指揮官的帶領下擺出作戰陣形，他們互相勉勵，為保護妻兒、保衛家園而戰，為捍衛神廟而戰，更是為了自由而戰。每一位將士都熱血沸騰，正因為目標如此神聖，他們最後在戰場上都表現出了奇蹟般的英勇頑強。

波斯人雖然沒有這種高尚的情操，但也不乏勇敢奮戰的強烈動機，他們知道馬上就要在君主的眼皮底下戰鬥了，人人躍躍欲試。波斯艦隊沿著阿提卡岸邊排列成行，薛西斯王對此役信心十足。他將華麗的王座安置在臨近的小山坡上親自觀戰，一旁是隨從和貴族們，一旁是大臣們，隨時準備記錄部隊及指揮官的英勇事蹟。

阿提卡沿岸大片地區萬頭鑽動，黎明時分，整個波斯艦隊開始行動。岸上的士兵們迫切地想親眼見證這場即將來臨的戰鬥，在好奇心的驅使下，他們占據了幾乎所有寬敞的山丘，尋找每一處能看到海域的高地。

在這充滿懸念和期待的時刻，地米斯托克利的戰艦上發生了一件令人震驚的事。當他在甲板上舉行戰前祭祀時，三個美少年俘虜被帶至他面

前，他們據說是波斯國王的姪子。負責祭祀的占卜師拉著地米斯托克利的手，命令他把這三個少年獻祭給酒神戴歐尼修斯，如此希臘人不僅可以安然無恙，還能取得勝利。

地米斯托克利對如此殘酷的做法感到無比驚訝。雖然在一些希臘島嶼上，島民會以活人獻祭酒神戴歐尼修斯，但在雅典此等野蠻行為是絕對禁止的。但最後，人們還是呼喚著酒神的名字，將這三個不幸的俘虜帶到祭壇前，堅持按照占卜者的指示將這三位少年獻給酒神。

在和煦的微風中，進攻的號角響徹海域。由 380 艘戰船組成的希臘聯軍艦隊向有 1,300 艘戰船的波斯艦隊發起進攻。

雅典艦隊在地米斯托克利的帶領下很快就攻破了波斯軍的防線。每名士兵、每艘戰艦都展現了勇猛的鬥志和機敏靈活的戰術。經過激烈而漫長的戰鬥，希臘人取得了徹底勝利。波斯方傷亡慘重，漂浮的屍體甚至覆蓋了整片海域。

大批波斯戰船被繳獲或擊沉，其餘波斯戰船上的士兵驚慌四散。希臘方損失了 40 艘船，但戰亡人數相對較少，許多船隻雖被擊沉，但很多人自己游到岸邊得以自救。

一支菁英波斯步兵駐紮在薩拉米斯和希臘大陸之間的普敘塔列阿（Psyttalea）小島上，他們的任務是協助波斯大軍殲滅可能在海戰中前來尋求避難的希臘人。

然而，向來機警的阿里斯提得斯猜到了敵軍的計謀，他帶領著一支雅典部隊，在薛西斯一世的眼皮底下攻擊並殺死了這座小島上所有的波斯守軍。看到海上艦隊慘遭潰敗，精銳部隊也被希臘軍擊潰，薛西斯一世痛苦地從寶座上跳了起來，絕望地猛然撕裂了自己的衣服，並匆忙下令撤軍。

　　波斯艦隊的殘餘勢力四處逃散，有的逃到小亞細亞的港口，有的逃到赫勒斯滂海峽，薛西斯一世的陸軍則倉皇撤退到色薩利。

　　薩拉米斯戰役的失敗重挫了這位曾經不可一世的亞細亞專制者，儘管他周圍有數以百萬計的追隨者，他依然心有餘悸。他下令大軍立即撤回亞細亞，並安排波斯將軍馬鐸尼斯和 30 萬精兵繼續與希臘聯軍戰鬥。

　　此時薛西斯一世又收到了假意投誠的地米斯托克利傳來的訊息，信中說希臘同盟各國在議會上建議希臘戰艦立即駛向赫勒斯滂海峽破壞那座浮橋，阻止波斯撤回亞細亞，但地米斯托克利極力勸阻聯軍執行此計畫。薛西斯一世得到的這一訊息讓他更加堅定了撤退計畫。

　　據說，狡猾的雅典人地米斯托克利如此暗示薛西斯一世有兩個目的：一是要讓仍具威脅性的敵人迅速撤退；二是萬一希臘聯軍失敗，他還可以得到波斯國王的庇護。帶領希臘聯軍在薩拉米斯海戰中取勝的地米斯托克利後來真的遇到了需要波斯國王庇護的時候。

## 第 69 章
# 波斯軍撤退

　　薛西斯一世此次撤軍是有史以來最嚴重的災難之一。波斯士兵遭受的苦難絲毫不亞於近代拿破崙的法國軍隊撤離莫斯科時所承受的苦難。由於撤軍匆忙補給不足，撤軍後不久他們便遭遇了嚴重的饑荒，一時之間餓殍遍野。

　　被逼得走投無路的波斯士兵離家鄉還有千里之遙，只好飢不擇食，一路吃著樹葉，啃著樹皮和青草。饑荒之後，瘟疫迅速在波斯軍中蔓延開來。跨越色雷斯、馬其頓和色薩利的行軍路線上屍橫遍野，成為人間煉獄。

馬鐸尼斯麾下的 6 萬精兵與薛西斯一世一同前往赫勒斯滂海峽。除了這些人和王室守衛得到了部分供給以外，其餘普通士兵皆缺衣少糧。經過45 天的行軍，他們抵達赫勒斯滂海峽的岸邊，跟隨國王從色薩利平原撤退的大軍幾乎損失殆盡。

薛西斯一世曾經為穿越赫勒斯滂海峽建造的那座宏偉的浮橋已被暴風雨摧毀。戰敗的波斯國王正巧遇到一艘腓尼基戰艦（也有人說是一艘漁船），他便乘坐此船回到了亞細亞。人類有史以來最龐大的遠征軍就這樣成為希臘人的手下敗將，這一事也警示人們無節制的虛榮心和膨脹的野心必招致噩運。

若薛西斯一世沒有被戰爭帶來的快感衝昏頭腦，那麼他內心深處定是懊悔不已。他只要想到對希臘發動侵略戰爭導致百萬大軍半數以上都命喪黃泉，就十分痛心。這支軍隊轉瞬即逝的輝煌讓他悔不當初！

也許是為了逃避這種自責的痛苦，又或者是為了滿足他墮落的慾望，薛西斯一世回到薩迪斯後便縱情聲色，親信小人，導致波斯帝國內亂。最終，他在宮廷政變中被大臣殺死。

## 第 70 章
# 狡詐的地米斯托克利

波斯軍撤退後，除雅典艦隊外，其他希臘聯軍艦隊進入港口過冬。地米斯托克利率領雅典艦隊駛向愛琴海南部的基克拉澤斯群島（Cyclades），其中帕羅斯島和納克索斯島最大。他以當地居民通敵為藉口，向他們勒索了大筆錢財。後來，他被指控沒有將這筆錢上繳國庫，反而挪為私用。大約在同一時間，他再一次證明了他的為人處世毫無原則。他告

訴雅典同胞們，有一個提議對雅典非常有益，但不能直接向公民大會提出來。於是雅典人讓他將其計畫與阿里斯提得斯商議，並承諾，如果阿里斯提得斯同意，他們就同意該計畫。

因此地米斯托克利告訴阿里斯提得斯，他的計畫是把在帕加薩港口（Pagasae）越冬的希臘聯軍艦隊付之一炬，如此一來雅典就會成為希臘唯一的海上強國。阿里斯提得斯知悉後，向人們宣告：「沒有什麼比地米斯托克利的計畫對我們更有利，但又置我們於不仁不義。」雅典人聽畢，斷然拒絕了這一建議，甚至不曾詢問其目的，因為他們相信阿里斯提得斯聰慧過人、誠實正直。

部分雅典人開始返回被波斯軍摧毀的雅典城。不過，出於對馬鐸尼斯可能再次攻城的擔心，仍有很多人將妻小繼續留在薩拉米斯島和埃伊納島。

希臘聯軍整個冬季都在向眾神獻祭，感謝眾神將他們從波斯手中解救出來。他們還將戰利品獎賞給在戰爭中表現突出的將士們。在頒發獎品時，發生了一件事，充分證明了地米斯托克利的軍事才能及他軍事同僚們的虛榮心。

當盟軍艦隊的指揮官們被要求列出在薩拉米斯戰役中表現英勇、殺敵無數的參戰者名單時，他們都將自己的名字寫在名單之首；至於第二名，幾乎全體代表一致投給了地米斯托克利。之所以說是幾乎，是因為雅典代表將第一名的票投給了自己的將軍地米斯托克利。

無論指揮官們心屬何人，各城邦一致宣告地米斯托克利是薩拉米斯戰役的大功臣，斯巴達人也奉他為大英雄。後來他應邀訪問斯巴達，受到斯巴達全民的熱烈歡迎，人們為他戴上橄欖花冠，認為地米斯托克利是希臘人中最聰明能幹之人。

與此同時，斯巴達將軍歐利拜德斯也被其同胞譽為勇士。地米斯托克利回國時，斯巴達人還為他獻上了一輛華麗的戰車，並派了 300 名貴族青年作為儀仗隊護送他到邊境。

甚至在隨後的奧林匹克運動盛事期間，比賽正在如火如荼地進行著，地米斯托克利忽然出現在觀眾席上，全場為之轟動，甚至忘了競技場上的選手們，所有人的目光都集中在那個曾拯救希臘於水火之中的人身上。

此時，波斯將軍馬鐸尼斯並沒有閒著。他認為雅典才是波斯最危險的敵人，於是想方設法引誘雅典退出希臘聯盟。

他找到馬其頓國王亞歷山大一世（Alexander I）做中間人前往雅典講和，並以波斯君主的名義承諾，如果雅典願意不再參戰，就為他們重建城池，讓雅典人盡享富貴榮華，還承諾將整個希臘的統治權交予雅典。

祕密得知此訊息的斯巴達人立即派使者前往提醒雅典人，並講明雅典人對整個希臘的責任義務，並承諾如果雅典不脫離聯盟，就向他們提供所需的任何經濟援助，併為他們的妻兒提供庇護。雅典人遵循了阿里斯提得斯的建議，以最高尚、最愛國的方式回覆了波斯人和斯巴達人。

他們告訴波斯國王的使者，雅典人民不願與那些使母國淪為廢墟、褻瀆廟宇的人達成和平協定。同時他們很有尊嚴地譴責斯巴達人，說他們不會背棄盟友，更不會因為金錢利益放棄履行他們的責任。

提議遭拒絕後，馬鐸尼斯立即進軍雅典。此時希臘聯軍又一次無恥地讓雅典人孤立無援。就連勸誡雅典支持聯盟共同事業的斯巴達人也沒有派遣一兵一卒來協助捍衛阿提卡城，反而還下達了一條自私自利、冷酷無情的命令：不派出援軍，只在科林斯地峽建造更多防禦工事以保護伯羅奔尼撒地區。

雅典人不得不再次放棄他們的城市。他們把返回雅典的家人再次送回薩拉米斯島，然後登上戰船，準備誓死保衛城邦。雅典人在這個關鍵時刻表現出的強烈和愛國主義精神與斯巴達人心胸狹隘之舉形成了鮮明對比。

馬鐸尼斯抵達阿提卡後，又派遣一位使者去見雅典人，重申先前提出的條件，讓雅典脫離聯盟。但是，即使雅典人身處絕境，被盟友拋棄，阿里斯提得斯和同胞們也不願希臘淪落外敵手中，再次斷然拒絕了波斯使者。

此時的雅典人強烈反對任何向波斯妥協的行為，以至於五百人議會的成員利西達斯（Lycidas）僅僅因為建議人們考慮一下馬鐸尼斯的提議，就被憤怒的雅典人用石頭砸死，他的妻兒也都死在一群暴怒的婦女手下。當然，不論背後蘊含的感情多麼高尚，戕殺無辜的行為無疑是殘忍至極的。

## 第71章
# 普拉蒂亞之戰 —— 戰爭結束

馬鐸尼斯的軍隊在阿提卡地區肆虐，再次摧毀了雅典城。但是考慮到在道路崎嶇的阿提卡山區行進，想要管理波斯軍這樣龐大的部隊，是一件非常困難的事情，特別是其中的騎兵面臨諸多風險。他們擔心希臘人出其不意地反攻，所以再次退守維奧蒂亞。

此時的阿里斯提得斯帶領一支代表團前往斯巴達。他嚴屬地指責斯巴達人，並敦促他們立即向雅典提供援助。代表們驚訝地發現斯巴達人竟像事不關己似的，開心地慶祝著公共節日，並表示10天之後才能給雅典答覆。

無論如何，他們最後終於派出了一支由5,000名斯巴達士兵和3萬名輕武裝的希洛人組成的隊伍前往援助雅典。援軍穿越科林斯地峽時，其他

伯羅奔尼撒城邦國家也派出軍隊前來增援，抵達阿提卡後，又有 8,000 名雅典軍和來自普拉蒂亞、泰斯比亞、薩拉米斯、埃伊納和埃維厄島的軍隊前來援助。

斯巴達長期以來都是希臘的主要軍事城邦國家，此次由斯巴達人帕薩尼亞斯（Pausanias）擔任希臘聯軍的最高統帥，聯軍總共由近 4 萬重武裝部隊、7 萬輕武裝部隊組成。雅典軍由阿里斯提得斯指揮。

希臘人立即向駐紮在維奧蒂亞地區阿索波斯（Asopus）河岸的馬鐸尼斯大軍出發。在數天的行軍路程中，不時與敵人發生小規模衝突。隨後，希臘聯軍在普拉蒂亞地區西塞隆山腳下離阿索波斯河不遠處安營紮寨。

在一場慘烈的大規模戰鬥後，波斯軍慘敗。馬鐸尼斯本人也戰死沙場。波斯繼任指揮官阿爾塔巴茲（Artabazus）得知馬鐸尼斯的死訊後，急忙帶領 4 萬帕提亞人（Parthians）向赫勒斯滂海峽撤退。

餘下的近 20 萬波斯軍隊幾乎全軍覆沒。波斯指揮官營地大量的財寶成了希臘聯軍的戰利品。就在這場大戰打響的同一天，即西元前 479 年 9 月 22 日，在小亞細亞的米卡裏海角，希臘艦隊還和波斯艦隊展開了一場海戰，最終以波斯艦隊全軍覆沒告終。

希臘至此已完全擺脫外敵的束縛。他們為維護獨立政權與當時最強大帝國的全部軍事力量抗衡，最終取得勝利。這充分證明了即使在遙遠的古代，只要是為正義和光榮的事業而奮鬥，人們終將取得最後的勝利。

雅典人終於有時間來重建城市。在地米斯托克利的指揮下，他們開始建築堅固的城牆，以防未來再次遭受敵人攻擊。

這一行為引起了斯巴達人的猜忌，他們派遣大使抗議雅典的設防工事，聲稱這樣的城牆非但無法捍衛雅典，還會在波斯再次入侵時成為敵軍

的據點。雅典人不願與斯巴達爭執，也不願放棄其城市防禦計劃，於是採取了緩兵之計。

他們提醒斯巴達人，鑑於雅典靠近海岸，所以需要建築圍牆保護雅典免受海盜襲擊，同時否認要建設威脅希臘自由的防禦工事。他們還答應派遣大使前往斯巴達，向斯巴達人陳述建城細節，使斯巴達不必驚慌。

隨後，地米斯托克利、阿里斯提得斯和一位名為阿勃羅尼庫斯（Abronycus）的人被舉薦為大使前往斯巴達。雅典人此舉的真正意圖是爭取時間來完成防禦工事，地米斯托克利率先動身前往，並安排阿里斯提得斯和阿勃羅尼庫斯在城牆快建成時再出發。

地米斯托克利到達斯巴達後，聲稱儘管之前有過承諾，但在另外兩位使者到達前他不能擅作主張對建城細節做出解釋。他一邊以此為藉口拖延時間，一邊四處行賄。在斯巴達人失去耐心之前，雅典的防禦工事進展得相當順利。他們夜以繼日地工作著，甚至婦女和兒童也盡其所能幫助完成這項重要工事。

然而不久以後，雅典人在爭分奪秒地建築城牆的訊息傳到了斯巴達人耳中，這讓斯巴達人陷入驚慌。地米斯托克利無法再找藉口拖延，便心生一計。他建議斯巴達人勿信謠言，派遣幾個德高望重的斯巴達人前往雅典，一探究竟。

斯巴達人聽取了他的建議，但他們的代表前腳剛到雅典，後腳就被祕密逮捕並被扣為人質以確保地米斯托克利和他的同僚們（此時他們也已經抵達斯巴達）的安全。後來雅典的防禦工事即將竣工，地米斯托克利便毫不猶豫地承認了他為爭取時間使用的各種詭計。

斯巴達人意識到自己被騙後非常憤怒，但還是准許地米斯托克利及其

同僚安全返回雅典。但是斯巴達人從未原諒他，對他的敵意也最終促使地米斯托克利走向窮途末路。

## 第72章
## 雅典城的防禦工事

當時雅典還沒有一個合適的港口為龐大的海上貿易服務。為此，地米斯托克利讓同胞們在距雅典城約 5 英哩遠的比雷埃夫斯（Piraeus）建造一個大型港口，同時還在那裡建了一座防禦工事比雅典衛城還要堅固的城池。

這些城牆由大塊的方形大理石砌成，並注鐵加固，城牆上的道路寬到可供兩輛四輪馬車並排行駛。透過這些措施，雅典的對外貿易得到了極大發展，這座城市很快變得比波斯入侵前更繁華。

阿里斯提得斯還觀察到人們對梭倫的法律頗有微詞，因為該法律規定窮人無資格擔任政府重要職務。他擔心若這種不公平的階級差異一直持續下去，民眾終有一天會奮起反抗。儘管他自己出身貴族，但還是提議廢除了相關法律，讓雅典的政體更加民主化。

雖然地米斯托克利帶領雅典人打了無數勝仗，為國家做出了不可磨滅的貢獻，但與他敵對的一個強大政黨還是逐步在雅典政壇崛起，部分原因是斯巴達人在背後的操縱，還有一部分原因是地米斯托克利開始作威作福，還常在公共場合誇耀自己的偉大功德。

他的聲望非但沒有讓他免受敵人的迫害，反而將他置於危險的境地。據說，他權勢滔天威脅到了雅典民主體制。鑑於他那段時間舉止荒誕，人們有理由懷疑他圖謀建立自己的絕對權力，想在雅典一手遮天。

雅典人對於此類事件並不陌生，驚慌的人們開始訴諸陶片放逐法，這位薩拉米斯海戰的大英雄被匆忙地判處流放。值得一提的是，阿里斯提得斯拒絕加入憤怒的雅典人群，強烈反對人們對於地米斯托克利的判決，儘管他本人之前被驅逐出國主要是由於地米斯托克利在背後耍陰謀。

希臘聯軍與波斯的戰爭還在繼續，希臘也取得了明顯的成功。由斯巴達國王帕薩尼亞斯指揮的聯軍艦隊在消滅塞普勒斯島上強大的波斯駐軍後，駛向了博斯普魯斯（Bosphorus）海峽 —— 一條連線普羅龐提斯海[078]和尤克西恩海（Euxine，黑海古稱）的狹窄通道。在那裡，他們圍攻並占領了拜占庭（Byzantium，今君士坦丁堡）。

帕薩尼亞斯是一個虛榮心強但意志薄弱的人。他被此次的勝利衝昏了頭腦，野心急遽膨脹的他甚至渴望成為整個希臘的主宰，他祕密地請求波斯國王助他實現這一計劃。

薛西斯一世不僅答應提供援助，還答應將女兒許配給帕薩尼亞斯，條件是希臘成為波斯的屬地。得知此訊息後，帕薩尼亞斯竟開始以「偉大的國王」的女婿自居，公開穿著波斯服裝，行為舉止也模仿得有模有樣，還對希臘同盟國其他指揮官傲慢無禮。

結果希臘聯軍因為懷疑他對聯盟的忠誠，厭惡其囂張跋扈、獨斷專行，便廢除這位聯軍總指揮的職權，讓雅典軍的聯合指揮官阿里斯提得斯及米提亞德之子西蒙共同擔任希臘聯軍指揮官。這二人的能力和態度都獲得了希臘聯軍的普遍認可。

不久帕薩尼亞斯就因叛國罪被召回斯巴達。因證據不足被判無罪後，他暗中繼續與波斯人書信往來。後來他的陰謀敗露，被迫逃到雅典娜神廟

---

[078] Propontis，又稱馬爾馬拉海（Marmora）。

中避難。斯巴達人向來認為神殿是神聖不可侵犯的，不願進殿將罪人拖出，於是將神殿團團圍住。昔日叱吒風雲的一代名將最後就這樣餓死在神廟中。

帕薩尼亞斯往日種種不端行為讓斯巴達軍事強國的地位被雅典取而代之。隨後在雅典的組織下，一個新的希臘聯盟（史稱「提洛同盟」）成立了。聖地提洛島（因阿波羅神聞名於世）被選為會議地址，同盟金庫也位於此地。

提洛同盟會議商定會員國每年應向同盟會支付共計 460 塔蘭特作為戰爭費用，並任命阿里斯提得斯來確定每個城邦國家應支付的比例。

阿里斯提得斯

他非常公正地完成了這項涉及多方利益的任務，受到各同盟國的一致稱讚。不久之後，這位「公正者」阿里斯提得斯溘然長逝。儘管他曾官居要職，手握大權，但一直忠於職守、勤勤懇懇、捨己為人；他死後甚至沒有留下足夠的錢供葬禮所用。

後來他的葬禮由國家出資，雅典同胞們為示尊敬，在帕列隆（Phalerum）為他立了一座紀念碑。另外給他每位女兒一份嫁妝，給他的兒子小利西馬科斯一塊土地和一份撫卹金。

第73章
# 地米斯托克利

不久地米斯托克利也與世長辭，但他死時的處境與其政敵阿里斯提得斯截然不同。他被驅逐出雅典後，居住在阿爾戈斯城，斯巴達國王帕薩尼亞斯曾來此拜訪了他，還試圖勸說這位被驅逐者加入他的陣營，但並未成功。

帕薩尼亞斯死後，有書信等證據表明地米斯托克利很可能對那位叛徒帕薩尼亞斯的陰謀略知一二。斯巴達人很樂意藉此機會懲罰曾經讓他們顏面掃地的地米斯托克利，於是派遣信使前往雅典，要求他們將地米斯托克利以背叛希臘的罪名帶到提洛同盟會議上接受審判。

雅典人同意了，地米斯托克利被傳喚。但他非但沒有服從命令，反而逃到科西拉島 [079]，後又逃至伊庇魯斯島，發現此地也不安全，於是他輾轉逃到摩羅西亞（Molossia），儘管他知道該國國王阿德墨托斯是他的仇敵。

地米斯托克利趁國王阿德墨托斯外出時潛入王宮，向王后告知了他的危險處境，並按照王后的建議，抱起國王的一個孩子，跪在家庭守護神面前等待國王的歸來。阿德墨托斯看到此情此景，對地米斯托克利頓生憐憫，便將私人恩怨拋諸腦後，同意為他提供庇護。

然而，地米斯托克利還未嘗到平靜的滋味，雅典和斯巴達的信使們很快就趕來要求阿德墨托斯國王交出逃犯。雖然國王體面地拒絕了，但地米斯托克利知道他不該繼續待在此地了，不然保護他的人將會面臨希臘聯盟諸國的懲罰。

---

[079] Corcyra，今科孚島。

因此，他穿越馬其頓到達愛琴海的皮德納港（Pydna），在那裡他用化名登上了一艘商船，在路經納克索斯島時險些被同盟艦隊抓住，但好在最後還是安全抵達了小亞細亞的以弗所。

接下來他做了一個大膽明智的決定。他寫信給最近剛繼承父親薛西斯王位的波斯國王阿爾塔薛西斯一世（Artaxerxes I），聲稱曾經為已故國王提供服務，請求現任波斯國王的庇護。

阿爾塔薛西斯一世欣然同意了，並邀請地米斯托克利來蘇薩（Susa）王宮。在地米斯托克利抵達後，阿爾塔薛西斯一世贈予他200塔蘭特，並告訴他：這是波斯對他定的價碼，他有權得到這筆錢，因為他是自願將自己交到波斯人手中的。

這位流亡的統帥在波斯居住的第一年，波斯語就已十分流利，不用翻譯人員就能與國王交談。他才華橫溢、處事圓滑，很快就得到了阿爾塔薛西斯一世的賞識。過了一段時間，波斯國王又任命他為小亞細亞一個地區的指揮官，並把其中幾座城都作為食邑封賞給他。

地米斯托克利曾在一處名為馬格尼西亞（Magnesia）的地方生活過一段時間。即使他在東方享受著無盡的奢華，也無可避免地品嘗到了投靠敵國給他帶來的精神折磨。

也許是他對自己所遭受的迫害感到憤怒，也許是為了提高自己在阿爾塔薛西斯一世心目中的地位，他向波斯國王吹噓自己有能力讓希臘諸國臣服於波斯。但是，當他靜下心來思考時，他又憂心忡忡，思緒萬千。當阿爾塔薛西斯一世真的準備再次進攻希臘時，地米斯托克利吞下毒藥，結束了自己的生命。

馬格尼西亞的居民為他立了一座宏偉的紀念碑，並賦予其後人以特

權。據說，雅典法律禁止埋葬那些被驅逐出國的人，但地米斯托克利死後，人們按照他的遺願，將他的遺體祕密地運送到阿提卡埋葬。

我們已對地米斯托克利的一生作了詳盡的記述，依舊很難去總結他的品格。他的才華足以使其躋身偉人之列，他的狡詐自私卻又讓自己飽受道德的譴責。

## 第74章
# 西蒙 —— 雅典的輝煌

阿里斯提得斯死後，他的同僚 —— 才華橫溢的西蒙被任命為希臘聯盟艦隊的首席指揮官，帶領聯軍與波斯軍交戰。聯軍攻下了色雷斯沿岸一些被波斯占領的城鎮，然後西蒙領軍進入小亞細亞。西蒙不僅讓愛奧尼亞人重獲自由，還把卡里亞的多利安城從波斯的枷鎖中解放了出來。

隨後，他繼續向東穿過利西亞和潘菲利亞（Pamphylia），並在潘菲利亞取得了兩次決定性的勝利。第一次是在海上，另一次是同一天在攸里梅敦（Eurymedon）河口附近。希臘聯軍俘獲200艘波斯戰船，幾乎摧毀了其他所有敵船，波斯的陸上部隊也被殺得片甲不留。

然後，希臘艦隊前往塞普勒斯，進攻並俘獲了前往支援攸里梅敦河波斯艦隊的80隻腓尼基戰船。遭受如此重創，波斯的海軍力量幾乎全軍覆沒，此後阿爾塔薛西斯一世對希臘人心存畏懼，再也不敢進攻希臘了。

戰爭到此應該就結束了，但是其間獲得無數戰利品的希臘聯軍不願放棄這場有利可圖的戰爭。因此，這場戰爭又延續了20年之久。與其說是為了懲罰波斯，不如說是為了掠奪被征服的各個地區。

但是，現在波斯的威脅已不復存在，許多人口稀少的小國開始厭倦這

場無止無休的戰爭，不願每年派出軍隊增援聯盟艦隊。因此，雅典召開聯盟會議，會上決定那些不願出戰的國家不需派遣軍隊，只需每年按比例派遣戰船，並繳納會費支付雅典海軍的費用即可。

最後，雅典在希臘建立了絕對霸權地位，這出人意料，但又合情合理。每年各城邦國家繳納的會費逐漸成為一種定期性、強制性的貢賦。那些已經被雅典剝奪了艦隊的小國就算不服，也無力抵抗希臘霸主雅典的剝削。

雅典人因此獲得了前所未有的權力和財富，開始裝飾他們的城市，享受舒適愜意的生活，並沉浸於奢靡的娛樂活動中。這一切都是以犧牲聯盟其他附屬城邦的利益為代價的。

雅典衛城的防禦工事已經完成，從雅典城到外港比雷埃夫斯長達 5 英哩的道路由兩道長長的城牆保護，這兩道牆的強度和厚度與地米斯托克利當初建造的比雷埃夫斯城牆相當。雅典的防禦工事，包括港口和連通各港口的道路，共計長達 18 英哩左右。

西蒙也為雅典城的建設及雅典窮人的福祉做出了很大貢獻。作為盟軍總指揮，他沒有保留任何戰利品，而是將其全部用於公共事業，建造了雅典宏偉的門廊、茂密的樹林、雅緻的花園，以及其他公共設施。

但他並沒有止步於此。後來他宣稱自己的所有財產都屬於全雅典公民，於是推倒了自家花園和果園的籬笆，邀請所有人前來享用。他每天都會在家中為窮人提供免費餐飲。當他在街上遇到衣不蔽體的市民時，便令隨從跟對方交換衣服。對於西蒙的這些行為，部分由於他本就慷慨大方，部分是出於政治上的考慮 —— 在雅典這樣的民主城邦國家，爭取民意是非常有必要的。

害怕被外國勢力征服曾是希臘眾多獨立城邦國家之間唯一有效的紐帶，但隨著這種恐懼的消失，希臘各城邦的糾紛 —— 希臘民族無數罪惡的根源 —— 迅速顯現。

諸城邦又開始互相猜忌，開始尋找各種藉口四處生事。斯巴達人對雅典財力、勢力急遽上升感到分外眼紅。當時雅典以對待屬國的態度對待那些他們稱之為盟國的城邦，態度極其傲慢。隨之而來的就是各城邦或是懷恨在心、或是公開反抗。但這無異於以卵擊石，所有的反抗最後皆以失敗告終。

在這一背景下，薩索斯島（Thasos）的居民也開始對雅典心生不滿，於是宣布退出提洛同盟，並派遣使者尋求斯巴達的保護和援助。得知這一消息，雅典將軍西蒙隨即率軍向薩索斯島出發，並迅速控制了除主要城市薩索斯城外的整個島嶼。薩索斯城防禦牢固，他們頑強堅守了三年，最終還是因城內彈盡糧絕屈辱地投降了。

## 第 75 章
## 斯巴達奴隸起義 —— 伯里克利的崛起

斯巴達人在薩索斯被雅典軍隊圍困期間，一直在背後提供幫助，他們還暗中慶幸終於找到與雅典決裂的機會。正當斯巴達準備入侵阿提卡時，一場可怕的災難突然襲來，迫使他們放棄了計畫。

西元前 464 年，斯巴達遭遇地震，接二連三的強震摧毀了城中幾乎所有房屋，只有五間得以倖存，約兩萬人喪生。這一災難發生後，斯巴達的奴隸們紛紛揭竿而起，認為他們重獲自由的絕佳機會已然到來。

不過，斯巴達國王阿希達穆斯（Archidamus）對此類叛亂有先見之

明，他在第一聲警報響起時就吹響號角，出兵鎮壓。希洛人發現他們的主人已經全副武裝，於是退到了伊索米山（Ithome）的堅固堡壘中。這場反抗戰爭持續了 10 年之久，斯巴達人幾乎投入了全部軍力平叛。

在漫長的圍攻戰中，斯巴達向雅典和其他盟國請求了支援，但由於斯巴達對雅典的猜忌心愈來愈甚，不久就以不再需要他們幫助為由遣回了雅典援軍。

雅典當時仍然手握其他城邦國家的軍隊，被派去的雅典援軍遭如此遣返對他們而言簡直就是奇恥大辱，憤怒的雅典人在部隊從伊特霍姆返回雅典後立即透過了一項法令，終止與斯巴達的聯盟，並與阿爾戈斯結盟。希臘兩大城邦之間仇恨的種子就此播下，後來還引起了一場曠日持久的毀滅性戰爭，即「伯羅奔尼撒戰爭」。

西蒙向來支持貴族式政府模式，所以他一直以來也是斯巴達制度的崇拜者，並對斯巴達政府持友好態度。因此，當他的同胞們開始將斯巴達視為仇敵時，他的聲望便每況愈下了。民主派勢力趁機掌握政權，權勢日益強大，後來成功地將西蒙驅逐出國。

現在上臺的政黨領袖是厄菲阿爾特（Ephialtes），但其背後真正的掌權者是名望頗高的貴族克桑提普斯（Xanthippus）之子伯里克利（Pericles），克桑提普斯曾是米卡裏海戰中雅典軍的指揮官。

伯里克利堪稱蓋世之才，他的老師皆是希臘有名的能人。愛奧尼亞地區克拉佐美尼（Clazomene）的著名哲學家阿那克薩戈拉（Anaxagoras）是伯里克利的自然科學和道德科學的老師，向他灌輸了更廣闊、更自由的見解。伯里克利非但學識淵博，還具有不迷信的唯物主義思想，相信科學與智慧。

　　伯里克利長得英俊瀟灑，和昔日的僭主庇西特拉圖有幾分相似。因此在一段時間內，雅典人出於迷信和嫉妒，不曾選舉他擔任重要公職。他的舉止嚴肅而莊重。雖然他在與同胞們交往時總是和藹可親、彬彬有禮，但他從不參加社交活動，甚至很少有人看到他微笑。他愛好讀書勝過娛樂，愛好工作勝過消遣。

　　在雅典軍隊服役數年後，他鼓起勇氣參加了公民大會。他能言善辯，語驚四座，演講時字字珠璣，不乏真實範例，令人醍醐灌頂，遠超以往雅典雄辯家。不久，伯里克利便成為舉足輕重的人物。

　　除了雄辯的口才以外，他還十分機敏老練，向來遇事不驚。即使面臨敵人也不露聲色，會堅定冷靜地遵循自己的判斷，無視對手的暴力和辱罵。

## 第76章
# 伯里克利的晉升

　　西蒙被放逐後，伯里克利獲得了一個施展才華和抱負的機會。此時的雅典已達到權力巔峰 —— 它是希臘提洛聯盟公認的盟主，是希臘大陸、島嶼及小亞細亞沿海眾多城邦國家真正的統治者。雖然雅典與其他國家仍以「盟友」相稱，但其權勢已遠超近現代的帝國。

　　此時的雅典不僅是阿提卡最繁華的首都，還是希臘地區乃至整個文明世界的中心。繁榮昌盛的雅典給博學多才之人以豐厚的賞賜，從而吸引了來自世界各地傑出的哲學家、演說家、詩人和藝術家。

　　坐上雅典城邦的第一把權力交椅是很多人的野心，伯里克利逐步走向爭奪這個神聖崇高位置的道路。為了在公民大會中取得並保持優勢地位，

他必須連續不斷地為公民舉行各種盛大的節日和娛樂性活動或是修建基礎設施。但他不像西蒙，沒有大筆財產任其揮霍，無法負擔這筆鉅額支出。

有一天，他突然想到可以將國庫中的金錢挪為己用。但當時國庫的開支全由亞略巴古法院監管，該法院的大多數成員屬於貴族政黨，必定不會為政敵 —— 民主黨領袖作嫁。

因此伯里克利決定採取的第一步措施就是削減當時受人尊敬、牽連甚廣的亞略巴古法院的權力。於是，他讓厄菲阿爾特在公民大會上促成一項法令，剝奪亞略巴古法院對國庫的管理權，並將其大部分司法權移交大眾法庭。

接著，伯里克利開始用國庫中的錢賄賂人民，提高陪審法官的生活津貼，還向那些參加政治集會的公民發放報酬。同時，他還從國庫中拿出巨資將廟宇、劇院、體育館、門廊和其他公共建築裝飾得富麗堂皇。

宗教節日的數量和規模都有所增加，市民們每天都會參加公費的宴請和娛樂活動。為支付這項新的開支，他提高了其他盟國應繳的軍費。如此一來，雅典的軍費收入就達到了 1,500 塔蘭特，這在當時可是一筆大數目。

由於與波斯的戰爭是徵收這一沉重賦稅的唯一藉口，所以雅典還在繼續這場戰爭。在伯里克利上臺後不久，雅典就向埃及派遣了一支軍隊，幫助那裡的居民反抗波斯。但不幸的是，這次遠征並未像預期的那樣收穫大量戰利品。經過長達五年的戰爭，波斯成功鎮壓了埃及叛亂，將埃及首領伊納魯斯（Inarus）釘死在十字架上，大部分希臘援軍也為波斯軍所殺（西元前 454 年）。

同時，希臘地區爆發了內亂。多里安與腓尼基爆發了戰爭，斯巴達加

入了多里安陣營，雅典加入了腓尼基陣營，最終大多數希臘城邦國家都捲入了這場戰爭。西元前456年，雅典在維奧蒂亞的贊納格拉（Zanagra）和塞諾菲塔城（Cenophyta）的戰鬥中取得勝利，還成功占領了埃伊納島。

這場戰爭於雅典人而言既不得名又不得利，靠打仗獲取的戰利品而富裕起來的雅典人不願繼續支持該戰爭。因此，雅典人很快就有了與斯巴達休戰的想法，人們又想起了那位親斯巴達的政治家西蒙，認為他是與斯巴達談和的不二人選。

伯里克利意識到當前公眾輿論的潮流，並且認為自己應該明智地順應潮流，於是他假裝同樣希望召回昔日的對手，並在公民大會上釋出了一項撤銷西蒙陶片放逐判決的法令（西元前453年）。

西蒙回國後，戰爭便中斷了，經過三年的談判，雙方達成了休戰五年的協定。雅典人的注意力隨後又轉向與波斯的戰爭。西蒙率領一支由200艘戰船組成的艦隊去奪取塞普勒斯島。但在執行這項任務的過程中，這位傑出的指揮官不幸犧牲了。不久雅典與波斯達成和平協定（西元前449年）。

西蒙的遺骸被運回雅典，人們為他建立了一座輝煌的紀念碑。貴族黨派很快推出了一位可以與伯里克利抗衡的新對手，即西蒙的妹夫修昔底德（Thucydides）。這位出身顯赫的新領導人，作為政治家具有可敬之才，但在政治方面還是不及伯里克利。幾年後，伯里克利就成功地將對手修昔底德用陶片放逐法驅逐出國了。

較長一段時間內，雅典的屬國一直忍受著雅典嚴屬的苛捐雜稅。後來，埃維厄人抓住機會，在雅典與維奧蒂亞交戰時宣布獨立。

伯里克利立即率領一支軍隊鎮壓起義的島民，但他前腳剛抵達埃維

厄，後腳就收到情報說麥加倫人也起兵造反，另外斯巴達人正準備入侵阿提卡。

他收到訊息後迅速返回希臘大陸擊敗了發動起義的麥加倫人，在斯巴達軍隊臨近阿提卡時，伯里克利賄賂了普利斯托納克斯（Plistoanax）國王信任的謀士克林德里德斯（Cleandrides），讓他說服經驗不足的年輕國王從阿提卡撤軍。就這樣，伯里克利用強而有力的政治措施很快化解了雅典面臨的危險。隨後，他再次率軍前往埃維厄島，不久便降服了該島。

他把這次戰役的所有花費記錄在公帳上，其中賄賂普利斯托納克斯國王謀士的款項記為「10 塔蘭特，派作必要用途」。百姓深信他為人正直，不加追問就透過他的帳目了。各方此時都對內戰感到厭倦，於是在西元前445 年達成了休戰 30 年的協定。

## 第 77 章
### 伯里克利的權力 —— 雅典與科林斯的戰爭

當時伯里克利的聲望和權力處於鼎盛時期。他以其明智寬鬆的政策為國人爭取了難得的和平與繁榮。他無可辯駁的口才，讓國人都願意接受他提出的任何措施。一直反對他的貴族們再也無法阻擋他前行的道路，轉而爭相巴結他。

得到了雅典兩大政黨的支持，伯里克利意識到了自己的獨特優勢，他開始表現得更加高高在上，不再像以前那樣急於討好窮人獲得支持。事實上，他的權力已經與專制君主的權力不相上下，儘管統治基礎還算不上牢固。

希臘人享受了數年的和平寧靜，突然科林斯和其屬地科西拉島又因些

許爭端爆發了一場戰爭，再次擾亂了所有希臘城邦的安寧。科西拉島是科林斯的殖民地，當地人憑藉其航海技術和貿易活動，累積了大量的財富，甚至遠超其宗主國。結果，科西拉人不僅拒絕繼續向科林斯稱臣，還為埃皮達姆努斯[080]的統治權與科林斯開戰。

科林斯向幾個伯羅奔尼撒國家請求援助鎮壓科西拉人。另一邊，科西拉則與雅典締結了防禦聯盟，雅典派遣一支艦隊協助維護該島獨立。為了懲罰雅典人插手這場紛爭，科林斯在卡爾息狄斯（Chalcidice）半島的波提狄亞（Potidaea）小鎮上掀起了一場叛亂。波提狄亞是靠近馬其頓邊界的一座小城，曾是科林斯的殖民地，但當時是雅典的一個屬國。

雅典立即派出一支艦隊和一支陸軍部隊攻打波提狄亞，而伯羅奔尼撒聯盟也迅速向該城派去援軍。與此同時，科林斯人在積極爭取那些尚未決定陣營的城邦國家加入他們。特別是在遊說斯巴達時，科林斯派使者痛訴雅典人的行為，指出雅典人違反了公認的希臘政策，即任何國家都不應干涉他國及其附屬國事務。

科林斯人的努力沒有白費，以斯巴達為首幾乎所有的伯羅奔尼撒諸國，連同地峽以外的許多國家組成聯盟準備與雅典開戰。阿爾戈斯和亞該亞起初保持中立。與雅典人結盟的有科西拉島、阿卡納尼亞、色薩利、普拉蒂亞和諾帕克特斯（Naupactus）地區的一些城市。

伯里克利在戰爭風暴襲來時毫不驚慌，但他的同胞們並非同樣毫不畏懼，當意識到要放棄安逸奢侈的生活、踏入戰爭的渾水時，他們開始抱怨政治領袖伯里克利將他們拖入了這樣一場令人驚恐的戰爭中。

起初，人們沒有勇氣站出來彈劾伯里克利本人，而是將不滿發洩到他

---

[080]　Epidamnus，科西拉人在伊利里亞（Illyria）海岸建立的殖民地。

的朋友和親信身上。菲狄亞斯是當時一位非常著名的雕刻家，被伯里克利任命為公共建築的管理者，卻因為一項輕罪而被判入獄。和伯里克利亦師亦友的哲學家阿那克薩戈拉被指控顛覆民族宗教，傳播異教思想，並被驅逐出雅典。

當時受到迫害的名人還有米利都的阿斯帕西婭（Aspasia）。她是一個美貌出眾、才華橫溢的女人。她從米利都移居雅典，不久便引起了伯里克利的注意。伯里克利被她的美貌、智慧和口才深深吸引，於是休妻後娶了阿斯帕西婭。

雅典人認為就是阿斯帕西婭因個人恩怨唆使伯里克利與伯羅奔尼撒諸國不和，這也是人們在公民大會上指責阿斯帕西婭不敬神靈、有傷風化的真正原因。伯里克利在大會上親自為阿斯帕西婭辯護，並懇切地為她求情，甚至動情地流下了眼淚。人們或是認為這些指控確實無根無據，或是無法抗拒伯里克利的雄辯，最後宣判阿斯帕西婭無罪。

接著，伯里克利的敵人直接攻擊他本人，指控他侵吞公款。但是他完全反駁了這一指控，並證明他的收入全部來自私產。他儉樸的生活方式本就足以使雅典人相信他管理公共事務的操守。他在城中修建寺廟、門廊和其他宏偉的藝術建築，為人們提供許多奢華的娛樂活動時，而自己家中卻樸素無華，甚至家人們都抱怨他為人吝嗇。這與當時許多雅典富人紙醉金迷的生活形成了鮮明對比。

伯里克利成功地澄清了敵人的誹謗，進而穩固了自己的地位。他採取了明智的措施以抵禦伯羅奔尼撒人入侵 —— 讓阿提卡的居民帶著財產退到雅典城內，同時把牲畜運到埃維厄島和鄰近的島嶼上。由於斯巴達人打陸地戰跟雅典人打海戰一樣，幾乎戰無不勝，因此他不願冒險與斯巴達人

在陸上交戰。因為他的先見之明，雅典城的糧食儲備足夠養活當時擁擠在城中的人們，但當務之急是這麼多人的居住問題如何解決。許多人住在廟宇和其他公共建築物中，或是城牆上的角樓裡，還有許多人被迫在雅典城和比雷埃夫斯港之間的空地上搭建了臨時住所。

## 第 78 章
## 伯羅奔尼撒戰爭爆發 —— 伯里克利遭責與他的死亡

　　一場歷時 27 年之久的著名戰爭 —— 伯羅奔尼撒戰爭於西元前 431 年打響。斯巴達國王阿希達穆斯率領一支龐大的伯羅奔尼撒聯盟軍挺進阿提卡，不曾遭到任何抵抗。浩浩蕩蕩的大軍沿著阿提卡東海岸前進，沿途燒毀了許多城鎮，所到之處皆淪為廢墟。當雅典人看到伯羅奔尼撒聯盟軍即將兵臨雅典城下，他們立即派人前往通知伯里克利，讓他速速回國保衛雅典城。

　　正當伯羅奔尼撒聯盟大舉進攻阿提卡地區時，為了復仇，伯里克利正率領雅典和科西拉的艦隊，摧毀了防禦力量薄弱的伯羅奔尼撒沿岸地區。伯羅奔尼撒聯盟軍又遭遇糧食短缺問題，國王阿希達穆斯不得不撤軍。大軍沿著阿提卡西部海岸撤退，繼續肆虐著沿途的城市。

　　第二年初夏，伯羅奔尼撒聯軍又出兵攻打阿提卡，因為伯里克利仍然堅持著他謹慎的政策，努力保衛雅典城，聯盟軍隊又一次在阿提卡殺人放火，恣意妄為。

　　但此時，一個比伯羅奔尼撒聯軍更可怕的敵人襲擊了不幸的雅典。一場瘟疫在比雷埃夫斯城爆發了。人們認為這場瘟疫源於衣索比亞，後來才逐漸蔓延到埃及和亞細亞西部地區。瘟疫迅速席捲了雅典，成千上萬人喪命。

據描述，這種瘟疫是一種發熱性傳染病，伴有許多痛苦的症狀。那些熬過了第一階段的人，接著會經歷腸道和四肢的潰爛。歷史學家曾提及，這場瘟疫毒性猛烈，甚至連猛禽都不願觸碰未經掩埋的屍體，所有吃了有毒屍體的狗都死了。這場瘟疫死亡率極高，由於雅典城人口過於擁擠，死亡人數大幅增加。

信徒們虔誠地祈禱著，醫生們傾盡全力救治著，都無法阻止疾病的蔓延。可憐的雅典人陷入了深深的絕望之中，覺得自己被神靈遺忘，還有人認為這就是神的懲罰。很多時候，病人無人照料，死者的屍體無人安葬。而那些尚未患上瘟疫的人，公然違反法律、人倫和神諭，四處胡作非為。

與此同時，伯里克利率領著一支由 150 艘船組成的艦隊，在伯羅奔尼撒半島沿岸地區為非作歹，燒殺擄虐。回到雅典後，他們發現敵軍因擔心瘟疫蔓延而匆匆退出了阿提卡。他將艦隊派往卡爾息狄斯海岸，協助仍在圍攻波提狄亞的雅典陸地部隊。此舉非常失敗，因為前去支援的軍隊染上了瘟疫，大多數艦隊人員染病身亡。

雅典人遭受了如此苦難，對伯里克利的怨氣也愈來愈濃，他們指責伯里克利讓雅典捲入伯羅奔尼撒戰爭，給雅典帶來了諸多災難。在一次公民大會上，伯里克利為自己的行為辯護，並告誡人們要有勇氣和毅力共同捍衛雅典的獨立。

他表示，戰爭帶來的苦難他曾經在演說中有所提及，人們應該心裡有所準備；至於瘟疫，那是人類無法預見或避免的災難。他提醒人們，雅典仍然擁有一支強大的艦隊，在當下的惡魔過去之後，他們的海軍仍可協助雅典建立統一的帝國。

接著，他呼喊道：「遭閱聽人神的折磨，我們應該耐心忍受。遭受敵

人的折磨，我們應該剛強不屈。這是我們祖先的箴言。在逆境中堅韌不拔的毅力造就了雅典現在的力量和榮耀；即使雅典終將遵循盛極而衰的命運，這一箴言仍將萬世長存。」

伯里克利慷慨激昂的演說的確暫時安撫了雅典人的恐慌和憤怒，但並未完全消除。後來雅典人不僅罷了他的官職，還對他處以重罰。與此同時，這位傑出的人才需要忍受的折磨除了政治上的焦慮，還有他本身遭遇的精神壓迫 —— 他的家人相繼死於瘟疫。

但他仍然頑強地忍受著命運帶給他的一切痛楚，贏得了身邊所有人的欽佩。不過，在他最後一個孩子的葬禮上，他終於崩潰了。當他按照當地習俗為孩子戴上花環時，突然痛哭流涕、泣不成聲。沒過多久，那些見風使舵的同胞們又開始後悔曾經對他的所作所為，讓他官復原職。可惜沒過多久，他便隨著孩子們一起長眠於地下，也成了當時瘟疫的受害者（西元前 429 年）。

從當時同期作家的文章中可發現，他們都認為伯里克利是智慧與口才均名列前茅的希臘政治家。儘管他雄心勃勃，但行使權力時頗為節制。值得稱道的是，在戰爭如此頻繁的時代，在如此尚武好戰的國度，他長期執政期間所頒布的法律政策既強健有力又仁慈溫和。當被迫參戰時，這位傑出的政治家會站在敵方和己方的立場上，不懈地研究如何盡可能減少傷亡來戰勝敵人。

據說，在他彌留之際，周圍的人正在講述他的偉大事蹟。他突然打斷了他們，對給予他如此高的讚揚表示驚訝。他自認為人外有人，山外有山，必然有人比他更加優秀。同時人們還忽略了他最高的、獨特的榮譽是什麼，即他的所作所為從未讓任何雅典人感到哀傷。

## 第79章
# 克里昂 —— 尼西亞斯 —— 亞西比德

伯里克利逝世後，戰爭持續了七年之久，雙方都沒有取得決定性的勝利。伯里克利的繼任者克里昂（Cleon）是一個思想激進、毫無原則、擅長蠱惑人心的政客，最後他在馬其頓的安菲波利斯城（Amphipolis）與斯巴達聯軍對戰時不幸陣亡。

克里昂的繼任者是貴族政黨領導人尼西亞斯（Nicias）。他雖品格高尚但毫無事業心，且軍事能力平庸。西元前 421 年，即伯羅奔尼撒戰爭延續的第 10 年，在主和派尼西亞斯的牽頭下，雅典與斯巴達簽訂了一則為期 50 年的和平條約，俗稱《尼西亞斯和約》。

但不久之後，由於盟國不願維護聯盟宣稱的權利，科林斯拒絕繼續遵守和平條約，並與阿爾戈斯、伊利斯和阿卡迪亞的曼蒂納亞（Mantinaea）結成新的四國聯盟，這個聯盟宣稱要捍衛伯羅奔尼撒諸國的主權，免受雅典和斯巴達的侵略。

這一目標似乎不難達到。但在還未實現之前，伊利斯和曼蒂納亞兩國就發生了信任危機，雙方都不願意放棄曾經在條約中承諾要交予對方的土地。

兩國因此互相猜忌，年輕的雅典人亞西比德（Alcibiades）趁機煽風點火。那時他剛剛登上政治舞臺，後來對雅典產生了深遠的影響。

亞西比德是雅典上層階級克萊尼阿斯（Clinias）之子。他極具人格魅力，天資聰穎，但缺乏正直廉潔之心 —— 而這恰恰是真正的偉人不可或缺的。另外，他性情暴躁，遇事易衝動，經常做出不光彩的行為。

少年時代的他便已顯露出卓越的才能和性格魅力。有一回，他與玩伴

215

在雅典街頭玩耍時，看到一輛滿載的馬車駛向他們所在的街道。因為不想遊戲被馬車打斷，他便叫車伕停下。但車伕哪會聽小兒之言，欲繼續趕馬前進。憤怒的亞西比德隨即撲到馬前對著車伕大喊道：「你要是有膽子的話，就從我身上碾過去！」那人急忙勒住馬停了下來，亞西比德在與夥伴玩耍結束後才讓那位馬伕離開。他年少時因出身高貴、風流倜儻引得許多同齡人的喜愛，青年時期的他更是過著放蕩不羈的生活。

男性崇拜他的機智，女性讚嘆他的美貌，據說雅典的女士們競相尋求他的歡心。多虧早年大名鼎鼎的哲學家蘇格拉底注意到了俊秀機敏的亞西比德，與他結為好友，對他悉心教導，否則養尊處優的亞西比德可能終其一生都只是紈袴膏粱。

善良的蘇格拉底不願看到擁有如此高貴氣質的聰慧青年道德淪喪，於是循循善誘，勸阻亞西比德勿要再行浪蕩之舉，遠離那些酒肉朋友。智者蘇格拉底在一定程度上成功了。儘管後來亞西比德甚是尊敬和藹可親的蘇格拉底，深知老師的訓導於己大有裨益，但他衝動魯莽的性格不曾改變，還一直受到各式各樣的誘惑。這些都常動搖著他的決心。

亞西比德年少時曾加入圍攻波提狄亞的雅典軍。在一次戰鬥中，他身負重傷，還被敵軍圍住，同在戰場的蘇格拉底奮力前來救助，成功地將亞西比德救回自己的軍營。後來，亞西比德在德利姆之戰 [081] 中救了蘇格拉底一命，報答了先前的救命之恩。

亞西比德年紀輕輕就開始管理公共事務。他慷慨大方、能言善辯，受到了廣泛的認可和歡迎，這為他後期的影響力打下了堅實的基礎。起初他是親斯巴達派，其家族也一直與斯巴達保持著密切聯繫。

---

[081]　the battle of Delium，西元前 424 年，雅典敗給維奧蒂亞。

　　但斯巴達人對他放蕩奢侈的生活方式嗤之以鼻。他們還記得在佩西司特拉提達伊（Pisistratidae）家族統治時期，當斯巴達插手雅典事務時，亞西比德的曾祖父曾宣布斷絕與斯巴達之間的友好關係。斯巴達人對此仍耿耿於懷，所以輕蔑地拒絕了這位年輕雅典人伸出的橄欖枝，還將一切與斯巴達相關的外交事務交予亞西比德的政敵尼西亞斯。

　　亞西比德對斯巴達人的行為很憤怒，他開始對斯巴達人懷恨在心，很快就讓他們意識到輕視他的嚴重後果。前文提到，斯巴達與雅典在履行《尼西亞斯和約》的某些方面產生了矛盾，後來斯巴達又派遣使者前往雅典準備修訂友好協定。但亞西比德擔心若兩國重修舊好，必定會有損他的個人利益，於是從中作梗，設法阻止兩國達成和平協定。

　　斯巴達使者在雅典人面前宣布他們全權負責處理所有爭議要點，亞西比德思慮一番後私下建議這些使者們撤回這一宣告，因為雅典人可能會在公民大會上利用這一點提出不利於斯巴達的條件。他還向斯巴達使團承諾，若他們遵循自己的建議，他便會支持斯巴達方提出的所有要求，否則他定會極力反對。

　　懦弱的使者們聽從了亞西比德的建議，他們向雅典公民宣布自己權力有限之後，曾假意示好的亞西比德就怒不可遏地向使者們發起言語攻擊，指責他們出爾反爾、別有用心，利用這一事件鼓動雅典人反對斯巴達。

　　雅典人對他們親眼所見、親耳所聞之事憤憤不平，準備取消與斯巴達的友好和約，但此時雅典突發地震，導致公民大會推至次日進行。

　　當公民大會再次召開時，亞西比德的政敵尼西亞斯察覺到雅典人經過一夜的思考，已經冷靜了下來，當下應該聽得進較為溫和的建議，於是他提議在對斯巴達採取任何敵對措施之前，雅典應先派遣使者前去調解一

番，人們表示同意。但狡詐的亞西比德在雅典使者出發前告訴他們要堅持幾項基本條件，否則就不與斯巴達談和。他深知斯巴達人永遠不會同意那幾個條件，所以故意從中作梗。

結果正如他所料，雅典使團與斯巴達沒有達成任何實質性的協定。隨後雅典人便與草創初就的聯盟——以阿爾戈斯為首的四國聯盟組成了一個攻守聯盟。雅典加入該聯盟之後，科林斯因之前與雅典的私仇立即宣布退出，轉而投入斯巴達的陣營。

西元前 419 年，伯羅奔尼撒戰爭再次爆發。戰爭初期的進展較為緩慢，但不久就愈演愈烈。整個希臘地區血流成河，生靈塗炭，慘不忍睹。

## 第 80 章
## 亞西比德逃離雅典

當時亞西比德已經官居高位，無人敢質疑他的權威。他便開始放浪形骸，窮奢極欲。他開始模仿東方人的舉止，還穿上飄逸的紫色長袍。他親自參戰時手握金盾，盾牌上畫著手持雷電杖的小愛神厄洛斯。

雅典的有識之士見他狂妄自大且荒淫無度，不免為其感到遺憾。但大多平庸之輩依舊盲目地欽佩亞西比德，認為他才華卓越、風度翩翩。亞西比德還為他們舉辦各類盛宴、競賽活動。這使那些人愈發崇拜這位領袖。

但亞西比德不滿足於自己現有的權力和聲望，極其渴望透過征服外邦來提高聲響。他知道雅典人想擴展在西西里島的勢力，於是提議遠征西西里島。儘管尼西亞斯極力勸阻，大多數人民還是支持亞西比德，隨後雅典人組建了一支龐大的艦隊和一支強大的陸軍部隊，並任命亞西比德、尼西亞斯和另一位將領拉馬庫斯（Lamachus）擔任此次西西里遠征隊的聯合指揮官。

就在大部隊準備起航時，雅典城內發生了一件事。雖然並非大事，最終卻引起一系列嚴重後果。一天夜晚，幾位不明身分的人將雅典幾乎所有的荷米斯神像都毀壞了。亞西比德的政敵便抓住此次機會指控，說是亞西比德和其放蕩的同伴在酒後嬉鬧時犯下了此等褻瀆神明的罪行。

亞西比德一貫放蕩不羈的不良習性世人皆知，所以雅典人傾向於相信此事就是亞西比德所為，準備將他送上法庭接受審判。但雅典軍隊的戰士們對這位將軍極其忠誠，人們不敢此時動手，只好令他先起航遠征西西里島，並決定把審判推遲到戰事結束，大軍回來以後再進行。亞西比德倒是堅持要立即接受審判，但遭到拒絕。

亞西比德帶領艦隊離開港口後，他的政敵們就立即開始攻擊他，並變本加厲地散布流言，說亞西比德預謀顛覆民主政府，還把他的一些奴隸提來作證。他的奴隸聲稱，有一次亞西比德和他瘋狂的同伴模仿祭祀穀神狄蜜特的儀式，褻瀆埃萊夫西納祕儀，雅典人聽聞後憂慮重重。

雅典大眾受人挑唆後愈加情緒激憤，竟殘忍地處死了亞西比德的許多朋友，並召他本人回國受審。當他接到傳召時，軍隊剛抵達西西里島。但他與幾位同伴思前想後，認為回去必是一死，便決定逃到阿爾戈斯，後來他又逃到了斯巴達。儘管斯巴達人和他曾有過不快，但他們還是友好地接待了他，後來還欣然接受他供職於斯巴達。

亞西比德在斯巴達生活期間非常克己自制。他知道斯巴達人生活樸素，便摒棄了昔日的不良習性，變得舉止莊重、衣著樸素，斯巴達人很難相信眼前的這位是那個曾經玩世不恭的亞西比德。他剃光了頭髮，只吃公共餐桌上的粗糧和難以下嚥的黑色肉湯。他甚至要比萊克格斯（斯巴達立法者）那些刻板的同胞們還要樸素。後來他的演講還成為該國簡潔風之典範。

　　另一邊，雅典人聽聞亞西比德投靠斯巴達後舉國譁然，並在公民大會上宣布對他判處死刑，沒收其所有財產，還令祭司們對他發出詛咒。但後來雅典人對他們昔日殘忍的做法深感後悔。因為亞西比德指導斯巴達人採取了一系列措施，不僅導致了雅典西西里遠征隊的慘敗，還在背後鼓動小亞細亞部分的雅典屬國和愛琴海部分島國的人們發動起義反抗雅典的統治。

　　亞西比德親自來到愛奧尼亞，鼓勵當地人擺脫雅典的束縛。他還透過呂底亞總督替薩斐尼（Tissaphernes）讓斯巴達和波斯之間達成聯盟關係。

　　他征戰在外時，以亞基斯（Agis）國王為首的斯巴達貴族結成了一個強大政黨，祕密傳令給愛奧尼亞的一位斯巴達將軍，讓他處死亞西比德。聽到風聲的亞西比德匆匆逃離營地，前往呂底亞避難。機智靈敏、風姿瀟灑的他很快就深得總督替薩斐尼的喜愛。

## 第 81 章
### 雅典內亂 —— 亞西比德歸來 —— 再次受辱 —— 亞西比德之死

　　亞西比德逃亡之後，雅典因缺乏強而有力的首領，紛爭不斷，整個地區四分五裂。西元前 411 年，即伯羅奔尼撒戰爭的第 20 年，雅典貴族派系成功推翻了雅典的民主政府，並建立了一個由 400 人組成的機構來管理國家事務，400 人集團有權在緊急情況下召集 5,000 名公民代表，徵求意見和建議。

　　這 400 人集團俗稱「四百僭主」。他們剛被授權後就徹底消滅了雅典制度中餘存的自由民主。他們舉止傲慢、為人刻薄，還在愛琴海群島上招募了一支僱傭軍，用以威懾、奴役同胞。

　　當時雅典軍駐紮在薩摩斯島，他們在遠征小亞細亞鎮壓叛亂後便撤回此處。當雅典民主政府被推翻、新上臺的寡頭集團實施暴政的消息傳來後，薩摩斯島的雅典士兵憤怒地拒絕服從新政府。他們派人前往斯巴達請求亞西比德回到薩摩斯島軍中，協助重建民主政府。

　　亞西比德思慮一番後同意了士兵們的請求。他抵達薩摩斯島後立即當選為總指揮官。隨後他遣人通知雅典的「四百僭主」，若他們還想保命的話，就應立即放棄強取的違法政權。

　　這一消息傳來時，雅典正處於混亂恐慌之中。收到消息的「四百僭主」爭吵不休，準備訴諸武力。不巧的是，向雅典提供補給的埃維厄島發生了叛亂，前往平叛的雅典艦隊又被斯巴達軍摧毀。因此，阿提卡沿岸和雅典的港口當下都沒有艦隊可供防禦。

　　在此情況下，絕望的雅典人奮起反抗壓迫者，推翻了僅存在了幾個月的 400 人政府，恢復了他們古老的民主體制，人們還宣布召回亞西比德。但亞西比德在重返雅典之前，還想去完成幾項輝煌的軍事壯舉。他認為如此便可以避免因為曾與斯巴達人親近而招致雅典人猜忌，同時帶著輝煌的功績凱旋。

　　按照之前的想法，亞西比德率領一支雅典艦隊出發，在赫勒斯滂與斯巴達軍交戰，成功地在海上及陸上戰場都取得了勝利，擊敗了斯巴達人。他回到雅典後，受到人們的熱烈歡迎。雅典人紛紛為他送上花冠，在熱烈的掌聲中，他走到人們集會之地，大會上他口若懸河，妙語連珠。最後，人們為他戴上了黃金冠冕，並任命他為雅典海軍最高統帥。他之前被沒收的財產被歸還了，祭司們也按照指示撤銷先前對他的詛咒。

　　然而好景不長，由於雅典的許多屬地紛紛起兵反叛，人們派亞西比德

率軍前去鎮壓叛亂。但出征期間發生了一些緊急情況，他不得不暫時離開艦隊。負責繼續指揮戰鬥的是一位名叫安條克（Antiochus）的軍官，後者不顧命令，在總指揮官缺席期間，執意與斯巴達交戰，結果雅典軍慘遭失敗。

當戰敗的消息傳到雅典時，聲討亞西比德的聲音愈加激烈。他被指控怠忽職守，再次被撤職。得知此事後，他離開了艦隊，回到他在色雷斯的克索涅索斯（Chersonesus）建造的堡壘中。後來他聚集了一群亡命之徒，在他們的幫助下掠奪鄰近的色雷斯部落。總而言之，蘇格拉底的這位學生最後墮落到與土匪、海盜為伍了。

這一次斯巴達人沒有輕饒他。此時，亞西比德發現敵人斯巴達日益強大，他在色雷斯的居所並不安全，於是越過赫勒斯滂海峽，來到普羅龐提斯亞洲側的一個小國比提尼亞（Bithynia）。但他在那裡遭到了色雷斯人的襲擊，便又前往弗里吉亞，成功地獲得了波斯總督法納巴索斯（Pharnabasus）的庇護。

但不幸的是，斯巴達人對亞西比德恨之入骨，祕密傳信給法納巴索斯，讓他處死亞西比德。這個背信棄義的波斯人為博得斯巴達人的好感，指派了兩個親信去謀殺亞西比德。

當時亞西比德住在一個小村莊中，一天晚上，刺客們包圍了他的房子，並放火燒屋。他被火焰驚醒，猜到是波斯總督背信棄義想置他於死地，急忙將長袍裹在左手，右手握著一把匕首，從大火中跑了出來，安全逃到屋外。

他一路擊敗了前來取他性命的刺客，但逃到不遠處，一群敵人在他背後拿起了弓箭。一時間萬箭齊發，亞西比德最終倒在了血泊之中。與亞西

比德一同四處流浪的同伴提姆曼德拉（Timandra）被留下來處理亞西比德的屍體並為他舉行葬禮。西元前 404 年，年僅 40 歲的亞西比德，希臘史上著名的將領，就這樣與世長辭。

亞西比德是一位傑出的戰士、演說家和政治家，他天性高貴慷慨，可惜並不誠實正直，否則必將名垂青史。他做事毫無原則又易衝動，犯下了許多不可原諒的錯誤，這些錯誤在一定程度上間接導致了他最終可悲的下場。

亞西比德死後不久，雅典便不再是一個獨立的城邦國家。在他退出歷史舞臺後，雅典內憂外患，深陷戰爭的泥淖，幾乎不曾有過勝利。斯巴達指揮官萊山德（Lysander）率領大軍對赫勒斯滂海峽亞細亞一側的要塞拉姆普薩卡斯（Lampsacus）展開猛攻，成功地占領了此地。扼住了該要塞便是截斷了雅典的海上糧食供應線。雅典人聽聞拉姆普薩卡斯被攻陷，便立即派遣艦隊前往救援，但最終被萊山德領導的斯巴達艦隊擊敗。

此次雅典艦隊指揮官是米提亞德的後裔、才華橫溢的科農（Conon）。西元前 405 年，這場海戰發生在與拉姆普薩卡斯城隔海相望的阿哥斯波塔米河口（Aegospotomas），史稱「羊河戰役」。該戰中雅典艦隊幾乎全軍覆沒，雅典至此再也無力與斯巴達抗衡。

斯巴達獲得了無可爭議的制海權後，萊山德又率軍輕鬆地征服了色雷斯和小亞細亞沿岸地區，以及那些仍然依附雅典的愛琴海諸島。在逐個消滅了雅典的盟國之後，萊山德開始進攻雅典城。

雅典人背水一戰，頑強抵抗，但被困數月後因糧食短缺，最終於西元前 404 年被迫投降。雅典與斯巴達簽訂和約，條件包括：一、雅典必須拆毀其外港比雷埃夫斯的防禦工事及連線港口與雅典城的長牆；二、雅典必

須放棄在昔日屬國的一切權利；三、雅典必須召回至今流亡在外的「四百僭主」；四、雅典必須承認斯巴達的霸權地位，並在戰時聽從斯巴達指揮官的要求；五、雅典建立政治制度需徵得斯巴達同意。

就這樣，曾經的希臘霸主雅典被大大地削弱了，漫長的伯羅奔尼撒戰爭至此結束。這場戰爭除了浪費希臘地區各城邦國家的力量和資源外，並無其他益處。

## 第 82 章
### 戲劇的起源 —— 第三階段的戲劇家

戲劇表演起源於祭祀酒神戴歐尼修斯的宗教活動。在葡萄成熟季節，希臘人會舉行盛大的儀式，人們歡快地跳舞，吟唱著酒神讚美詩。這一慶祝方式類似於現代許多國家舉行的「豐收節」儀式。

一位名叫狄斯比斯（Thespis）的雅典人，厭倦了年復一年的慶祝活動。他靈機一動，將祭祀酒神的讚美詩改寫成對話式的劇本，一位朗誦者透過背誦臺詞和一人分飾多角的方式將劇本演繹出來。因而，狄斯比斯被認為是西方最早的演員。

狄斯比斯出生於阿提卡地區的伊卡利亞島（Icaria），大致活躍在西元前 6 世紀早期。除了創作、表演外，他還設計了一輛簡陋的可移動舞臺車，他和同伴們推著車四處巡演。

這種車便是最早的舞臺形式，那位朗誦者就是最早的演員。另外，雖然在現代戲劇中很少有唱讚美詩的環節，但它是古希臘戲劇的重要組成部分。這些吟唱者被世人稱為「合唱隊」。他們的職責是在演出期間在一旁用歌聲對舞臺上的表演進行解釋和評論。

不久，狄斯比斯的表演場所從可移動的舞臺車換到了戴歐尼修斯神廟的一處固定舞臺。隨後舞臺上開始有了第二位表演者，他們開始使用面具、服裝和布景進行表演。狄斯比斯提出「表演」的概念後不久，類似的娛樂活動逐漸發展成一種戲劇形式。

最初的表演主要取材於古希臘神話和史詩。希臘古劇院的建築規模宏大，在許多方面與現代劇院有所不同。

古希臘劇院通常是露天建築，包括舞池、後臺及觀眾席。在祭祀酒神戴歐尼修斯的節日期間，城中所有人都會前去觀看一系列戲劇作品的表演，他們幾乎一整天待在劇院中。

古希臘劇院一般而言都會依山坡而建，如此一來觀眾席位便有了坡度，上下層的觀眾都能無障礙地看到舞臺上的表演者。劇院規模宏大，最大的可以容納兩至三萬人。舞臺後方有一個雙層柱廊，觀眾可以自行前往那裡避雨。

一般而言，古希臘劇院一大早便開始表演節目，人們會自帶坐墊和食物以免在演出期間為了買點心而錯過精彩節目。古希臘劇院的日常節目包括四場戲：三場悲劇和一場喜劇。表演結束後，評委會根據作品優劣，頒獎給最受歡迎的作品。

於是希臘人開始以獲得此獎為榮，特別是在雅典，大量的戲劇作品應運而生。據說，在某個時期內，雅典城的劇院上演了不少於 250 個第一等級的悲劇，500 個第二等級的悲劇，以及大量的喜劇和諷刺劇。

古文獻中有關最早的一批希臘劇作家的生平鮮有記載。現已知戲劇面具的發明者弗萊尼古斯（Phrynicus）是狄斯比斯的學生。同時期的科爾裡盧（Choerilus）是第一位在固定舞臺上表演的戲劇詩人。

　　活躍在這一時期喜劇家的還有發明「薩梯羊人劇」（satyric—drama）的普拉蒂努斯（Pratinus）。此類劇因合唱的主要內容是半人半羊的森林神薩提爾而得名。不過，公認的希臘第一位傑出的戲劇作家是埃斯庫羅斯（Aeschylus）。

　　西元前 525 年，埃斯庫羅斯出生於希臘阿提卡地區的埃琉西斯（Eleusis）。他對雅典戲劇做出了許多重要的貢獻，其悲劇作品氣勢雄壯、擲地有聲，昇華潤色了早期戲劇。因此，他理所當然地被尊稱為「悲劇之父」。

　　在戲劇領域穩坐頭把交椅 56 年後，埃斯庫羅斯在一場戲劇比賽中敗給了另一位才華橫溢的年輕選手索福克勒斯（Sophocles）。埃斯庫羅斯無法接受對方的作品更受人們喜愛，於是離開了雅典，移居西西里島。在那裡，他受到了當地錫拉庫扎國王希羅的熱烈歡迎。詩人西蒙尼德斯和品達（Pindar）、喜劇作家埃庇卡摩斯（Epicharmus）當時都是希羅國王的宮廷詩人。埃斯庫羅斯最後死於西西里島南端的小城吉拉（Gela），享年 69 歲（約西元前 456 年）。

　　吉拉城的居民為埃斯庫羅斯舉行了隆重的葬禮，還在他的墳前立了一座紀念碑。關於埃斯庫羅斯的死，希臘民間流傳著一種奇怪的說法。據說，有一天他在田野裡走路，忽然，一個烏龜從天而降，正中他的頭部，埃斯庫羅斯就這樣被砸死了。原來是一隻老鷹為了砸碎烏龜的硬殼享受美食，誤認為他那油閃閃的光頭是一塊石頭。

　　埃斯庫羅斯創作了近百部戲劇作品，但只有七部流傳了下來。他的作品風格大膽、獨樹一幟、無人能及。雖然我們必須承認，他力求簡潔明瞭，所以文章有時會顯得唐突晦澀；他的語言雖莊嚴肅穆，卻常有浮誇空洞之嫌。

## 第 83 章
# 戲劇家（續）

在戲劇比賽中戰勝了埃斯庫羅斯的索福克勒斯，於西元前 496 年出生在雅典西北郊的科隆努斯（Colonos）。他的父親索菲盧斯（Sophilus）雖是一名鐵匠，但似乎頗有地位。索福克勒斯從小便接受了良好的教育，青少年時便以學業有成遠近聞名。

薩拉米斯海戰爆發時，索福克勒斯剛滿 16 歲。年輕的索福克勒斯曾因容貌俊美及音樂天賦絕佳被選為慶祝戰爭勝利的朗誦隊少年領隊，朗誦隊的職責是圍著希臘方獲得的一堆戰利品載歌載舞。

索福克勒斯年少時便視埃斯庫羅斯為偶像，立志長大後成為與埃斯庫羅斯一樣有成就的戲劇詩人。他成年後將所有的精力都放在悲劇詩歌的創作上，經過漫長的準備工作，他終於在 28 歲那一年戰勝了埃斯庫羅斯獲得了最佳戲劇獎。

在評委的鼓勵下，索福克勒斯繼續為舞臺寫作。據說他創作了不少於 120 部悲劇，但只有 7 部得以保存至今。他還創作了許多輓歌和抒情詩歌，以及一部關於戲劇詩歌的散文作品。

索福克勒斯是一位戰士、政治家和詩人。他曾在伯里克利對抗斯巴達的戰爭中在其麾下效力，後來還協助伯里克利指揮雅典艦隊，對抗薩摩斯人。他率領軍隊占領了離薩摩斯不遠的愛奧尼亞的阿奈城（Anaea）。從戰爭中凱旋後，心懷感激的同胞們一致選舉他為執政官。

他的聲望絲毫沒有因時間的流逝而減退。每次作品登臺時他都會親自到劇場觀看。他一出現，觀眾席便會響起經久不息的掌聲。索福克勒斯曾 12 次獲得過戲劇一等獎。他的一生大體上是順風順水的，但並非沒有經歷

過人生的磨難。

他年事已高時，那些不孝子孫渴望立即霸占其財產，便假意向世人宣稱他已經精神失常，還向法院申請剝奪他管理事務和財務的權利。但聰明的索福克勒斯知道，要證明他雖年事已高卻依舊耳聰目明並不是件難事。

他開始在法庭上即興創作，爾後大聲朗讀剛創作好的詩歌《伊底帕斯在克羅諾斯》（*Cedipus Coloneus*）。誦讀完畢，他質問在場的人，一個精神痴呆之人能否寫出這樣的作品來。法官們欽佩他的才華，不僅拒絕了他子姪輩的申請，還嚴厲地指責他們卑鄙不孝。

儘管之前索福克勒斯收到了許多訪問國外的邀請，但他對母邦有強烈的眷戀之情，怎麼也無法下定決心離開，即使只是短暫的一段時間。西元前406年，他死於雅典，享年90歲。據說，他去世並不是因為年事過高，而是當時他的一部戲劇獲了獎，興奮過度而死。

他逝世時，雅典正遭斯巴達圍攻，即使像斯巴達這樣如此剛毅刻板的民族也十分敬重文采斐然的索福克勒斯，所以斯巴達將軍萊山德同意停戰，直到索福克勒斯的葬禮結束為止。無論是同時期還是後世的人們都一致認為索福克勒斯是一流的悲劇詩人。同胞們欽佩其卓越才華，敬仰他和藹正直的性格，還為他立了一座華麗的紀念碑。

希臘另一位著名的悲劇詩人是歐里庇得斯（Euripides）。就在希臘和波斯雙方艦隊於薩拉米斯海灣展開大規模海戰的當天，他出生在薩拉米斯島。有傳言說他的父親姆涅撒庫斯（Mnesarchus）來自富人階層，母親克利托（Clito）出身貴族；不過，喜劇詩人阿里斯托芬在其戲劇作品中斷言說：他母親只是一個草藥小販。

波斯入侵雅典給當地人帶來無盡的苦難，據說歐里庇得斯的父母不得

不轉而操持賤役以維持生計。若事實真是如此，那段悲苦的日子定不會很長，因為他們後來給兒子提供了良好的教育，畢竟這在當時只有富人階層才能做到。

德爾斐神諭預言歐里庇得斯會閱聽人人敬仰，並被授予勝利者的花環。他的父母曾誤以為他會在體育比賽中脫穎而出，為此他們煞費苦心地對歐里庇得斯進行體能訓練，但也並沒有忽視培養其心智。

著名的哲學家阿那克薩戈拉是他的哲學老師，才華橫溢的演說家普羅狄克斯（Prodicus）教授他雄辯術。他還學習了音樂和繪畫，特別是在繪畫方面造詣頗高。

歐里庇得斯成年後自己做主放棄了他並不喜歡的體育事業，並以前所未有的熱情投身於他所鍾愛的哲學和文學研究。

後來，他的老師阿那克薩戈拉因傳播顛覆國家既定宗教的言論，被驅逐出雅典，此事警醒了歐利庇得斯 —— 不要試圖去糾正普遍存在的錯誤。於是他謹慎地選擇了更為安全的職業。在 18 歲時，他開始專注創作舞臺劇本。

從這一時期起直到他 72 歲離開雅典前往馬其頓為止，他一直在進行戲劇創作，作品達 75 部之多（一說 92 部）。他的許多悲劇都是在家鄉薩拉米斯島一個陰暗的洞穴裡寫成的，那裡是他得以遠離雅典喧囂的常去之地。

他一遍又一遍地潤色自己的作品，因此創作時間漫長。據說有一次，一個詩人嘲笑歐里庇得斯花了三天時間才寫出三首詩，還誇耀自己在三天裡能寫出一百首。「也許你真的可以寫出一百首，」歐里庇得斯回答道，「但你應該記住，你迅速寫出來的詩注定會很快消失在歷史長河之中，而

我的詩將永遠流傳。」

　　歐里庇得斯 72 歲時，應馬其頓國王阿奇拉（Archilaus）一世的邀請，前往這位君主的宮廷。這位國王還從希臘各國召來了許多傑出人物。因此，在暫居馬其頓期間，歐里庇得斯有幸結識了著名畫家宙克西斯（Zeuxis）、著名音樂家提莫塞烏斯（Timotheus）、才華橫溢的悲劇作家阿迦同（Agathon），以及其他許多著名人物。

　　西元前 405 年，即歐里庇得斯在馬其頓王宮生活的第三年，他溘然長逝，享年 75 歲。關於他的死因尚不確定，傳言說他是在森林裡散步時被阿奇拉國王的獵犬撕成了碎片。馬其頓國王為歐里庇得斯不完整的遺體舉行了盛大的葬禮，並為他立了一座紀念碑。

　　歐里庇得斯的戲劇作品沒有埃斯庫羅斯和索福克勒斯的莊嚴風格，但更加通俗易懂、平易近人。後兩位劇作家的作品充滿豐富的道德和哲學情操，韻律優美，閱聽人人欽佩也是情理之中。歐里庇得斯因行文組織缺乏技巧而被人詬病，雅典人還認為他文中一些語言有褻瀆神靈之嫌。歐里庇得斯有過兩次失敗的婚姻，這很可能是他在作品中對女性表現出不友好態度的原因，他也因此被稱為「仇女者（woman-hater）」。

　　前文提及過悲劇起源於酒神戴歐尼修斯節日期間所唱的酒神讚美詩，喜劇也起源於這一節日。

　　最早的喜劇表演不過是一些騙人的把戲。據說蘇蘇里翁（Susurion）是史上首個喜劇演員，他常與一群小丑在阿提卡各村莊的臨時舞臺上背誦滑稽的作品。

　　人們通常認為埃庇卡摩斯（Epicharmus）是歷史上首位喜劇詩人。他出生於喀俄斯島，三個月大時隨父母移居西西里島，此後一生的大部分時

間都在西西里島度過。他活躍在西元前 5 世紀中葉，一生共創作了 52 部喜劇，但都沒有被保存下來。

他因為在一部戲劇中踰矩影射錫拉庫扎國王希羅之妻子，被驅逐出西西里島。據說他一直活到了 90 多歲。與埃庇卡摩斯同時代的喜劇作家包括雅典人克拉提努斯（Cratinus）和歐波利斯（Eupolis）。他們二人創作了許多喜劇，但也都未能保存下來。

希臘最著名的喜劇詩人阿里斯托芬（Aristophanes）來自雅典，他的出生日期不詳。史料記錄，他在伯羅奔尼撒戰爭的第四年，即西元前 427 年，發表了人生中第一部喜劇。他在希臘人中享有頗高聲望，並連續多年創作了眾多成功的舞臺劇本。與其他早期喜劇詩人一樣，他的作品幽默辛辣地描繪了人們的行為舉止以警醒世人。他一生共創作了 54 部喜劇，只有 17 部被保存至今。

## 第 84 章
# 第三階段的詩人和史學家

這一時期的著名詩人，除前文提及的之外，還有抒情詩人品達，西元前 520 年左右，他出生於底比斯附近維奧蒂亞的首府庫諾斯克法萊（Cynoscephalae）。

最初他的同胞維奧蒂亞人並不認可其詩歌，但希臘其他城邦國家卻紛紛表示欽佩他的文學天賦。錫拉庫扎國王希羅和阿格里真托（Agrigentum）國王塞隆（Theron）都向他伸出橄欖枝，承諾贊助他的創作。各城邦國家君主也都爭相授予他榮譽。

德爾斐神諭還令人們在阿波羅神廟中為品達安置一個座位，在那裡他

可以吟唱為阿波羅神所寫的詩文。神諭還指示，要把聖殿裡初熟的果子分出來供品達使用。

後來，品達因在一首詩中讚美雅典人從而冒犯了他的同胞，國人對他處以鉅額罰款。但雅典人不允許他因雅典而遭此橫禍，於是立即為他送來了相當於雙倍罰金的金錢。

品達 55 歲時在公共劇院的觀眾臺上驟然離世。他死後人們對他愈發尊敬。甚至冷酷的斯巴達人在掠奪摧毀底比斯時，也不曾動過品達的房屋和家人絲毫，後來馬其頓的亞歷山大大帝占領底比斯時亦是如此。

品達的詩歌作品充滿道德教誨和愛國主義思想，思想獨到、氣勢宏偉。他是公認的希臘「抒情詩人之首」。但不幸的是，他的許多作品都遺失了，現存的作品只有四部頌歌，分別歌頌了奧林匹克運動會、皮西安競技會、內曼運動會和地峽運動會的勝利者。

西元前 5 世紀的希臘興起一陣著史潮流。希臘第一位歷史學家希羅多德（Herodotus）於西元前 484 年左右出生在小亞細亞多利安的哈利卡納蘇斯城（Halicarnassus），成年後移居薩摩斯島。當時流行的方言是優雅的愛奧尼亞語，《荷馬史詩》便是用此語言著寫的。希羅多德很快就熟練掌握愛奧尼亞語，據說他的作品最能展現愛奧尼亞語的優美。

希羅多德受友人鼓勵，計劃寫一部史書，於是前往埃及和義大利尋找資料，還遊歷了亞洲各地。他在遊歷期間收集了許多不為人知的國家的珍貴數據，以及人們不曾聽說過的風俗習慣。

後來他將自己的所見所聞著成了一部史書《歷史》，共九卷。在文學作品缺乏複製手段的時代，他在奧運會上向聚集的希臘人朗讀了其中部分內容，迅速在整個希臘地區名聲大震。我們今天所了解的大部分古希臘歷

史都要歸功於希羅多德的記錄。據說他的後半生是在義大利南部「大希臘」的圖利烏姆城（Thurium）度過的，70多歲時在該城去世。

另一位傑出的希臘史學家修昔底德於西元前470年左右出生在雅典。其父奧羅路斯（Olorus）是雅典貴族，聲稱是色雷斯國王的後裔，其家族在色雷斯沿海地區擁有眾多金礦。修昔底德自幼受到良好的教育，著名哲學家阿那克薩戈拉教授他哲學，著名的演說家安梯豐（Antiphon）是他的雄辯術老師。

修昔底德15歲左右時陪父親去參加奧林匹克運動會，在那裡，他聽到希羅多德在集會中向希臘觀眾背誦著自己創作的史詩，贏得了掌聲。年輕的修昔底德便下決心要成為像希羅多德那樣偉大的史學家，他按捺不住內心的激動，竟放聲大哭起來，希羅多德碰巧注意到了他，據說還祝賀修昔底德的父親有這樣一位優秀的兒子，年紀輕輕就如此熱愛文學。

從那時起，修昔底德就一直把著作史書作為自己的人生目標。西元前431年，伯羅奔尼撒戰爭爆發，修昔底德預感一系列重要事件即將上演，這將為他創作史書提供充足的數據，於是他開始記下期間大小戰役。最後，他終於成功地創作出一部極具完整性的歷史著作《伯羅奔尼撒戰爭史》（*History of the Peloponnesian War*）。

伯羅奔尼撒戰爭初期，修昔底德住在雅典，他目睹了瘟疫的肆虐，作品對此作了生動真實的描述。後來他移居愛琴海的薩索斯島，離他先祖所生活的色雷斯海岸不遠，在那裡他擁有大量房產和數座金礦。後來他四處遊歷，據說死於西元前410年左右。

修昔底德的《伯羅奔尼撒戰爭史》以阿提卡方言寫成，共八卷，因其生動優美、客觀真實的描述而備受世人讚譽。

## 第 85 章
# 第三階段的哲學家

　　希臘最早的兩個哲學流派分別是由泰勒斯創立的愛奧尼亞學派（又稱米利都學派）和由畢達哥拉斯創立的南義大利學派（又稱畢達哥拉斯學派）。在此基礎上，希臘歷史第三階段出現了蘇格拉底學派（the Socratic）、埃利亞學派（the Eleatic）和赫拉克利特（the Italic）學派。蘇格拉底學派源於泰勒斯的愛奧尼亞學派，其創始人蘇格拉底的學說受到他的兩位老師阿那克薩戈拉和阿爾克勞（Archelaus）影響，而這二人皆是泰勒斯的學生。埃利亞學派和赫拉克利特學派則是在南義大利學派的基礎上產生的。

　　埃利亞學派的創始人是色諾芬尼（Xenophanes），出生於愛奧尼亞的克勒芬城。據說他活到 100 歲高齡，去世的具體時間尚不確定，但大約是在西元前 5 世紀中期。色諾芬尼起初信仰畢達哥拉斯學派，後來他將該學派與自己的觀點融合在一起，建立了埃利亞學派。

　　色諾芬尼的著作都沒有被保存下來，所以關於他的哲學體系我們所知甚少。據說，他認為宇宙是永恆的，宇宙中有無數個世界，並斷言：「若曾經有一瞬萬物不曾存在，那如今應當無物存在。」他還提出了「一神論」，認為這個神無形、永恆、智慧、無處不在。

　　巴門尼德（Parmenides）是色諾芬尼的學生，也是其哲學學派的繼任者。巴門尼德於西元前 5 世紀初期出生在埃利亞。同他的老師色諾芬尼一樣，他也相信宇宙永恆，相信世界存在著一個無所不在、賦予萬物生命的上帝。他認為地球是球形的，位於宇宙的中心；「火」和「土」是形成世界的基本元素，一切有生命和無生命的東西都是由「火」對「土」的作用產生的。

本節所述的芝諾（Zeno）通常被稱為「埃利亞（the Eleatic）的芝諾」，以區別於同名的斯多葛派（Stoics）哲學家芝諾（被稱為「基提翁的芝諾」）。「埃利亞的芝諾」顧名思義出生於埃利亞，是著名哲學家巴門尼德的得意門生，後來他也成為埃利亞學派的繼任者。「埃利亞的芝諾」是公民權利的熱心擁護者，據說他因蓄謀反對埃利亞僭主的權威而被拘捕、拷打，最終被處死。

遺憾的是，他的著作都沒有被保存下來，但人們認為他的哲學觀點與同一學派的前輩相差無幾。他認為自然不存在真空；世上存在四個要素，即熱、溼、冷、乾；人的身體由泥土構成；人的靈魂由上述四種元素混合而成。

「埃利亞的芝諾」還是一位優秀的邏輯學家，在人們辯論時他從不支持任何一方，讓人們摸不透他的真實看法。

他否認運動的可能性。據古羅馬修辭學家塞內加（Seneca）稱，芝諾甚至質疑物質世界的存在。

芝諾有位學生名叫留基伯（Leucippus），是原子論的奠基人之一，後來古希臘哲學家德謨克利特（Democritus）又發展了原子理論。留基伯斷言世間萬物都是由不可分割的物質微粒即原子組成。原子處在永恆的運動之中，宇宙的一切事物都由在虛空中運動著的原子構成。

赫拉克利特被稱為「哭泣的哲學家」，建立了以其名字命名的赫拉克利特學派。他出生在愛奧尼亞地區的以弗所，活躍在西元前 5 世紀早期。

才能卓越的他備受人們尊重，他的同胞甚至還請求他擔任城邦領袖。但是赫拉克利特以「他們的思想過於偏頗，無法欣賞美好的政府體制」為由，拒絕了這一提議。

他每次出現在公共場合時，會誇張地為這邪惡的世界哭泣。為表示他對人們日常活動的蔑視，有一次他和幾個男孩在公共場合擲骰子，人們好奇地聚集在他周圍時，他卻說，「萬惡的人們，你們在好奇什麼？我控制骰子不是比控制你們更好嗎？」

後來他似乎無法忍受與常人為伍，便隱居於深山，像後世的隱士一樣，以草藥和樹根為生。由於長期不良的飲食習慣，他漸漸變得虛脫，患了水腫，於是回到以弗所尋求醫療救助。即使在生命攸關的時刻，他也不願像常人一樣行事。他沒有向醫生們坦白自己的病情，而是莫名其妙地問醫生：「你們能否使陰雨天變得乾燥起來？」

醫生們四目相望，不知所云，赫拉克利特不屑再作解釋，便來到一個牛棚裡，躺在一堆牛糞上。據說他是想用牛糞的熱氣把他身體裡的水吸出來，結果不久後，他死在了牛棚中，享年 60 歲。

他留下的幾部作品深受學生的推崇。他刻意將文章和對話表現得晦澀難懂，因此要理解他的意思既需聰慧的頭腦，還需刻苦鑽研。悲劇詩人歐里庇得斯向蘇格拉底借了一份赫拉克利特作品的副本，之後問蘇格拉底對此作品有何看法，蘇格拉底由衷地讚美道：

「我所理解的部分無疑是引人入勝的，我不理解的那部分必定也是如此，但需要讀者像一個潛水探寶者那樣去尋根究底。」

恩培多克勒（Empedocles）是畢達哥拉斯學派著名哲學家，他生於西西里島的阿格里真托城，活躍在西元前 5 世紀中葉。像畢達哥拉斯的許多其他追隨者一樣，他也將自己的部分觀點植入了該學派體系中。他還相信靈魂轉世，因而反覆告誡人們不要殺害或食用動物。

阿那克薩戈拉於西元前 500 年出生在愛奧尼亞地區的克拉佐美尼。

他是愛奧尼亞學派早期的代表人物，古人賦予他「精神（Mind）」這一稱號，或因他智力超群，或因他首次將上帝描述成一種非實體的智慧生命，完全獨立於物質之外。

他在雅典生活多年，在此期間他教授的學生有幾位後來聞名遐邇，包括伯里克利、歐里庇得斯和蘇格拉底。阿那克薩戈拉宣稱太陽是一顆熾熱的石頭，而不是人們普遍認為的太陽神阿波羅。所以他因褻瀆神靈受到審判，被判處流放。後來他在赫勒斯滂海峽的亞細亞一側教授哲學，度過餘生。

正如上文所述，阿那克薩戈拉是古代哲學家的先驅，享有極高的榮譽，他相信上帝是獨立於物質的，不同於畢達哥拉斯和其他幾位哲學家的主張。他們認為上帝僅僅是一種精神或熾熱的物質，無所不在，是靈魂或生命的本質。

愛奧尼亞學派的最後一位代表人物是阿爾克勞（Archelaus），關於他的出生地尚無確切歷史記載，有人說他出生於雅典，也有人認為他是米利都人。他是阿那克薩戈拉的弟子，並與老師一同被放逐。阿那克薩戈拉死後，阿爾克勞繼承了老師在拉姆普薩卡斯的學校。後來，他又返回雅典創辦了一所哲學學校，許多學子從希臘各地慕名而來，拜師求學。

# 第 86 章
## 蘇格拉底

蘇格拉底是古希臘最偉大、最優秀的哲學家，他於西元前 470 年出生在雅典的一個普通家庭。他的父親索佛洛尼斯科斯（Sophroniscus）是個名不見經傳的雕刻匠，母親是個助產士。他年輕時跟隨父親學過雕刻手

藝，但後來放棄雕刻，投身於更有意義的公共教師事業。儘管父親的經濟條件一般，但蘇格拉底依舊接受了良好的教育。

他的第一份正式工作便是公共教師。他為人低調真誠，生活艱苦樸實，與希臘許多為了名利而故意表現得神神祕祕、喜歡賣弄學問的教師形成了鮮明對比。

無論嚴寒酷暑，他只披著一件破舊披風，經常光著腳。他並不常去宏偉輝煌的大廳或門廊，喜歡整日在體育館、市場、法院等公眾場合與各類人談論各式各樣的道德或哲學問題，不論對方貧窮或富貴、博學或白丁。

他無論行至何處，背後都跟著一群崇拜他的學生。學生從他那裡汲取了自由探究的精神，並從他對至善、宗教、真理和美德的熱情中受到了鼓舞。他最傑出的學生有克里托（Crito）、亞西比德、色諾芬（Xeno-phon）、柏拉圖、亞里斯提卜、費登、克貝和歐幾里得。他教授學生們倫理學、政治學、邏輯學、修辭學、算術和幾何學，並和他們一起品讀著名詩人的作品，並指出其中絕妙之處。

他向人們展示了信教與不信教的區別；解釋正義與非正義、理性與愚蠢、勇氣與怯懦、高貴與卑賤；談論政府形式和地方法官必備的素質；還談及正直之人和良好公民應該具備的知識。他對待研究敦本務實，因為他相信美德是知識的最終目的。

蘇格拉底深信存在一位無所不能、無所不知的慈祥上帝，是萬物的起源和主宰。在他看來，整個大自然，尤其是令人驚嘆的人體結構，可以有力地證明高明造物主的存在。他認為，對這個偉大存在的實質進行推測是輕率的，並認為這足以闡明他的精神本性。

雖然蘇格拉底相信上帝是宇宙最高統治者，但他也承認其他神靈的存

在，並且認為這些神靈是次等智慧生命，對人類事務有一定的影響，有權享受人類的尊敬和崇拜。他一向尊重國家宗教，並定期參加祭祀儀式，但是這位智者不相信希臘神話中那些奢靡放縱的寓言，我們有理由相信他崇拜母國諸神很大原因是為了不惹怒懷有宗教偏見的同胞們。

蘇格拉底救助亞西比德

蘇格拉底以其泰然自若的心境聞名於希臘所有的哲學家之中。他不會讓不幸擾亂自己的心緒。其妻贊西佩（Xanthippe）是有名的悍婦，可他對妻子容忍萬分，也常常試圖改變她暴躁的脾氣。但後來，當他發現無論如何努力都無濟於事時，他便將妻子的責罵當作是一種教會他忍耐與自制的訓練。蘇格拉底還曾自嘲道，「若你娶到一位好妻子，你會很幸福；若你娶到一位糟糕的妻子，你會成為哲學家。」

蘇格拉底一直過著艱苦樸素的生活，節制的生活習慣使他後來即便到了遲暮之年，仍舊朝氣蓬勃、精神抖擻。他從不逃避履行公民職責，儘管這些事情可能與愛好教師職業、喜愛做學問的他格格不入。

蘇格拉底曾三次在雅典軍隊中服役。第一次 39 歲的他加入了導致伯羅奔尼撒戰爭爆發的波提狄亞戰役，他比戰友們在忍受冬季作戰的艱苦時更顯從容，英勇的他在戰場上劈開一條血路救了好友亞西比德一命，後來還放棄了將士們授予他的勇士花環。

　　七年後，他第二次拿起武器從軍，參加了德利姆之戰。德利姆位於雅典北部，雅典軍與維奧蒂亞軍在此處展開激戰，期間雅典指揮官不幸陣亡，潰敗的雅典軍匆忙後撤，蘇格拉底便位於最後撤退的那批將士之列。撤軍期間他還救了從馬背上摔下的色諾芬。色諾芬為感謝蘇格拉底的救命之恩，為他著寫了傳記，將這位偉大哲學家的箴言傳給後人。撤軍期間有一次蘇格拉底差點被殺，多虧了亞西比德的及時援助才免於一死。這樣，亞西比德也算是報答了之前的救命之恩，此事之後兩人成為真正意義上的生死之交。

　　蘇格拉底此後還參加過一次戰役，是發生在色雷斯的安菲波利斯之戰。後來，他在 65 歲時成為五百人議事會成員，還曾升至議事會會長，這一職位任期僅有一天。在行使繁重職責的那天，他宣布將之前遭到不實指控的 10 名無辜男子無罪釋放，雖然憤怒的人們極力要求處決這 10 人，但任何威脅或言語恐嚇都沒有動搖剛正不阿的蘇格拉底。

　　在蘇格拉底生活的時代，雅典出現了一批被稱為「詭辯派」[082] 的職業教師，他們崇尚錯誤的推理和險惡的教義，自稱有能力教授人類知識的每一個分支，無所不知，精通政治、法律、哲學、美術等。一向對學問執著的蘇格拉底認為有必要去揭露這些人的真面目。

　　「詭辯派」常常喜歡玩弄概念遊戲、混淆是非、歪曲事實，試圖迷惑聰明的蘇格拉底。蘇格拉底的學生、大名鼎鼎的柏拉圖曾這樣描述其中一場辯論：兩個詭辯家努力向蘇格拉底證明：「一個人能同時講話和保持沉默；一個人有父親又沒有父親；狗是他的父親，他的父親又是所有人的父親。」

---

[082] Sophists，一稱智者派。

蘇格拉底可以洞察詭辯家們言語中的細微之處。在與對方的辯論中，他總是能揭露他們論點中包含的謬誤，從他們巧妙掩蓋的錯誤和荒謬中找出真理。

在與詭辯家的辯論中，蘇格拉底會運用他奇特的辯論方式（後世稱為「詰問法」），向對方提出一系列問題，了解其思路，並逐漸引導對方朝著與其不利的方向進行。透過這些手段，他不僅能成功戰勝對手，而且還能讓對方陷入自相矛盾的窘境。

不過，儘管蘇格拉底為他的國家、為真理與美德的偉大事業做出了重大貢獻，後來卻被忘恩負義的人們無端指責。由於伯羅奔尼撒戰爭的失敗，雅典陷入混合了無政府主義和專制統治糟粕的悲慘境地。

當一個國家政府被解散時，道德和正義往往會被忽視，這便是當時雅典的狀況。在世風日下、道德淪喪時，仇恨和嫉妒終於找到機會作惡一方。一個由名叫梅利圖斯（Melitus）的年輕人領導的小派別在公民大會上指責蘇格拉底藐視傳統宗教，引入新神，腐化青年思想。

他們惡意歪曲事實，用脫離了語境的蘇格拉底的話語片段作為證據。蘇格拉底因為注重自己道德的純潔性，不允許神聖信仰被褻瀆，也不屑費力為自身人格進行辯護。

他既不懼死亡，也不尊重法官。他在法庭上態度高傲地向人們簡要解釋了那些毫無根據的指控，並提醒人們他曾經為國家做出的貢獻。但是他發言時那種無畏和自由的態度，只會激怒那些無知又心存偏見的法官們，結果，最後大多數法官判決讓他飲毒而死。

然後蘇格拉底被投進監獄等待死亡降臨。他心中堅持的宗教與道德情感讓他得以保持內心的平靜。後來，一個偶然的事件延誤了判決的執行：

在他被宣判死刑的第二天，正好是「聖船」載著祭品從雅典出發前往神聖
的提洛島祭祀阿波羅神的日子；按照慣例，在這艘聖船返回雅典之前，所
有死刑都暫停執行。

蘇格拉底也因此得到了 30 天的寬限時日，這段時間對這位哲學家和
其弟子而言意義重大。每天早晨，他的弟子們都會來牢房探望他，而他
也像往常一樣與弟子們交談，鼓勵他們崇尚美德，指導他們學習哲學等
課題，並以自己為例向他們表明服從戒律會帶來真正的幸福。蘇格拉底
在獨處時寫下了一首阿波羅神讚美詩，還將《伊索寓言》的部分章節改編
成詩。

蘇格拉底聽天由命，平靜地面對死亡，而他的朋友們一想到即將失去
他就悲痛欲絕，這兩者之間形成了鮮明的對比。弟子們為他制定了越獄計
畫，還賄賂了獄卒，萬事俱備，只等蘇格拉底本人同意。朋友們知道蘇格
拉底是個有原則的人，他們雖然擔心計劃落空，但還是決定搏一搏。蘇格
拉底的老朋友克里托負責竭力勸說蘇格拉底。

執行日期的前一天清晨，克里托拜訪了蘇格拉底。看到蘇格拉底還在
睡覺，克里托便輕輕地走到他的床邊坐下。蘇格拉底醒來後，克里托把朋
友們的一致請求告訴他，並根據蘇格拉底所處的情況，一再強調，逃走主
要是為了日後能照顧家人，極力勸他留住自己的性命。蘇格拉底聽朋友
說完後表示感謝，但宣稱自己絕不會逃跑，因為這完全違背了他做人的
原則。

執行死刑的一天終究還是來臨了。他的親友們一大早就來到監獄與他
共度最後的時光。他的妻子贊西佩情緒激動，悲傷地大哭起來。蘇格拉底
向克里托示意把她帶走，因為他希望平靜地度過人生最後的時光。然後，

他與弟子們交談，先是談論了他著的詩歌，後來談論了自殺這一話題，還表示他是極不贊成自殺的。最後，他們探討了他深信不疑的靈魂永生。

蘇格拉底當日大部分時間都在討論這些有趣的事情，還滿懷熱情與信心地表示期望自己在未來世界裡能夠享受美好與幸福。此時在他的弟子們看來，蘇格拉底似乎已經更像一個榮耀的靈魂而非一個將死之人。

漸進的暮色提醒著他死亡的時刻已經來到。他向人討要了一杯毒酒，當他把毒酒拿在手裡時，身旁的朋友們都悲痛萬分，聲淚俱下。只有蘇格拉底本人內心平靜，他慢慢喝下毒藥，在房間裡走來走去，安慰著他的朋友們。

當他無法再走動時，便躺在長椅上，在心臟停止跳動之前，他大叫道：「我的朋友們，記得把象徵生命的公雞獻祭給醫神阿斯克勒庇俄斯！」他在最後的時刻還不忘紀念國家的宗教習俗。最後，他用披風遮住了頭，停止了呼吸，享年70歲。

蘇格拉底死後不久，善變的同胞們為如此苛待他而感到後悔莫及，承認冤枉了無辜的蘇格拉底，並將他們如今的不幸看作是當初對他不公的懲罰。人們推翻了對他的判決，處死了指控他的人，放逐了其他密謀策劃害死他的人，還立了一座銅像來紀念他。人們如此崇敬蘇格拉底，以致後來出現的各種哲學派別都聲稱起源於他的學派，儘管他們否定歪曲了他的學說，卻以與他的名字沾邊為榮。

希臘民間流傳著這樣一件與蘇格拉底之死有關的感人事件。一位斯巴達青年聽聞蘇格拉底的名聲和品格後，對其仰慕之心日濃，非常渴望親自拜訪這位哲學家，為此他徒步前往雅典。踏入著名的雅典城那一刻，他腦中滿是這次旅途所要拜訪的對象蘇格拉底。

　　但是這位青年後來打聽到蘇格拉底被雅典人處死的訊息時，他的恐懼和悲傷無以言表。於是他轉身出城去尋找蘇格拉底的墳墓，一走到墓前便放聲大哭，當晚還睡在了蘇格拉底的墓旁。次日清晨，這位青年懷著悲傷的心情返回了拉科尼亞。

第 87 章

## 第三階段的藝術家

　　藝術的萌芽源於遠古時期，無確切記錄。雖然早期埃及和腓尼基等國在藝術方面取得一定程度的成功，但後來古希臘時期藝術發展突飛猛進，創造了獨特風格的高超藝術作品，讓後人可望而不可即。

　　希臘民族有著敏銳獨特的眼光，他們品味高雅，激發歷代無數文人雅客賦予原本呆板的藝術以魅力和高貴，與詩歌一同流芳百世。

　　毋庸置疑的是，希臘宜人的氣候、燦爛的陽光、蔚藍的天空、秀麗的山谷、雄偉的山脈、浪漫的海岸與島嶼，以及愛琴海和地中海沿岸的諸國，都對古希臘人產生了潛移默化的影響，讓這些天性熱情的人們開始研究並改進模仿大自然的藝術。

　　愛奧尼亞，希臘文學和科學的發源地，也是希臘藝術最早呈現出一派欣欣向榮景象的地方。儘管希臘本土的文明因無休止的戰爭和內部紛爭而停滯不前，但小亞細亞沿岸的希臘殖民地卻日新月異、繁榮昌盛，人們才有了閒暇時間發展藝術和科學。我們發現，早在西元前 8 世紀，愛奧尼亞地區的部分城市已成為當時高雅藝術的中心，而當時位於歐洲的希臘人仍舊是一群蠻族。

　　愛奧尼亞柱式建築正是誕生於愛奧尼亞地區，據說最早的高雅繪畫和

雕塑也是產生於此。後來愛奧尼亞的藝術、詩歌和哲學一起逐漸傳入希臘本土，以及義大利和西西里島繁榮的殖民地。

希波戰爭期間，據說希臘有 100 座象牙雕刻的巨大神像，多覆以黃金，還有許多宏偉的寺廟和其他公共建築，都由最優質的大理石建成。

直到波斯軍被驅逐後，希臘才開始慢慢引領其殖民地的藝術發展，而不是一味追隨。薛西斯一世的蠻族大軍離開被付之一炬的雅典後，雅典透過地米斯托克利、西蒙、伯里克利頒布的一系列明智寬鬆的政策，在短短 40 年間搖身一變成為繁華的城市，其燦爛輝煌的裝飾藝術在人類歷史中獨樹一幟。

雅典全盛時期建造的帕特農神廟 [083] 歷經了 2300 年的風雪至今仍保存完整，充分證明了古希臘建築的典雅和宏偉。這座宏偉壯麗的神廟為雅典守護女神雅典娜而建，由優質的白色大理石建成，東西寬 31 公尺，南北長 70 公尺，採用了多立克柱式的建築風格。

帕特農神廟所在的雅典衛城地區曾建有許多宏偉的門廊和其他公共建築，儘管雅典衛城周長僅六英哩左右，但整個城堡因其各式各樣的繪畫和雕像作品充滿了無盡的優雅與魅力。

雖然完美的希臘建築不只存在於雅典，但雅典城擁有無數林立的宏偉建築，足以讓人一飽眼福。伊利斯、德爾斐、科林斯、埃琉西斯、阿爾戈斯等其他許多城市都建有廟宇，其規模和宏偉程度都可與雅典的媲美。

位於伊利斯的奧林匹亞宙斯神廟長 230 英呎，高 68 英呎，採用了多立克柱式的建築風格，神廟四周由一個華麗的柱廊環繞，柱廊上裝飾有精美的雕刻。神廟內部立了一尊高約 60 英呎的宙斯神像。

---

[083] 該神廟已被損毀，現僅留有一座石柱林立的外殼。

　　這個巨大的神像出自著名雕刻家菲狄亞斯之手，由黃金和象牙等各種珍貴物品製成。眾神之王宙斯坐在高貴的象牙和烏木製成的寶座上，寶座上鑲嵌著寶石，並飾有描繪諸神冒險故事的精緻雕塑和繪畫。

　　神像頭頂戴著一束橄欖皇冠，右手握著一座黃金和象牙製成的勝利女神尼姬（Nike）的雕像，左手拿著一根黃金製成的權杖。飄逸的長袍上點綴著金絲花朵與動物圖案。有些希臘神殿雖沒有如此富麗堂皇的裝飾，卻比伊利斯的宙斯神廟更宏偉。約在同一時期建造的埃琉西斯城的狄蜜特和波瑟芬妮神廟，面積大到可以容納 3 萬餘人。

　　伯里克利統治時期雅典的雕塑和建築藝術達到了巔峰。菲狄亞斯便是在此期間完成了那些令世人讚嘆不已的傑作。後世的藝術家們也曾試圖與之一較高下，但始終無法超越。除了上述著名的宙斯神像外，這位偉大的雕刻家菲狄亞斯還創作了其他許多俊美的神像和英雄雕像，用來裝飾希臘的主要廟宇。

　　菲狄亞斯眾多作品中備受讚譽的還有矗立在雅典帕特農神廟中巨大的雅典娜雕像，神像高 26 腕尺（約 39 英呎，12 公尺），由象牙和黃金製成。據說，雕像使用的黃金價值不少於 40 塔蘭特。

　　他還創作了一尊青銅製成的雅典娜雕像，也在雅典城矗立著，比前一尊還要宏偉巨大。據說，從 25 海哩遠的蘇尼昂海岬（Sunium）都可以望見這座神像的長矛和頂飾。當時的繪畫藝術雖不及雕塑發展成熟，但在此時期也取得了較大進步，帕拉休斯（Parrhasius）、波呂格諾圖斯（Poly-anotus）、米孔（Micon）、菲狄亞斯的兄弟帕納埃努斯（Panaenus），以及其他活躍在此時期藝術家的作品也得到了頗高的評價。

# 第四階段
## 斯巴達占領雅典至羅馬征服希臘

## 第 88 章
### 三十僭主 —— 十人執政團

漫長的伯羅奔尼撒戰爭以雅典宣布投降告終。雅典與斯巴達國王萊山德簽訂屈辱條約，自此之後，雅典的民主體制被廢除，取而代之的是斯巴達在雅典建立的傀儡政府，政權交由 30 個雅典貴族掌握。這 30 人暴虐成性、利慾薰心，他們的統治讓雅典民不聊生，以至於被世人稱作「三十僭主」。他們徇私枉法，肆無忌憚，殘忍地殺害了所有支持民主制度的人，並肆意抄沒人們的財產。

雖然「三十僭主」的暴政只持續了八個月，但其間他們處死的雅典人比伯羅奔尼撒戰爭最殘酷的十年中斯巴達軍隊殺死的雅典人還要多。眾多雅典人從血流成河的母國逃離，前往維奧蒂亞和其他鄰國尋求庇護。

有一部分雅典難民決心解放他們的同胞，便投靠了流亡在維奧蒂亞地區的雅典名將色拉西布洛斯（Thrasybulus）。後來他們占領了阿提卡東北

邊境的要塞菲爾（Phyle），隨後眾多支持民主制度的雅典人集結於此處。

色拉西布洛斯被推舉為七百雅典流民的首領，他們一起挫敗了「三十僭主」派來鎮壓的軍隊。此次成功鼓舞了愈來愈多的雅典人前來投靠，這支軍隊日漸龐大，不久色拉西布洛斯發現他們已有足夠實力解救雅典城了。

比雷埃夫斯的城牆按照之前的投降協定已經被拆毀了，於是色拉西布洛斯輕而易舉地占領了比雷埃夫斯郊外的港口，擊敗了試圖阻止他前進的僭主勢力。此舉讓「三十僭主」及其盲從者感到驚慌失措。這也並非杞人憂天，因為不久之後，雅典城中的人們受此事鼓舞，紛紛拿起武器反抗僭主的統治，最終成功地推翻了這個傀儡政府。「三十僭主」匆匆撤到了埃琉西斯。城內的雅典人任命了一個由 10 人組成的委員會臨時管理政府，並派人前往比雷埃夫斯與色拉西布洛斯及其追隨者達成和解。

但這十人執政團被授予權力後不久，便開始與之前被廢黜的「三十僭主」一樣，與民主政治背道而馳。他們非但沒有促成雅典內部各方和解，反而派遣大使前往斯巴達請求協助鎮壓色拉西布洛斯等人的叛亂。

與此同時，「三十僭主」也派遣使者帶著同樣的請求前往斯巴達求助，斯巴達欣然答應了他們的請求，派遣萊山德率領大軍前往雅典，以武力迫使雅典人服從萊山德之前在雅典建立的寡頭政府。

這位機智的斯巴達將領立即從海陸兩面封鎖了比雷埃夫斯城，眼看著色拉西布洛斯就要投降了，但在這個緊要關頭，萊山德的政敵們在斯巴達議會中占了上風，他們希望阻止萊山德因再次征服雅典而名氣愈盛。於是，敵對派系任命帕薩尼亞斯為阿提卡軍隊總指揮，立即率領大軍前往阿提卡。

帕薩尼亞斯抵達比雷埃夫斯城前後，不願繼續參與這場無謂的戰爭，心想即使戰勝了也不過是萊山德一黨下臺，換為另一個濫用職權的黨派。於是，帕薩尼亞斯與雅典城及占領比雷埃夫斯的起義者締結了一項和平條約。

這次和解的大意是雙方寬恕彼此過去的罪行，赦免一些有罪之人，並且同意雅典重建民主體制。赦免的名單中不包括「三十僭主」、十人執政團的成員及暴政後期為虎作倀的人。雖然上述殘暴者不曾對他人寬容以待，但仁慈的雅典人還是允許他們到埃琉西斯安穩地生活。

但這些人毫不領情，不久之後開始策劃顛覆雅典的民主政府。雅典人得知他們正在召集一支僱傭軍意圖入侵雅典，於是率領軍隊前往埃琉西斯，將這些僭主及其主要支持者一一處死。

## 第 89 章
# 居魯士 —— 阿爾塔薛西斯二世 —— 希臘萬人大撤退

伯羅奔尼撒戰爭的直接結果是斯巴達戰勝雅典，一躍成為整個希臘地區的霸主，擁有了至高無上的權力。

在與雅典作戰後期，那些伯羅奔尼撒城邦與波斯結成親密聯盟，從波斯那裡獲得的資金可以幫助他們維持龐大的海軍和陸軍的巨大開銷，這也是斯巴達能打贏此戰的原因之一。

西元前 401 年，居魯士 [084] 聯合斯巴達試圖從其兄長阿爾塔薛西斯二世 [085] 手中奪回王權未果。因斯巴達支持居魯士密謀策反，憤怒的波斯國

---

[084] 居魯士三世，大流士二世之子。
[085] Artaxerxes II，阿爾塔薛西斯·摩涅摩恩（Artaxerxes Mnemon），大流士二世之子。

王宣布與斯巴達開戰，希臘與波斯再燃戰火。此戰具體起因如下：

居魯士曾擔任總督一職，負責掌管小亞細亞一個重要的省，其中包括呂底亞、弗里吉亞和卡帕多奇亞（Cappadocia）等地。後來他前往蘇薩看望病入膏肓的父親大流士二世，國王去世後，居魯士因叛國罪被其兄長阿爾塔薛西斯二世投入監獄，不久後被母後帕瑞薩娣絲（Parysatis）所救，其兄長准許他官復原職。

居魯士具有許多優秀特質，但他有一個致命的缺點：無法原諒傷害他的人。此前他被強加了莫須有的罪名，便一心想報復阿爾塔薛西斯二世。於是他開始祕密準備起兵反抗兄長的統治，企圖取而代之。

在伯羅奔尼撒戰爭期間，居魯士曾全力幫助斯巴達攻打雅典，與斯巴達建立了深厚的友誼，於是他遣人央求斯巴達助他奪位，後者欣然同意了。斯巴達派去800名重灌步兵，還命令愛奧尼亞駐地的斯巴達將軍聽從居魯士的指揮，與居魯士的艦隊通力合作。

與此同時，斯巴達還允許居魯士在希臘各地招募新兵。不久居魯士就召集了約13,000名希臘僱傭兵，其中包括10,000多名重灌步兵，其餘的都是弓箭手。這支希臘僱傭軍在呂底亞首都薩迪斯加入了居魯士的10萬名亞細亞大軍。隨後，居魯士率領這支大軍浩浩蕩蕩地向亞細亞北部挺進。

色諾芬是哲學家蘇格拉底的弟子之一，也參加了此次居魯士的遠征，後來據此創作了《居魯士遠征記》（*Expedition of Cyrus*），流傳至今。此著作是有史以來最精湛、最優美的敘事作品之一。

居魯士的大軍向前推進了1,500多英哩都不曾遇到強烈的抵抗。後來，他們在離巴比倫只有一天路程的庫納克薩（Cunaxa）平原上遇到了其兄長阿爾塔薛西斯二世的部隊。起初，國王的軍隊藉著飛揚的塵土悄悄逼

近，但他們越走越近，閃著寒光的武器和綿延的隊伍開始變得清晰，後來整個皇室壯麗輝煌的大軍便完全暴露在平原之上。

波斯國王的先鋒部隊包括 150 輛戰車，車軸裝有向各個方向伸出的鐮月彎刀。在戰車後方是身穿白色盔甲的騎兵、手持盾牌的波斯步兵，還有手握巨大木盾的埃及軍隊及無數來自各波斯屬國的輕裝步兵。

雙方相遇之後立即交戰。居魯士軍隊右翼的希臘部隊打敗了敵軍阿爾塔薛西斯二世的左路軍隊。但由於居魯士不幸戰死，導致叛軍一方失去了這來之不易的優勢。

當時，居魯士在戰場上突然看到了被護衛包圍的阿爾塔薛西斯二世，他再也無法控制自己的憤怒，猛地向對方衝去，大喝道：「我看到你了！」他一路砍倒阻擋他前進的敵軍，使出全身力氣將標槍投出，但僅僅刺穿了波斯國王的胸甲。此時居魯士也被敵軍的弓箭擊中，身負重傷的他迅速被國王的隨從制服。居魯士的頭被砍下並展示在交戰雙方面前。他的軍隊看到首領被殺，萬分沮喪，於是立即撤了軍。

戰鬥初期擊敗了國王左翼部隊的希臘僱傭軍乘勝追敵到數英哩之外，次日才得知居魯士死亡的訊息。眼前的勝利讓這些希臘軍興奮不已，即使他們知道總指揮官已然戰死，也不願放棄這近在咫尺的宏偉大業。居魯士死後，亞細亞軍隊的指揮權移交給了居魯士的好友亞里烏斯（Ariaeus）將軍。希臘僱傭軍設法勸說亞里烏斯繼續同阿爾塔薛西斯作戰，並向他承諾：必能輕而易舉贏得此戰，事成之後，將擁他登上波斯王座。

但亞里烏斯很清楚，居魯士一死，此番事業便不可能成功了。因此，他拒絕了希臘僱傭軍的誘人提議，並同時邀請他們隨同大軍一起撤退到愛奧尼亞。

希臘傭傭軍知道沒有亞細亞這支大軍，單憑他們是戰勝不了波斯的。於是他很不情願地同意了亞里烏斯的提議，撤退隨之開始。他們沿著底格里斯河一直向北撤軍。不久後，阿爾塔薛西斯二世令波斯總督替薩斐尼前往與希臘傭傭軍首領交談，假意承諾可以讓希臘軍安全抵達愛琴海沿岸，途中還為他們提供食物。前提是這支傭傭軍必須承諾不再對波斯採取任何敵對行動，並盡快渡海回到希臘。

與此同時，替薩斐尼還祕密聯繫了亞細亞軍隊首領亞里烏斯，威脅與承諾並用，誘使他重新效忠於阿爾塔薛西斯二世，並協助波斯消滅那支可惡的希臘傭傭軍。後來，大軍撤退到底格里斯河支流扎巴圖斯（Zabatus）河岸時，狡詐的替薩斐尼終於將他醞釀許久的邪惡計劃付諸實施。

替薩斐尼借召開會議為幌子，將希臘傭傭軍總指揮克利爾庫斯（Clearchus）連同其他四名將軍和一些下級軍官，引誘到波斯軍的帳內，這些希臘人一進帳便被抓了起來，陪同在帳外的侍從則被波斯人一一滅口。

隨後替薩斐尼讓亞里烏斯去告訴希臘軍，克利爾庫斯因為違反了與波斯國王的條約而被處死，但其他指揮官性命無憂。那些不幸的希臘指揮官最後結局如何起初人們並不知道，直到數十年後人們才確信替薩斐尼將他們交給了阿爾塔薛西斯二世。在阿爾塔薛西斯二世的旨意下，他們全部被處決了。

克利爾庫斯被處死的訊息傳到軍中後，希臘傭傭軍一想到他們被困離鄉數千里的敵國，主要軍官還慘遭敵軍誘捕殺害，全軍上下惶恐不安。但道路愈艱難愈能激發出一些人的潛力，色諾芬就是其中一位。此時他雖在軍中並無職權，但他眼見當下軍心渙散，心想若不及時採取行動，必會被

波斯軍隊徹底殲滅。於是，他召集營中剩下的軍官，向他們講述了他們的祖先在絕境中奮戰的英雄事蹟，鼓勵大家拿出希臘民族的勇氣和決心。

他慷慨激昂的演講讓所有在場的人精神大振。人們隨即選舉了新的軍官，並推舉色諾芬擔任這支希臘僱傭軍的首領。色諾芬率領軍隊繼續撤退，隊伍以中空陣形排列，中間安置輜重，就這樣他們開始了著名的撤軍行動，史稱「萬人大撤退」（the Retreat of the Ten Thousand）。

最初希臘人向遙遠的尤克西恩海岸緩慢行軍時，波斯人緊隨其後，不斷騷擾希臘後方軍隊，小規模衝突頻發。波斯軍雖在數量上占絕對優勢，但他們懼怕奮起反擊的希臘人，不敢冒險與希臘軍全面交戰。

這支希臘軍因缺乏補給而苦不堪言，行軍途中還遭遇蠻族部落的襲擊及亞美尼亞冬季嚴寒的天氣。後來，他們終於看到不遠處的錫切斯山（Mount Theches），從那裡可以看到希臘的尤克西恩海，儘管距離有 50 英哩之遙。

他們跋山涉水，一路披荊斬棘，終於來到錫切斯山下，疲憊不堪的士兵們毅然登上山頂，當看到眼前激動人心的景色時，他們興奮地歡呼道：「大海！大海！」他們互相擁抱，想到不遠處的家鄉，想到家中的親友，不禁流下了喜悅的淚水。

他們一路抵抗了沿途波斯軍隊的襲擾和阻擊，歷經地勢險要之地，行軍千餘英哩，終於以極少的損失抵達了尤克西恩海岸上的希臘殖民地特拉比宗城（Trapezus，今特拉布松），不久後又抵達了另一座希臘城市塞拉蘇斯（Cerasus），他們在此集結部隊後發現原來的 10,000 名重灌士兵有 8,600 人仍然倖存。

他們從特拉比宗分水陸兩路出發前往拜占庭。也許人們以為他們會走

捷徑各自回家，但是偏愛戰爭和冒險的他們先是效力於色雷斯王子塞奧底斯（Seuthes），後來又加入了愛奧尼亞地區的斯巴達軍。

第 90 章

## 阿格西勞斯二世 —— 斯巴達對戰波斯

雖然阿爾塔薛西斯二世成功地平息了居魯士的叛亂，但他並沒有忘記，也不曾原諒援助居魯士攻打波斯的希臘人。波斯將軍替薩斐尼在頻繁地侵擾色諾芬帶領撤退的援軍之後，又遵波斯國王指令，率領軍隊攻打小亞細亞的希臘殖民地，報復他們的母邦希臘。

斯巴達自然是阿爾塔薛西斯二世最痛恨的國家，因為斯巴達不僅協助居魯士實施叛亂，還戰勝了雅典等國，幾乎控制了整個希臘本土及其殖民地。

斯巴達一躍成為希臘霸主，這雖然招致了波斯的敵意，但同時也為斯巴達抵抗外敵侵略提供了強而有力的保障。他們很快便充分利用了這個優勢。在得知亞細亞盟友及屬地身陷困境後，斯巴達立即派遣指揮官提伯戎（Thimbron）率領大軍前往愛奧尼亞，隨後色諾芬帶著萬人大撤退的精銳部隊也加入其中。

雖然他們成功地奪回了帕加姆斯（Pergamus）和其他幾座城池，但很快斯巴達指揮官提伯戎被召回，取而代之的是得西利達斯（Dercyllidas）。這位新任指揮官出色地指揮了戰鬥，但後來也被召回。第三位指揮官是斯巴達的雙王之一，後來還成為斯巴達最偉大的指揮官。

得西利達斯的繼任者就是亞基斯國王（亞基斯二世）的弟弟阿格西勞斯二世（Agesilaus II）。已故國王唯一的兒子因為是私生子而被排除在王

位候選人以外，出類拔萃的阿格西勞斯二世最終被選為王位繼任人。阿格
西勞斯二世身材矮小、天生跛足，卻有著鋼鐵般堅強的意志，在這個動盪
不安的時代取得了輝煌的功績。

　　精力充沛、才華橫溢的阿格西勞斯二世從諫如流，從不獨斷專行，深
深吸引了他的朋友和追隨者。他在議會和戰場上果敢勇猛，也常令他的對
手們肅然起敬。

　　西元前 396 年，阿格西勞斯二世親自擔任斯巴達軍隊指揮官與波斯交
戰。他率領部隊橫渡愛琴海抵達亞細亞一側後，將軍隊指揮部設在希臘殖
民地以弗所，並和軍隊在此越冬，其間還與波斯敵軍交手數次。

　　第一場戰役發生在小亞細亞中部的弗里吉亞，波斯軍隊被斯巴達軍打
得節節敗退，勝利者將無數戰利品裝進了腰包。此時斯巴達指揮官阿格西
勞斯二世不僅要對付戰場上的敵軍，還須提防替薩斐尼的外交詭計。因為
替薩斐尼很可能知道波斯無法在戰場上打敗阿格西勞斯二世，因此假意提
議召開和平會議，試圖消除斯巴達指揮官的警惕之心。

　　機智謹慎的阿格西勞斯二世並沒有上當受騙，繼續與波斯作戰，在接
下來的帕克托洛斯河戰役中擊敗了敵軍，波斯軍隊此次又鎩羽而歸。這次
戰敗使替薩斐尼付出了生命的代價，因為憤怒的波斯國王毫不顧及這位將
軍曾經的功績，此戰結束後不久就下令處死替薩斐尼。

　　法納巴索斯接替了替薩斐尼的總督一職，也未能戰勝斯巴達。但後來
由於希臘地區的局勢日益嚴峻，阿格西勞斯二世決定撤軍回國。

　　原來，波斯人意識到了黃金對希臘諸國的吸引力，於是當阿格西勞斯
二世在戰場上所向披靡時，波斯人透過賄賂和遊說，激起希臘諸國對斯巴
達的不滿，並破壞斯巴達在其他希臘城邦的既得利益。波斯還賄賂了一群

僱傭兵，讓他們在各個希臘城邦裡興風作浪。

底比斯、科林斯和阿爾戈斯是最早對斯巴達公開表露敵意的城邦國家，他們隨後還成立了一個對抗斯巴達的聯盟，不久還說服雅典加入此聯盟。此時斯巴達人看清了當下的形勢，也開始積極備戰。

斯巴達組建了一支大軍，並選舉曾經大敗雅典的著名將軍萊山德作為首席指揮官。這位作戰經驗豐富的將軍率軍進入底比斯，想給敵軍致命一擊，但由於底比斯軍早已知曉了萊山德的計謀，斯巴達大軍在哈里亞托斯（Haliartus）城牆下遭到了底比斯軍突襲。萊山德的軍隊四散而逃，他本人也當場被殺。

底比斯的這場勝仗促使許多小城邦加入了反對斯巴達的陣營。事態如此發展令斯巴達舉國上下驚慌不已。西元前 394 年斯巴達在哈里亞托斯敗給底比斯後，便迅速派遣使者前往阿格西勞斯軍營，讓他立即回國保衛國家。儘管眼前的勝利讓這位斯巴達國王甚至想一舉拿下波斯，但他還是服從了命令，並宣布：「遵守法律，服從命令，才配得上『將軍』這個稱號。」

阿格西勞斯二世沿著當年軟弱的波斯王薛西斯走了整整一年的路線，穿過色雷斯的克索涅索斯和色薩利平原，一個月後就到達維奧蒂亞。

底比斯及其盟友面對如此強大的斯巴達敵軍並未退縮，他們正面迎戰，在離底比斯 30 英哩的喀羅尼亞（Coronaea，又作 Chaeronea）平原上，展開了一場激烈的戰鬥，雙方死傷慘烈，都未取得決定性勝利。但戰後底比斯盟軍退出了喀羅尼亞，阿格西勞斯二世繼續留在此處，斯巴達的同胞們便宣稱他們贏得了此戰勝利。

# 第91章
## 科農拯救雅典

　　喀羅尼亞陸地戰打響的同時，一場極為重要的戰事也在海上打響了。要了解這一事件，我們有必要回顧一下雅典人科農，他在伯羅奔尼撒戰爭的最後一戰——伊哥斯波塔米河海戰失敗後，逃至塞普勒斯島，並在善良的薩拉米斯國王埃瓦戈拉斯（Evagoras）的庇護下，過了幾年體面的流放生活。

　　儘管科農在薩拉米斯過著平靜幸福的日子，但憂國憂民的他一直在為雅典的淪陷而悲痛不已。雖然當時斯巴達正在亞細亞與波斯軍交戰，似乎是出兵挽救雅典的好時機，然而薩拉米斯國小兵弱，國王埃瓦戈拉斯就算有心也無力幫助雅典。鑑於當時的情況，科農決定請求波斯國王阿爾塔薛西斯二世的援助。

　　這位愛國志士拿著波斯附屬國國王埃瓦戈拉斯寫給波斯國王的推薦信，前往亞細亞與阿爾塔薛西斯二世進行密談，後者答應為他提供大筆資金。他用這筆錢購買了一支龐大的艦隊，並從羅得島和塞普勒斯島等地招來了一批希臘僱傭軍。根據協定，科農須和波斯總督法納巴索斯共同指揮這支艦隊。

　　科農渴望一雪前恥，率領艦隊在海上四處尋找斯巴達安排在亞細亞沿岸的駐軍艦隊。西元前391年，他們終於在尼多斯城沿岸遇到了斯巴達艦隊。激烈的戰鬥過後，斯巴達艦隊被殲滅，超過50艘戰船落入了科農和法納巴索斯手中。

　　但科農並不滿足於這次的小勝利，此時的他想利用手中的權力讓雅典、波斯的利益最大化，至少表面上考慮了波斯的利益。到後來，維護母

國雅典的利益成了他的唯一目標。

憑藉強大的海軍力量，科農毫不費力地將整個小亞細亞西海岸從斯巴達的統治中解救出來。此舉大大提升了他在波斯人心目中的地位。儘管此時的波斯還對那位昔日橫掃亞細亞西部的阿格西勞斯二世心存忌憚，科農還是輕而易舉地說服了波斯。他聲稱壓制斯巴達的最好辦法便是讓雅典恢復昔日的地位，進而與斯巴達相抗衡。

於是阿爾塔薛西斯二世從國庫中支出了大筆資金幫忙重建雅典的城牆和防禦工事。滿心歡喜的科農率領著艦隊揚帆起航，回到雅典完成這項偉大的工程。在雅典市民的積極配合和艦隊全體船員的通力合作下，首都雅典在很短的時間內便恢復了昔日的輝煌。

在此期間，斯巴達人正與敵對聯盟展開小規模戰鬥，聽到雅典重建的訊息後他們坐立不安，立即召開了緊急會議。焦慮不安的斯巴達人除了設計讓波斯與雅典斷絕聯繫外，想不出任何其他辦法制止日益崛起的雅典。

斯巴達人認為要將阿爾塔薛西斯二世化敵為友，只能暫時或永久放棄重新獲得的亞細亞屬地，但若雅典恢復了霸主地位，斯巴達將會損失更多。因此，他們不停派遣使臣前往波斯宮廷，以謙卑的條件請求與波斯結盟。

斯巴達對波斯提出的唯一條件是波斯不再支持雅典。雖然斯巴達人的首席使者安塔爾西達斯（Antalcidas）是位善於辭令之人，但若沒有科農過早地貿然暴露自己的真實目的，阿爾塔薛西斯二世也許就不會答應斯巴達的請求。

雅典海軍將領科農重建家鄉雅典後，仍然手握一支艦隊，為展示重建後雅典的國力，他率領艦隊橫穿愛琴海抵達亞細亞海岸，並攻占了愛奧尼

亞和一些島國，讓他們再次承認了雅典的霸權地位。

科農的這一行徑傳到了斯巴達精明的外交家安塔爾西達斯的耳中。安塔爾西達斯在波斯宮廷大肆渲染此事，導致後來以雅典使節身分到達波斯的科農被立即處死，阿爾塔薛西斯二世也同意了斯巴達的請求不再支持雅典。經過數年的談判，斯巴達與波斯終於在西元前 387 年締結了一項和平條約，史稱《安塔爾西達斯和約》。

這一屈辱和約的簽訂是希臘諸國日益衰敗的開始。另外，西西里和昔蘭尼加（Cyrenaica）等希臘殖民地相繼獲得獨立，極大地削弱了希臘的權勢。後來，獨立的昔蘭尼加與利比亞、迦太基（Carthaginians）交戰多年，直至西元前 323 年亞歷山大大帝逝世後，昔蘭尼加才被埃及王國吞併。

西西里的獨立史更加輝煌悠久。在希臘母邦內亂纏身無暇顧及其殖民地時，迦太基人乘機進攻西西里島，島上一些繁華的城市數次遭到掠奪，人口也隨之減少。

後來，西元前 405 年，著名的狄奧尼修斯 [086] 把西西里從外邦的統治下解放出來。他自己篡奪了西西里的王位，開始他殘酷的統治，因此狄奧尼修斯也被稱為「僭主」。但他也有許多值得稱讚的特質，其中最突出的便是他的文學天賦。

老狄奧尼修斯曾是古代奧林匹克運動會詩歌比賽的冠軍爭奪者，雖然他與冠軍失之交臂，但可以肯定的是，他定是文采斐然，畢竟他的詩歌受到了雅典人的高度讚揚，眾所周知，雅典人評價文學作品向來客觀公正。老狄奧尼修斯統治數十年後去世，其子小狄奧尼修斯繼任，後者的能力雖

---

[086]　Dionysius the elder，世稱老狄奧尼修斯。

不如其父親，卻是位更殘暴的僭主。

儘管柏拉圖的弟子狄翁（Dion）曾多次規勸小狄奧尼修斯，但這位僭主仍然執迷不悟，到後來釀成大禍，被流放至科林斯。這位為生活所迫的流浪僭主後來成為一名教師。此後西西里島湧現出一群小君主及僭主，直到西元前212年，該島被將軍馬塞勒斯（Marcellus）征服，成為羅馬的一個行省。

西西里島被征服之前，著名哲學家、數學家、物理學家阿基米德（Archime—des）為保護這座城市而殫精竭慮，據說他用燃燒的玻璃和巨大的槓桿摧毀了羅馬戰船。不過我們認為，古人對此事件的描述可能有誇張的成分。後來西西里島被羅馬洗劫時，這位偉人被一名羅馬士兵殺害。

失去西西里遠不及《安塔爾西達斯和約》的簽署給希臘帶來的損失大。每個希臘城邦國家都必須承認該和約，和約規定小亞細亞所有希臘殖民地城市必須與希臘母邦永遠斷絕聯繫，而長期以來，希臘母邦的財富和影響力相當程度上是得益於那些殖民地的。

斯巴達提出答應喪權辱國的條件只考慮了本國利益，嚴重危害了希臘的整體利益。斯巴達已經不再寄希望於征服亞細亞，因為歷史的經驗告訴他們，若他們爭奪了這些地方，雅典便會一直保持海上霸主的地位。

《安塔爾西達斯和約》還規定希臘各小城邦都應自由獨立，不再隸屬於某個強大城邦。透過將此限制條款寫入條約，斯巴達巧妙地將自己標榜為大眾解放者，也因此贏得了那些自以為從中獲益的諸小國的信任。

此舉生效後不久便引發了一系列後果。斯巴達元老院成為各小城邦間發生小衝突的裁決場所。當然，斯巴達每次都會有計畫地以最利於他們自己的方式解決各方衝突。

當初斯巴達發現征服外邦的機會被剝奪後，好戰的斯巴達人絲毫不考慮和平或休養生息，一心只想重登希臘霸主地位，他們狡詐的使者安塔爾西達斯正是打著這一算盤才制定了與波斯的和約條款，以圖實現吞併計畫。

## 第 92 章
# 奧林索斯戰爭

阿卡迪亞地區繁榮的曼丁尼亞城（Mantinaea）成為斯巴達人吞併計畫的首個犧牲品。西元前 386 年，斯巴達隨便找了幾個藉口，就率領一支軍隊攻打曼丁尼亞城。曼丁尼亞雖頑強抵抗卻無力迴天，最終還是被迫投降，並承認了征服者至高無上的地位，成為斯巴達的附屬國。

小城邦弗利奧斯（Phlius）也遭遇了同樣的命運，只是他們因為懼怕強大的斯巴達軍隊，沒做任何抵抗便開城投降，也成為斯巴達的附屬國。與此同時，野心勃勃的斯巴達出兵攻打了另外一個城邦，這一次他們不但碰了壁，還就此埋下了隱患。

卡爾息狄斯半島首府奧林索斯城（Olynthus）位於希臘北部愛琴海沿岸，介於馬其頓和色雷斯中間，當雅典和斯巴達忙於其他事務而自顧不暇時，奧林索斯迅速崛起，成為那一地區強大而繁榮的聯盟中心。

在這樣一個人們普遍庸庸碌碌，卻擁有如此多自由的地區，從來不缺乏心懷不滿之人。雖然奧林索斯在組織以自己為首的強大聯盟時，對其周圍的小國十分寬厚，但聯盟中的兩座城市阿坎索斯（Akanthos）和阿波羅尼亞（Apollonia）均對奧林索斯的某些政策表示不滿，於是派遣使節前往斯巴達請求支援，替他們懲罰有「狼子野心」的卡爾息狄斯人。

這一請求正中斯巴達的下懷，因為奧林索斯近期一直與雅典和底比斯來往密切，可能已經與這兩國結為盟國，這讓對雅典和底比斯記恨已久的斯巴達甚為惱怒。西元前 382 年，斯巴達議會投票支持阿坎索斯和阿波羅尼亞，決定派遣 1 萬人馬去懲罰奧林索斯。

尤達彌達斯（Eudamidas）和菲比達斯（Phoebidas）兩兄弟被任命負責此任務，前者立即率領準備就緒的斯巴達部隊出征，後者則集結其餘部隊緊隨其後。尤達彌達斯率領 2,000 名士兵行進入了卡爾西斯地區，並在第一次戰役中大敗奧林索斯人。但後來由於他挺進奧林索斯城時太過輕率，慘遭截擊，最終在戰亂中被殺害。他的軍隊也四處逃散。

當時阿格西勞斯與另一位國王亞吉西波里斯（Agesipolis）共同統治著斯巴達。尤達彌達斯死後，阿格西勞斯派其兄弟特留提阿（Teleutias）擔任指揮官率領 1 萬人馬前往奧林索斯。特留提阿有幸在前幾次戰爭中擊潰了奧林索斯軍。但是，當他的部隊抵達奧林索斯城時，遭遇了與前任斯巴達指揮官一樣的命運。當危險威脅到城內人們家中的神像時，他們的勇氣似乎被徹底喚醒了。

隨後亞吉西波里斯國王親自率領一支龐大的援軍前來參戰，但是，在蹂躪了敵人的領土之後，他患上了一種叫「熱病」的病症，最後不治身亡。波利比亞德（Polybiades）被任命代替已故國王指揮軍隊，這位驍勇的將軍圍攻奧林索斯城四年，城內的人們飽受饑荒和戰爭苦難，最後被迫投降（西元前 399 年）。

投降協定的主要內容是：無論在和平或戰爭時期，奧林索斯都必須絕對服從斯巴達。在圍攻奧林索斯城期間斯巴達曾得到馬其頓國王阿明塔斯（Amyntas）的協助，於是戰後他將奧林索斯的部分土地獎勵給馬其頓。就

這樣，斯巴達人將其人們口中的蠻族馬其頓領入了希臘政治領域。此舉甚是危險，就像讓小老虎初嘗到血液的滋味一樣。

前文說到，在奧林索斯戰爭爆發之初，菲比達斯帶領一部分軍隊跟隨在兄弟尤達彌達斯大軍之後。菲比達斯實際上帶領了 8,000 名士兵參戰，這支軍隊後來突遭變故，沒能按照預先的安排行事，還引發了一場新的戰爭，動搖了希臘的根基。

菲比達斯和其大軍一路向北挺進，途中在維奧蒂亞首府底比斯附近紮營。不同於長期動亂不堪的雅典和斯巴達，底比斯城一直國泰民安，其財富和地位也日益上升，到後來該國在財力和影響力上都超越了其他希臘城邦國家。

儘管底比斯對外敵無所畏懼，但派系紛爭最終將其從內部撕裂。以執政官伊斯梅尼阿（Ismenias）為首的民主黨派與以執政官列昂提亞戴斯（Leontiades）為首的貴族黨派互相爭權奪勢。一段時間以來，民主黨派在底比斯處於領先地位，貴族黨派認為與斯巴達人結盟是己方重掌大權的唯一方法。

因此，當菲比達斯和其大軍偶然出現在底比斯城附近時，貴族派鎮壓對手的機會來了。列昂提亞戴斯出城面見了斯巴達軍領袖，提出讓他占領底比斯城，斯巴達軍當然是暗暗竊喜，立即接受了這個提議。

這一行動恰逢其時。當時正值穀物女神狄蜜特的節日，底比斯 [087] 的婦女們在城堡裡舉行虔誠的儀式。按照習俗，祭祀儀式上不允許男性在場，因此這座城堡中只剩下手無縛雞之力的女性。

不出所料，此時已是天時地利，菲比達斯從列昂提亞戴斯手中接過城

---

[087]　又稱卡德米亞（Cadmea），以紀念底比斯城建立者卡德摩斯。

門鑰匙後，便率軍從營地迅速進軍底比斯城，未遇到任何抵抗便占據了城堡。底比斯人頓時驚慌失措。儘管列昂提亞戴斯向底比斯人保證斯巴達軍的意圖是和平的，但看到民主派代表伊斯梅尼阿被外邦軍隊拖進城堡時，還是有 400 名驚慌失措的底比斯重要人物逃至雅典。

列昂提亞戴斯完成此項卑鄙任務後，起身前往斯巴達，毫不費力地說服了斯巴達議會在底比斯駐軍。的確，儘管斯巴達人最初假意指責這種行為太過魯莽，人們還一度懷疑這一切都是斯巴達國王阿格西勞斯精心策劃的陰謀。但畢竟阿格西勞斯是位老練的政治家，也是個狡猾的軍事家。斯巴達人當然既不會譴責，也不會召回將領菲比達斯。他們派人去將底比斯民主派代表伊斯梅尼阿提來受審，草草地審判之後便處決了他。

這一重要事件發生在奧林索斯戰爭爆發之際。奧林索斯被占領後，一支斯巴達駐軍仍然占領著底比斯城堡。貴族政黨在卡德米亞城內士兵的幫助下開始大肆沒收人們的錢財，隨意流放並濫殺無辜。最後，拯救者們奮起反抗把底比斯從壓迫中解救了出來。

生活在雅典的底比斯逃亡者之中，最傑出的一位莫過於底比斯將軍佩洛皮達斯（Pelopidas）。這位出身貴族的青年天資聰穎，還具有強烈的愛國主義情懷。為救國人於水深火熱之中，佩羅皮達斯和幾個朋友一起策劃推翻壓迫者。

與他一起密謀起義的還有當時就在底比斯城的同胞菲利達斯（Phyllidas）。一天夜晚，菲利達斯特意迎合底比斯城的官員們，或者更確切地說，僭主們邀請他參加一場豪華宴會。佩洛皮達斯和另外六名貴族青年從雅典偷偷前來，於宴會當晚被祕密帶入底比斯城內。

儘管密謀者小心翼翼，一位僭主阿基亞斯（Archias）在用餐時還是收

到了一封舉報信，信中警告他即將發生叛亂。但是這位糊塗的縱慾者一心沉醉酒色，他把信扔到一邊，大笑著嚷道：「明天再看吧！」一場流血事件隨即上演。披著女袍的佩洛皮達斯和他的同伴們衝了進來，用匕首刺穿了那些殘暴統治者的心臟。

城內的僭主們被殺之後，那位叛徒列昂提亞戴斯也死在叛亂者的刀下，而被抓的自由之士被釋放。半夜時分，傳令官們在城內四處召喚人們支持自由，大聲宣布著「僭主已死」的訊息，底比斯的公民們激動萬分，歡呼雀躍起來。次日，成群結隊的底比斯青年在城內各處高呼支持解放者。底比斯再次正式建立民主政府，幾天後，斯巴達駐軍見叛軍得到了雅典人和那些曾流亡在外的底比斯人的增援，便不再反抗，撤離了底比斯城。

至此，西元前 378 年，底比斯起義成功。這場起義師出有名，有罪之人得以懲處，且極少殃及無辜。

# 第 93 章
## 伊巴密濃達

斯巴達人雖然無權抱怨這次失利，但他們擔心此事一出，若一直無動於衷，不採取任何措施，必定會讓其他斯巴達屬國紛紛效仿。因此，他們決定再次發兵占領底比斯。希臘歷史上再次打響了一場血腥戰爭，此戰持續了七年之久，也導致了古希臘的徹底沒落。

斯巴達方面，克列歐姆布洛托斯（Cleombrotus）指揮了第一場戰役，此後將指揮權交至斯波德里亞斯（Sphodrias）將軍。底比斯方面，有二人迅速聲名鵲起，其中之一就是佩洛皮達斯，他已經被公認為是底比斯起義

的重要推動者，並且品格高尚、能力超群。另外一人更是出類拔萃，他就是佩洛皮達斯的好友兼同僚、品德純良的有志青年伊巴密濃達（Epaminondas）。

傑出的底比斯將軍伊巴密濃達其實是一位淡泊名利之人，選擇從政、從軍僅僅是因為國家需要他的服務。他指揮軍隊時全身心投入，雖沒有得到應有的回報，卻一直都心甘情願。當國家不需要他時，他便隱居起來潛心研究讓人沉著冷靜、寬宏大度的哲學。伊巴密濃達善於辭令，勝過所有同輩。但人們竟還稱他知多言少、大智若愚。

伊巴密濃達是那個時代最有成就的將士之一，也是最具智慧的政治家、最愛國的公民之一。早先他被任命為底比斯軍隊的指揮官時，與另一位指揮官佩洛皮達斯一拍即合。他們之間有著無私的友誼，這在當時的情況之下是極其珍貴和罕見的。

斯巴達將軍隊指揮權交給了斯波德里亞斯將軍，但後來他落入了底比斯的圈套，導致斯巴達軍嚴重受挫。雅典人雖然起初支持底比斯，但後來由於某些未知的原因驚慌起來，意欲加入斯巴達的陣營。此時底比斯十分擔心盟國雅典倒戈，於是不停地賄賂斯巴達使者，最終導致意志薄弱的斯巴達將軍斯波德里亞斯帶領軍隊與雅典軍開戰。

斯波德里亞斯被人故意誤導，認為此舉會受到斯巴達舉國歡迎，於是他率軍進入雅典領土並肆意踐踏，但並沒有打到雅典衛城。這種瘋狂而無端的侵略激怒了不明所以的雅典人，直接導致雅典不再考慮支持斯巴達。雖然斯巴達極力撇清與斯波德里亞斯突襲雅典這一陰謀的關係，但為時已晚。

但是，這位將軍最後並沒有受到懲罰，這主要是得益於斯巴達國王

阿格西勞斯和其子阿希達穆斯（Archidimus）的幫助。因而，有史學家認
為，若是斯波德里亞斯大膽地向前推進，奪取了雅典外港比雷埃夫斯，那
麼斯巴達人也許就不會認為此舉大錯特錯，反而會像之前他們對待征服卡
德米亞城的菲比達斯將軍一樣尊敬斯波德里亞斯。

　　阿格斯勞斯仍然是斯巴達議會中舉足輕重的人物，此時他發現有必要
採取一些更加主動的措施，於是親率一支擁有 18,000 步兵和 15,000 騎兵
的大軍，在維奧蒂亞與底比斯軍兩次作戰，摧毀了幾乎整個維奧蒂亞地
區。他還不斷侵擾底比斯和其屬國，但遭到底比斯軍及其盟友雅典將軍卡
布里亞斯（Chabrias）的大軍阻撓，斯巴達並未取得任何決定性的勝利。

　　之前征服卡德米亞的將軍菲比達斯奉斯巴達國王之命回國，但在途中
遇害。底比斯一方由於提供補給的地區遭到多次毀壞，開始面臨饑荒的威
脅。他們試圖從埃維厄島走海運採購物資，卻遭到斯巴達建立在當地的駐
軍頻頻阻撓，未能成功。

　　在此種緊急情況下，埃維厄地區的人們奮起反抗，驅逐了斯巴達守
軍，從而緩解了底比斯人面臨的食物短缺問題。但不久後，在西元前 376
年，更嚴重的災難對維奧蒂亞首府形成了威脅。斯巴達和其盟國集結了一
支由 60 艘大型船隻組成的艦隊，目的是將部隊運送到底比斯附近，並切
斷了所有的海上交通。

　　在此危急關頭，雅典出手拯救了其盟友。精通海戰和陸戰的雅典將軍
卡布里亞斯被任命為指揮官，他率領一支強大的雅典艦隊前去阻止斯巴達
及其盟軍艦隊。兩軍艦隊在納克索斯島附近相遇與並展開戰鬥。雅典艦隊
成功地打敗了敵軍艦隊，粉碎了底比斯和雅典貿易航線的威脅。

　　與此同時，昔日雅典海軍統帥科農之子提莫塞烏斯與另一支雅典艦隊

一同在西部海域巡航，後來還一舉擊敗了尼古洛庫斯（Nicolochus）指揮的斯巴達艦隊，而後接替提莫塞烏斯的伊菲克拉底（Iphicrates）又征服了第三支斯巴達從科林斯、錫拉庫扎等其他盟國和屬國集結來的海軍。

西元前 374 年，波斯國王想出面調停以平息屬國埃及的叛亂，促成希臘全面和平的局勢。但底比斯對在這次危機中獲得的成功沾沾自喜，拒絕了波斯國王的提議。底比斯開始將原則拋諸腦後，把位於維奧蒂亞地區的幾座敵對城市夷為平地，其中包括與雅典長期保持緊密聯繫的小國普拉蒂亞（Plataea），當時這個小城邦中有不少盟國雅典的流民，他們對底比斯入侵者的種種行為表示極度憤慨。

底比斯的惡行也給自己帶來了眾多不利影響。後來他們終於恢復了理智，不久就同意與希臘各國召開和平會議，討論實現全面和平的必要性。

西元前 372 年，希臘各城邦在斯巴達舉行了和談會議。雅典派遣了雄辯家安托克利斯（Antocles）和卡利特拉圖斯（Callistratus）作為此次和談的使者。斯巴達方面則由阿格西勞斯本人出席。大多數希臘歷史學家都認為伊巴密濃達此次全權代表底比斯參加大會。各國共商和約條款，其中有一項條款宣稱：必須承認每個城邦都是獨立自治的國家，不論其大小。

斯巴達和雅典已經厭倦了無休止的戰爭，兩國代表願意簽署該協定，並宣誓遵守和約內容。但是，阿格西勞斯不願只代表斯巴達簽約，他還想代表其全部盟國。這一點使整個談判陷入僵局。底比斯大使伊巴密濃達宣稱，除非允許他也以本國和其盟國的名義簽署協定，否則他不能也不願成為該和約的締約國。

斯巴達當然拒絕了底比斯的這一要求。這充分表明了過往的種種災難並沒有磨平斯巴達人的傲氣。斯巴達宣稱其周邊城邦國家可以獲得獨立，

但不允許其他城邦國家享有類似特權。伊巴密濃達堅決主張母國底比斯必須與其他國家處於平等地位。

斯巴達人固執己見，泛希臘和平會議談判就此破裂，底比斯被置於極其危險的境地。因為會談之前底比斯的敵人是斯巴達及其臨近盟國，但現在某種程度上其敵人幾乎是整個希臘。

## 第 94 章
# 留克特拉戰役 ── 斐賴的伊阿宋

約西元前 271 年，在泛希臘和平會議召開的幾個月後，斯巴達的另一位國王克列歐姆布洛托斯親率一支由 24,000 步兵和 16,000 騎兵組成的聯軍在維奧蒂亞邊境的留克特拉（Leuctra）安營紮寨。底比斯的軍力雖不及敵方半數，但他們行軍紀律和勇猛程度遠超克列歐姆布洛托斯麾下士兵。

雖然底比斯軍人數處於弱勢，但伊巴密濃達對他麾下鬥志昂揚的士兵充滿信心，他率軍挺進留克特拉平原，正面迎擊斯巴達軍。

兩軍相遇時，底比斯騎兵首先展開攻勢，襲擊對方騎兵，將其打回主力部隊，造成敵軍亂成一團，伊巴密濃達趁亂走出了決定此戰勝負的關鍵一步。他將全軍布成類似楔子的斜形方陣，最精銳的神聖衛隊在左翼最前面，其他軍隊沿一條斜線擺開，此陣形的優勢在於讓最精銳的步兵率先交戰，其後實力中等的步兵交戰，最後才讓實力最弱的步兵交戰，一旦精銳步兵開啟戰爭局勢，就能從側翼夾擊。伊巴密濃達的部隊像戰船船首突出的鐵嘴一樣，刺穿了敵人的防線，擊斃了一排又一排的斯巴達士兵，留克特拉平原上屍橫遍野。

斯巴達軍隊雖然還在進行抵抗，但已然無法挽救當下的局勢。斯巴達

國王克列歐姆布洛托斯不幸戰死，殘餘的斯巴達軍逃回他們堅固的營地中以躲避追擊，伊巴密濃達為謹慎起見並未對其趕盡殺絕。隨後底比斯人開始收集戰利品，並在戰場建立了一座勝利紀念柱，最終順利地撤回底比斯。留克特拉戰役在希臘史上具有極其重要的意義，它宣告了斯巴達霸權的終結和底比斯霸權的興起。

留克特拉戰役是斯巴達歷史上第一次被人數少於己方的敵軍擊敗，此戰也讓整個希臘都為之震驚。斯巴達人和雅典人收到此戰情報時的舉動值得我們注意。在帶著噩耗的斯巴達信使回國的當日，當地城中居民正忙著舉行慶祝活動，祈求神靈保佑即將到來的豐收。

斯巴達的長官們得知戰敗的消息後並沒有下令停止娛樂活動，而是把戰死者的名字通報給其家屬，同時禁止婦女們為失去的親人哀悼。

次日，死者的親友身穿華衣聚集在公共場所，彼此祝賀他們英勇戰死的親人，而那些戰爭倖存者的親友們則留在家中悲切地等待著恥辱的判決。因為在斯巴達，戰士們要麼拿著盾牌勝利歸來，要麼光榮戰死被人用盾牌抬回來，戰敗的逃兵會受到嚴厲的懲罰。

但後來，斯巴達國王阿格西勞斯也許是出於仁慈，也許是意識到疲憊的斯巴達不能再失去更多的民眾，於是他向元老院建議鑑於當下情況，應適當減輕懲罰力度。「讓我們設想一下，」他說道：「萊克格斯建立的神聖體制在如今這樣不幸的日子裡沉睡了，但此後它必會恢復往日的輝煌！」最後，聰慧過人的阿格西勞斯成功地說服了元老院眾人。

另一邊，斯巴達在留克特拉戰敗的消息傳到雅典後出現了一種出乎意料的反映。為了討好雅典人，底比斯派了一名特使去報告這個好消息。這位使者到達雅典後卻受到冷遇，原來雅典人當時就已經開始眼紅底比斯的成就了。

雅典在斯巴達身處逆境時袖手旁觀，他們在此關鍵時刻採取如此做法也無可厚非。雅典表示不願再為底比斯的繁榮添磚加瓦，並解除了與底比斯的聯盟，同時還設法從衰落的斯巴達攫取一切對自己有利的東西。

未得到雅典支持的底比斯將目光轉向了一個比雅典更強大的盟友。在這個時期，色薩利處於斐賴的伊阿宋的統治之下。他是位文武全才，聲稱自己是古荷馬時代諸王的後裔。除具備英雄特質外，他還是位優秀的軍事家和政治家。

伊阿宋這樣的人物很適合在原始與文明交融的色薩利掌權。他出生於色薩利南部大城斐賴，後憑藉自己的才華獲得了巨大影響力和聲望，並以統帥的頭銜掌握著斐賴的王權。

聰穎過人的伊阿宋設想了一個偉大的計畫。他發現，有很多山地人適應力很強，可以將他們訓練成紀律嚴明的士兵，然後輕而易舉地助他征服疲憊不堪的希臘南部各國。他甚至還打算向亞細亞及其東部擴張，類似於後來馬其頓的亞歷山大大帝的舉措。

伊阿宋的第一步計畫就是努力贏得希臘諸國對自己的好印象。他數次拜訪重要聯盟國，並以其詭辯之說和半開化的氣勢獲得了他們的青睞，隨後與底比斯結為正式盟友。史學家們表示底比斯那位愛國將士伊巴密濃達也許是所有希臘諸國赫赫有名的將士和政治家中最窮的一個，但他曾極力反對伊阿宋，對色薩利人送來的大筆金銀財寶嗤之以鼻，但他終究無法改變當下的局勢。

後來，色薩利的國王立即接受了底比斯的邀請，並給予對方雅典曾經拒絕的支持。留克特拉戰役的戰勝國和戰敗國仍在戰場附近紮營時，伊阿宋率領兩千名輕騎兵加入底比斯陣營，受到了他們的熱烈歡迎。

　　但是，機智的伊阿宋在交戰雙方之間扮演著調停者的角色，而非其中一方的盟友。他也因此成為和平顧問，並以此身分成功地讓交戰雙方在西元前 370 年達成休戰協定。

　　談判結束後，各方立即離開了戰場。斯巴達軍隊匆忙回國，一是因為他們對此次突然和解是否能成功表示質疑；再者他們對那位出人意料的仲裁者仍舊心懷不滿。確實，此刻希臘各國似乎都開始警惕伊阿宋，而他在返回色薩利後展開的行動也證實了希臘各國的擔心並非杞人憂天。

　　回國後，伊阿宋公開宣布自己打算出席在德爾斐舉行的皮西安競技會慶祝活動，並聲稱血統純正、無比虔誠、坐擁權力的他有權主持該活動。為了祭祀德爾斐的阿波羅神，他徵收了各類家畜 11,000 頭以上，這足以表明他計劃帶領的追隨者人數了。

　　但就在這位僭主的野心似乎要得到滿足的關鍵時刻，一場意外讓他所有的陰謀計畫就此結束。西元前 370 年的一天，伊阿宋重整騎兵部隊後，坐下傾聽懇求者的心聲，當時有七個青年走了過來，假意懇請他為他們爭論的問題做出評判，卻乘其不備刺殺了他。至於此次暗殺的原因至今無人知曉。

　　伊阿宋被殺的訊息傳到希臘各國時，人們表面上不曾大張旗鼓地表示開心，但他們對五個逃跑的刺客表示友好歡迎，這足以見得他們的態度。因為此次事件，希臘得到了 33 年喘息時間，直到後來其北方鄰國崛起。

## 第 95 章

# 入侵拉科尼亞

　　斯巴達和底比斯及雙方盟國被仇恨矇蔽了雙眼，不久就再次展開了敵對行動。伊阿宋死後的第二年，其敵國便完成了幾項重要舉措。

當時已與底比斯結盟的阿卡迪亞慘遭斯巴達國王阿格西勞斯率領的大軍蹂躪。為報復斯巴達，底比斯派伊巴密濃達率領一支由維奧蒂亞、阿卡納尼亞、福基斯、羅克里斯、埃維厄島和其他城邦青年組成的大軍挺進斯巴達領土。這片土地上次遭受戰爭的劫掠還是數個世紀之前。

底比斯軍踏入斯巴達時，阿格西勞斯急忙撤出阿卡迪亞，回到祖國，保衛故鄉。面對數量遠超己方的敵軍，運籌帷幄的阿格西勞斯成功地保護斯巴達免遭敵軍毒手。

伊巴密濃達若是能在斯巴達領土打敗驕傲的當地人，固然是莫大的榮耀。儘管當時長期未遭掠奪的富饒之城斯巴達毫無防禦地立在他的大軍面前，但他作為一位傑出的領袖，不會把士兵的生命和精力耗費在一個不切實際的計畫之上。所以底比斯人決定藉此時機發兵拉科尼亞的斯巴達諸屬國，以發洩曾經從阿格西勞斯那裡受到的屈辱。

但斯巴達國王並沒有局限於保衛自家都城。他回想起留克特拉戰役結束後，雅典人對底比斯獲勝的態度，於是派遣了幾位老謀深算的使節前往雅典，並在科林斯和弗利奧斯使者的幫助下成功地誘使雅典人拿起武器，一同反對底比斯。他聲稱斯巴達此舉不是為了恢復其霸權，而是為了建立全面和平。除底比斯外，每個城邦國家都在上次斯巴達的泛希臘和談會議上達成了這一共識。

由此看來，戰火繼續燃燒似乎完全是因為固執的底比斯人曾拒絕簽訂和約。鑑於此，雅典站在了斯巴達一方。雅典將軍伊菲克拉底（Iphicrates）率領兩萬人馬向阿卡迪亞進軍，目的是將伊巴密濃達引出拉科尼亞。

寬厚明智的底比斯人伊巴密濃達收到伊菲克拉底率軍前來的訊息時，剛剛完成了一項偉大的任務。幾個世紀以前，斯巴達軍隊將繁榮的麥西尼亞城夷為平地，悲慘的麥西尼亞人流離失所，逃亡希臘各地。

多虧了慷慨的雅典人，流亡在外的麥西尼亞人才得以聚集並定居在凱法利尼亞島（Cephalonia），但他們仍渴望回到祖輩的長眠之地。伊巴密濃達十分憐憫他們，重建了麥西尼亞城，恢復其領土，從而使伯羅奔尼撒半島上斯巴達的強大對手起死回生。

他剛剛完成這項工作，雅典人率軍前來的消息就傳到他耳中，於是他立即撤出拉科尼亞。雅典的伊菲克拉底認為此次任務已完成，便率軍離開了阿卡迪亞。兩位將軍互相監視著對方的行動，各自返回，不曾發生任何敵對衝突。

底比斯軍在這次行動中沒有與敵軍發生任何衝突，倒使得底比斯的指揮官們被指控怠忽職守。伊巴密濃達在公民會議上全力為自己辯護，政敵們的挑撥離間非但沒有使伊巴密濃達獲罪，反而還為他贏得了更高的榮譽和聲望。

這場軍事行動帶來最重要的結果就是麥西尼亞得以復興，因為此地占斯巴達領土面積近一半。在這次行動中吃到了不少甜頭的底比斯人在次年春天再次出征，信心絲毫不減當年。儘管斯巴達和雅典在卡布里亞斯的帶領下，鞏固了科林斯地峽的防禦工事，堵住通往伯羅奔尼撒的通道，但伊巴密濃達還是成功地占領了其中一個據點，後來還踐踏了科林斯的領土。

接受審判的伊巴密濃達

但底比斯攻打科林斯後，並沒有繼續向伯羅奔尼撒內陸進軍，而是撤軍返回底比斯了。這次撤退的原因尚不清楚。當然，無論是否是受底比斯人之命，此事一度損害了伊巴密濃達的名聲。

一些歷史學家認為底比斯撤軍是因為維奧蒂亞北部地區發生了狀況。這是極有可能的，因為底比斯將軍佩洛皮達斯隨後立即率領大軍前往平定維奧蒂亞北部的局勢。當時該地區正在遭受色薩利國王伊阿宋的第三任繼任僭主亞歷山大的騷擾。底比斯大軍到達色薩利後，那位僭主驚恐萬分，懇求底比斯人的寬恕，並表示願意服從他們提出的一切要求。

不久之後佩洛皮達斯第二次被召往北方，擔任馬其頓事務的調解人，並將該國的合法繼承人扶上王位，在他帶領小隊人馬返鄉途中，忘恩負義的色薩利僭主突然襲擊，將佩洛皮達斯扔進了地牢，但最後伊巴密濃達成功將他救出。在伊巴密濃達假扮普通士兵參加營救佩洛皮達斯的遠征軍後，雖然最終計劃還未成功，但歡呼雀躍的士兵們就已將伊巴密濃達推上了高位。

在底比斯人的注意力集中在其北部邊境時，斯巴達已經蠢蠢欲動。阿格西勞斯之子阿希達穆斯（Archidamus）成功地驅逐了拉科尼亞各城的底比斯駐軍，隨後又率軍入侵了阿卡迪亞地區。儘管該地區最勇敢的戰士呂科墨得斯（Lycomedes）帶領士兵進行了頑強抵抗，但還是敗給了阿希達穆斯率領的斯巴達大軍。

此次交戰阿卡迪亞人傷亡慘重，而斯巴達方未倒下一兵一卒。當捷報傳到斯巴達時，年邁的阿格西勞斯和所有集會的居民喜極而泣。沒有一位母親需要為兒子戰死而哀悼，這場戰鬥在斯巴達歷史上被稱為「無淚之戰（The tearless battle）」。另外一方的阿卡迪亞人聽從了底比斯將軍伊巴密

濃達的建議，加強邊境防禦，暫時阻止了敵軍的入侵。

在此時期，波斯宮廷再次成為希臘人的談判場所，或者換句話說，每個交戰國都希望在這裡得到阿爾塔薛西斯國王的財政支持。佩洛皮達斯作為底比斯使者被派往蘇薩，他出色地完成了這項使命。

佩洛皮達斯氣宇軒昂，語驚四座，贏得了那位亞細亞國王的青睞。國王與他擬定了一項最有利於底比斯的和約。和約規定，為維護希臘整體和平，雅典必須擱置艦隊；斯巴達須承認麥西尼亞獨立；若有拒絕遵守者，必將面臨波斯和底比斯大軍的聯合攻擊。

條約所涉各方需充分考慮其中各項條款，於是佩洛皮達斯回國向其同胞傳達了此次談判對本國的益處。後來，底比斯人決定派遣使者前往希臘各國，邀請他們派代表前往底比斯討論擬議和約的條款。

希臘諸小城邦普遍聽從了底比斯的呼籲，但雅典和斯巴達一直保持緘默。底比斯極力說服前來參會的代表們，稱這些條款可讓各方都能得益，但事情並未像底比斯人預料的那樣順利。

阿卡迪亞的使節呂科墨得斯（Lycomedes）開門見山地說底比斯城沒有資格舉行此類會議，至於與波斯聯盟一事，阿卡迪亞既不在意也不需要。爾後其他城邦代表也表達了類似觀點，會議沒有達成任何實質性的決議就草草結束了。

曾經，安塔爾西達斯代表斯巴達與波斯簽訂了出賣全希臘人利益的和約，儘管此次底比斯與波斯締結的和約並不會造成嚴重的後果，但兩者的動機都是想削弱其他國家，最終使自己坐上希臘霸主的位子，所以這場議會如此收尾不足為奇。

## 第 96 章
# 雅典與阿卡迪亞聯盟

底比斯曾經的計畫和行動也證實了他們對整個希臘的覬覦。這與真正的自由精神背道而馳，其他城邦的猜忌也並非無稽之談。唯有品行端正的伊巴密濃達置身事外，不參與底比斯國內的那些外交陰謀，只是在陰謀敗露之後出面挽救。

西元前 366 年，伊巴密濃達被任命為部隊指揮官，再次率軍入侵伯羅奔尼撒半島，迅速征服了亞該亞，並在該地建立了新的秩序。他還令當地居民宣誓服從底比斯的權威。

但亞該亞人並未一直遵守該約定，這在一定程度上是底比斯自己的愚蠢行為造成的。伊巴密濃達回國後，底比斯派遣專員前往亞該亞撤回了伊巴密濃達施行的開明政策，這激怒了亞該亞親斯巴達的派系，導致該派系起兵反叛。最終，他們成功地奪取了亞該亞的領導權。

亞該亞一直對為達到目的不擇手段的阿卡迪亞人心存芥蒂，後來他們聯合斯巴達一起蹂躪了底比斯的盟友阿卡迪亞。這場激戰持續了一段時間，但並未取得任何重要進展。

後來，被迫參戰的一些城邦和屬國對這場於他們毫無利益可言的戰爭感到非常疲倦。雅典和阿卡迪亞脫離了各自的盟友，為了共同利益和防禦，兩國結為新的聯盟。

科林斯、亞該亞和弗利奧斯此前一直是斯巴達的忠實盟友，但此次他們請求斯巴達同意底比斯提出的講和方案；或者，若斯巴達不願割讓麥西尼亞，至少應該允許他們與底比斯單獨簽訂和約。

在阿格西勞斯之子阿希達穆斯的鼓動下，斯巴達儘管面臨著衰落的命

運，依舊傲慢地回覆各國說：斯巴達永遠不會承認麥西尼亞獨立，但斯巴達盟友可以行使符合自身利益之事，可單獨與底比斯簽訂和約。起初，底比斯同意與科林斯、亞該亞和弗利奧斯和解，條件是他們必須加入對抗斯巴達的陣營。但這個提議被婉拒了，後來底比斯勉強同意讓這些國家保持中立地位。

經過此事，斯巴達失去了除錫拉庫扎僭主小狄奧尼修斯之外的所有強大盟友，小狄奧尼修斯為履行其父親的諾言，派遣一支大軍前往幫助斯巴達。但斯巴達人似乎已經屈服於逆境，只關注伯羅奔尼撒半島的防禦。

伯羅奔尼撒地區此時並沒有遭到底比斯的威脅。曾遭底比斯將軍佩洛皮達斯和伊巴密濃達壓制的色薩利僭主亞歷山大，又重新奪得了曾被剝奪的權力，再次在色薩利和維奧蒂亞兩地的邊境城市實施暴政，底比斯發現事態發展到如此嚴重的地步，覺得自己有責任出面干涉。

於是佩洛皮達斯率 1 萬人馬前往色薩利，與飽受亞歷山大苛政的色薩利人一起反抗馬其頓的統治。西元前 364 年，亞歷山大率領 2 萬人馬在庫諾斯克法萊山腳下遭遇了底比斯軍隊，雙方立即展開戰鬥。經過一番激戰，馬其頓軍隊被擊敗。

那位勇敢、愛國的底比斯將軍佩洛皮達斯卻英勇犧牲了。他在戰場上看到了不遠處的亞歷山大，於是孤身衝去挑戰那位色薩利的壓迫者。怯懦的色薩利僭主躲在衛兵身後，佩洛皮達斯並未傷到對方一毫。而那位國王的衛兵們一齊將標槍擲向佩洛皮達斯，他就這樣倒在了血泊之中。

據說底比斯在另一次激戰中大敗亞歷山大軍，但最崇拜的指揮官戰死一事似乎讓他們士氣大減。否則他們可能會將戰鬥進行到底，徹底將色薩利的壓迫者驅逐出境。最後色薩利戰爭結束時，那位僭主繼續占據著斐賴的領地。

# 第 97 章
## 奧林匹克運動會 —— 伊巴密濃達之死

　　這一時期的伯羅奔尼撒半島並不安寧，一是由於他們參與了色薩利戰爭，二是各城邦內部貴族勢力內戰不斷，導致了維奧蒂亞的奧科美那斯城（Orchomenus）的最終毀滅。此刻底比斯人忙於其他事務，無暇在科林斯地峽展開軍事行動。

　　據說，底比斯的盟國阿卡迪亞開始與斯巴達一樣，嫉妒底比斯的權勢。事實上，阿卡迪亞地區各聯盟城市日益強大，都變得野心勃勃。他們助底比斯對付斯巴達時，唯一的目的便是想在伯羅奔尼撒半島、斯巴達的廢墟上建立霸權。

　　在這一動機的驅使下，西元前 364 年，阿卡迪亞將矛頭轉向了居住在伯羅奔尼撒西部沿岸地區的埃利安人。向來愛好和平的埃利安人無力擊退侵略者，於是派遣使者奔向斯巴達尋求援助。

　　斯巴達毫不猶豫地派出了援軍，但阿卡迪亞大軍仍繼續在埃利安的領土上奮力推進，奪取一座又一座城鎮，直到伯羅奔尼撒地區神聖的奧林匹亞城落入他們之手。後來，第 104 屆奧林匹克運動會召開，各方按照慣例暫時休戰。希臘各地的人們像不曾發生任何事一樣，興高采烈地前來參加奧林匹克運動會。

　　除了期間有一次埃利安企圖襲擊阿卡迪亞的領地未果，大體而言，這次運動會在奧林匹亞城順利地開展，彷彿這座城不曾受到外敵蹂躪。當歡聚的人群散去後，一些阿卡迪亞指揮官慾令智昏，竟然動起了歪心思。他們奪走了幾個世紀以來堆積在奧林匹亞神殿中的鉅額財寶。

　　其他指揮官對他們這一褻瀆神明的行為感到震驚，阿卡迪亞的大多數

聯盟城市聽到此訊息後同樣驚詫萬分，他們命令那些掠奪者立即歸還神聖寶藏，還需將神聖的奧林匹亞城還給埃利安人，他們還邀請埃利安派代表前往阿卡迪亞的忒格亞城（Tegea）共商和平協定。

阿卡迪亞地區的聯盟城市只是因為害怕遭到天譴才轉而向埃利安伸出橄欖枝，並非憐憫埃利安人，而且他們甚是厭惡那些掠奪神殿寶物之人，其中一位掠奪者就是駐守在忒格亞的底比斯指揮官，而阿卡迪亞和埃利安的代表正是在忒格亞城中商議的和平條約。

和平協定達成後，按照習俗，代表們坐下來欣賞娛樂節目，一切都顯得那麼和諧，突然毫無戒心的阿卡迪亞和埃利安代表被一支武裝軍隊抓住並遭到囚禁。

此事的主謀便是那位底比斯指揮官，之前他受人唆使去奪取那些神聖的寶物。阿卡迪亞各城強烈要求他釋放被抓捕的阿卡迪亞和埃利安代表。這位指揮官害怕惹怒諸國給自己招致不幸，就迅速釋放了他們。殊不知這一輕率之舉讓他的母國底比斯遭受了更大的痛苦。

此事過後，半數以上的阿卡迪亞城邦開始疏遠底比斯，他們還要求底比斯彌補那些代表們受到的傷害。但底比斯並沒有懲罰忒格亞城的守軍，反而宣稱需要迅速派遣一支底比斯軍去恢復秩序。

阿卡迪亞人對底比斯這一傲慢且險惡的舉動感到憤慨不已，於是向雅典和斯巴達請求援助，他們也開始積極備戰，保護本國領土不受昔日盟友侵犯。另一方，由底比斯、維奧蒂亞、色薩利和埃維厄組成的強大聯盟，於西元前 363 年出征阿卡迪亞。久經考驗的伊巴密濃達率領聯軍向阿卡迪亞地區進軍，大軍在忒格亞暫時停下腳步，希望會有昔日的戰友前來支援。

最後並無援軍加入，這令伊巴密濃達大失所望。但底比斯軍的士氣絲毫未減。得知斯巴達國王阿格西勞斯正率軍加入曼提尼亞城的阿卡迪亞同盟後，伊巴密濃達連夜行軍，突襲了斯巴達的領土。若非一名克里特逃兵向敵軍告發了伊巴密濃達的計謀，讓老國王及其子率兵及時撤回，斯巴達城必定會毀於一旦。

伊巴密濃達的計畫慘遭洩漏，同時面臨著斯巴達人的殊死抵抗，於是他機智地決定撤出斯巴達，立即向曼提尼亞進軍。他們行軍迅速，躲避了前來救援斯巴達的阿卡迪亞和其盟國軍隊。

非常幸運的是在底比斯大軍抵達曼提尼亞前，一支強大的雅典騎兵先抵達了這座城池，與城內的人們一同抵抗入侵的底比斯軍，否則毫無防備的曼提尼亞定會成為底比斯人的盤中餐。阿卡迪亞地區各城邦不久便開始結盟。底比斯將軍伊巴密濃達渴望一雪前恥，決定冒險與敵軍大戰一場。

所有歷史學家都認為伊巴密濃達為這場戰爭所做的準備，以及當天的指揮，都表現出了高超的軍事才能。伊巴密濃達假意拒絕交戰，成功欺騙敵軍之後，他迅速將部隊編成楔形方陣，就像在留克特拉戰役中擺的陣那樣，在敵軍還未來得及拿起武器之前，便刺穿了敵軍防線。一場腥風血雨的戰爭隨之而來，若是伊巴密濃達能一直在戰場上為將士指明勝利方向，底比斯大軍一定能大獲全勝。

但在此次激戰中，伊巴密濃達受了致命傷，他被戰友們抬到了一邊。在這之後，戰鬥變得十分混亂，甚至最後雙方都宣稱自己贏得了勝利。戰爭結束後不久，這位底比斯指揮官便在同胞的懷中平靜地離世了。他在希臘史冊上留下了濃墨重彩的一筆。

當時波斯國王阿爾塔薛西斯仍希望徵召部隊平息埃及叛亂，再次向希

臘提出了全面和平的提議。僅有斯巴達一國表示拒絕，因為和約中承認麥西尼亞為獨立城邦，斯巴達國王阿格西勞斯對阿爾塔薛西斯的這種行為表示憤怒，於是率領 1,000 名斯巴達士兵和 10,000 名傭傭軍前往波斯的屬國埃及，幫助埃及的篡位者抵抗波斯。

這個 80 歲高齡的斯巴達國王突然宣布與埃及為敵，除了洩憤外，也期望若是戰勝便能獲得大筆財富挽救祖國衰落的命運。毫無疑問，阿格西勞斯的這一想法是值得尊敬的。

儘管年事已高，但阿格西勞斯在埃及的戰場上依舊英勇無畏，後來他成功地將一位名叫奈克塔內布（Nectanebus）的埃及王子推上了王位，阿格西勞斯本人也因此得到了豐厚獎賞。西元前 361 年，他在返鄉途中於非洲沿岸的昔蘭尼加去世，享年 84 歲。至此，他 41 年的統治生涯結束了。

# 第 98 章
# 馬其頓的崛力

在回到希臘各國歷史之前，我們有必要向讀者介紹一個國家，該國在希臘史早期僅是微不足道的小角色，但在接下來的這個時期，它開始在希臘歷史中占據顯著地位。

馬其頓最初由一小片內陸地區組成，北部、東部和西部分別與蠻族派奧尼亞（Paeonia）、伊利里庫姆（Illyricum）和色雷斯接壤，南部是一連串的希臘城邦國家，其中屬奧林索斯和安菲波利斯最強大。最初阿爾戈斯國王卡拉努斯（Caranus）建立了馬其頓殖民地，在 400 多年的時間裡，儘管馬其頓面臨來自鄰國蠻族的威脅，但仍然不曾被敵軍吞併。

底比斯與斯巴達交戰後期，底比斯將軍佩洛皮達斯助馬其頓的帕迪卡

斯（Perdiccas）登上了馬其頓的王座。後來帕迪卡斯在戰場上被伊利里亞人殺死，他留給幼子的是一個被敵軍占領、因派系紛爭而四分五裂的王國。在此緊急關頭，已故國王的兄弟腓力（即腓力二世）挺身而出，維護了姪子的權利。他擊退了幾個趁時局動盪企圖爭奪王位的不軌之徒，不久腓力被擁為攝政王。

腓力天生才華橫溢，擁有超凡的思維能力且臨危不懼。他少時曾在底比斯城作人質，有幸受到伊巴密濃達的教導。據說，他在伊巴密濃達的家中長大，可能多次目睹伊巴密濃達展現其高超的軍事技巧。

腓力曾多次遊歷希臘的主要城邦，研究其中各種體制，還結識了眾多著名的哲學家們和首領們。這些都為他後期的事業打下了良好的政治基礎。另外，腓力為其姪子與篡奪者爭鬥時正值青春年華，他儀表堂堂，舉止文雅，所以能如此迅速地贏得半開化的馬其頓人的好感，也並不奇怪了。

馬其頓國王帕迪卡斯剛去世時，色雷斯入侵了馬其頓西部，並開始在背後支持那些覬覦馬其頓王位的人。此時，派奧尼亞和伊利里亞正在馬其頓北部地區為非作歹。在此危急時刻，腓力二世透過賄賂、許諾和奉承等手段來討好敵人，最後成功地救馬其頓於水火。他在青年時期便已經對此等手段運用自如，這些也是他後來聲名鵲起的原因之一。

腓力二世骨子中的勇氣和好戰性格，本來會驅使他採取武力而非計謀去對付鄰國蠻族，但那時根基不穩又無大權在手的他若是真的走了這一步，也許他之前所有的努力都會付諸東流。西元前 359 年左右，馬其頓人一致認為在當時動盪的國內外形勢下，已故國王帕迪卡斯的幼子無法擔起國王一職，於是任命攝政王腓力擔任馬其頓國王。

腓力二世上臺後面臨的第一個大敵便是雅典，後者在此前的曼提尼亞戰役中僅僅充當了輔助角色，而斯巴達和底比斯在那場戰爭中幾乎耗盡了全部力量和資源。於是，雅典人發現從人口和財富來看，他們已經再次成為希臘最強的國家。

不幸的是，隨著雅典恢復繁榮，其公民也恢復了以往傲慢自大和肆意揮霍的陋習：法院、元老院和議會腐敗盛行；為滿足邪惡之人的慾望，善良無辜者的財產被沒收；在國外，雅典為滿足其貪得無厭的需求，對屬國徵收苛捐雜稅。

當時雅典的狀況就是這樣繁榮卻悲慘。曾經，希臘全體代表大會一致承認安菲波利斯是獨立國家，而帕迪卡斯一心想獲得安菲波利斯的統治權，此舉觸怒了雅典人。他們開始以厭惡帕迪卡斯曾經的舉動為由，繼續對他的兄弟和繼承者虎視眈眈，還派遣軍隊去幫助覬覦馬其頓王座的阿吉烏斯（Argaeus）。

腓力在戰場上遇到了對手阿吉烏斯，他成功施計將阿吉烏斯殺死，並俘虜了殘餘的雅典軍。正是在此情況下，這位年輕的國王第一次充分展示了他的巧妙計謀。也正是靠這些，他才得以在後來創造輝煌的成就。戰勝阿吉烏斯後，他沒有對雅典俘虜趕盡殺絕，反而對他們十分仁慈：歸還其財產，並遣送回雅典，不曾索要任何贖金。此舉讓雅典人對腓力另眼相看，欽佩不已。

這種明智之舉產生了預期效果。當腓力的使者們前往雅典提議兩國和解時，雅典立即表示同意。如此腓力巧妙地消除了一個馬其頓的勁敵，然後他將注意力轉移到北部鄰國派奧尼亞。在此關鍵時刻，派奧尼亞國王去世，也不曾留下繼承人。

得知此消息的馬其頓國王乘虛而入，毫不費力地降服了派奧尼亞，將其領土併入馬其頓的版圖。這次吞併極大地增加了腓力軍隊的影響力，他隨即率兵懲罰了不久前入侵馬其頓的伊利里亞人，迫使他們謙卑地請求和平。就這樣，在短短兩年的時間裡，年紀輕輕的腓力就完成了如此多非凡的成就；他不僅治癒了母國巨大的創傷，還使之比以往任何時刻都更具活力。

## 第 99 章
# 雅典 —— 同盟者戰爭

在繼續講述腓力二世雄心勃勃的事業之前，我們先來簡短地談論一番雅典當時面臨的情況。雅典的屬國長期以來都忍受著先前提及的種種苛政，其忍耐力最終也消耗殆盡了。

希俄斯島、科斯島、羅德島和拜占庭的人民通力合作。做好充分準備後，他們於西元前 358 年向雅典政府轉交了一份聯合宣告，宣告中寫道：「由於我們現在不需要、也得不到雅典的援助和保護，因此我們不再需要為雅典進貢。」這一訊息讓雅典人怒不可遏，他們立即派遣了一支艦隊去鎮壓意圖反抗的屬國。

這一行動的主要煽動者是驕奢淫逸的雅典將軍卡瑞斯（Chares），也是他教唆雅典人對屬國施行苛政。這導致雅典屬國紛紛起身反抗，所謂的「同盟者戰爭」便由此展開。當時雅典優秀的軍事將領有提莫塞烏斯和伊菲克拉底，但他二人這次傾向於和平處理此次事件而非訴諸武力，因此未被指派擔任此次戰役的指揮官。

雅典艦隊裡唯一有名望的軍事將領是卡布里亞斯（Chabrias），此次遠

征為他帶來了不朽的榮譽，儘管他為此付出了生命的代價。當雅典艦隊到達希俄斯島時，他們的指揮官卡瑞斯發現：因為叛亂各盟國在該島上集結了一支強大的起義軍，他率領的騎兵無法抵抗攻擊，難以進入港口。

卡布里亞斯則負責帶領小分隊乘船闖入小海灣，但士兵們發現他們已經孤立無援，再前進必死無疑，於是跳入海中游回了艦隊。而他們勇敢的領袖寧死也不願辱沒清譽，最終倒在了敵人的標槍之下。

卡瑞斯的後續行動也沒有成功。雅典人又派遣了另一支雅典艦隊前來支援。這支艦隊的指揮官是梅列忒修斯（Mnestheus），其父伊菲克拉底和其岳父提莫塞烏斯擔任顧問。因為此二人過去支持和平做法，雅典人並沒有讓這兩位身經百戰的老將領擔任遠征軍的高級職務。

雅典的兩支艦隊會合後，他們決定首先圍攻拜占庭，以期將同盟的全部力量調至該城進行防禦。該計畫成功了，聯盟的起義軍迅速集結了全部海軍力量，前往拜占庭。然而，一場猛烈的風暴襲來，提莫塞烏斯和伊菲克拉底認為此時雅典繼續攻城是不明智、不切實際的。

儘管如此，另一支艦隊的指揮官卡瑞斯依舊信心滿滿，表示不懼怕面臨沉船和其他風險，堅持出戰。那二位老將一力拒絕。結果，卡瑞斯立即派人前往雅典，用一切惡毒的語言玷汙提莫塞烏斯和伊菲克拉底的名聲。最終雅典人將這二人召回國，指控他們怠忽職守。

提莫塞烏斯被判處支付 100 塔蘭特罰金，這位科農和米提亞德的優秀後裔無力支付這筆鉅額罰款，於是被迫流放。據說，伊菲克拉底不像他那位同僚那樣審慎正直，他在法庭上安排了全副武裝的朋友，讓法官們望而生畏，從而迫使法庭宣判他無罪。然而，他卻和提莫塞烏斯一樣，離開了出生的城市，後來此二人都不曾參與雅典的事務。

卡瑞斯就這樣擺脫了那兩位同僚。開始時他帶著雅典艦隊在海上游蕩，還帶著一群歌手、舞者和妓女，對戰爭毫不關心。實際上，他非但沒有為母國謀求利益，反而作為僱傭軍幫助愛奧尼亞總督密謀反叛。這種做法最終激怒了波斯。

於是波斯國王阿爾塔薛西斯三世[088]向雅典人發出了警告，雅典隨即召回了自己的艦隊，那些造反的雅典屬國因而獲得了獨立。雅典沒有了來自屬國的大量貢物，加之對各屬國久攻不下，國內資源急遽減少，這些原因都迫使雅典撤軍，默許屬國獨立。

## 第 100 章
## 腓力占領安菲波利斯 —— 與奧林匹婭斯成婚

腓力二世在征服了那些野蠻的鄰國、鞏固北疆安全之後，便將注意力轉向了南方。卡瑞斯遠征期間，腓力二世就開始侵占南方城池，最終以整個希臘淪陷告終。

機智狡猾的腓力二世發現，奧林索斯和安菲波利斯是馬其頓和愛琴海諸島嶼間聯盟諸國中最重要的兩個城邦國家。於是腓力下決心首先征服安菲波利斯，而該城曾經是雅典的附屬國。

為了在征服安菲波利斯時免受雅典的阻撓，腓力二世便告訴雅典他想幫助雅典政府征服安菲波利斯城。雅典人覺得十分荒謬，但他們當時正陷入同盟者戰爭之中，儘管知道腓力二世的真正意圖，還是假裝相信他。

隨後腓力二世設計讓奧林索斯與安菲波利斯解除聯盟關係。之後他才開始攻擊安菲波利斯，雖然安菲波利斯英勇抵抗，但最終他們還是被迫投

---

[088]　阿爾塔薛西斯·奧克西斯（Artaxerxes Ochus）。

降了（西元前 358 年）。

腓力二世對戰敗者寬厚相待，在城內施行仁政。只有少數反抗馬其頓統治的叛亂者和教唆者被放逐，其餘都受到了友好的對待。至此馬其頓將地理位置十分重要的安菲波利斯併入了自己的版圖。

此事過後，腓力開始努力博得奧林索斯人的好感，力求與其結為盟友，期望在奧林索斯的幫助下，馬其頓未來可以應付雅典大軍，這樣他也不再需要向雅典隱瞞自己的狼子野心。

但此時的雅典自顧不暇，沒心思細察那個一直奉承他們的腓力二世的心思，殊不知後者的恭維之下蘊藏著更大的陰謀。這位馬其頓國王攻占安菲波利斯城以外，還攻占了波提狄亞城，將當地的雅典駐軍遣回了母國。與此同時，他告訴雅典，馬其頓對雅典一直心懷敬意，但是作為奧林索斯的盟國，他不得不邁出這樣的一步。

腓力發現雅典依舊容忍了他的所作所為，於是他利用造訪色雷斯的機會大賺了一筆。色雷斯地區蘊藏著無數珍貴的金礦，腓力率大軍強占了這些金礦。然後他進入色薩利，將該國從三位僭主的殘酷專制中解放出來。

色薩利人非常感激腓力二世救他們於水火之中，於是色薩利人雖然不曾名義上宣稱腓力為國王，卻使他成為該國實際意義上的統治者。色薩利人將自己的大部分收入交給了這位國王，還把港口和碼頭的一切使用權也授予他。馬其頓國王由此得到了一筆鉅款，而且機智靈敏的他也知道如何將利益永久化。

腓力二世獲得了色雷斯眾多金礦的所有權。因為經營得當，他每年能從中獲得不少於 1,000 塔蘭特的財富。

事業有成的馬其頓國王開始為自己物色一個王后。他曾經在前往底比

斯途中看上了色薩利西部邊境小國埃索爾（Esoire）國王尼奧普托列墨斯（Neoptolemus）之女奧林匹婭斯（Olympias）。於是他開始追求對方，不久就將這位美麗的公主娶回了佩拉[089]的王宮中。

在腓力二世婚後的慶典活動中，密使告訴他，伊利里亞、派奧尼亞和色雷斯正準備起兵反抗馬其頓，試圖擺脫他的統治。

於是腓力二世迅速出兵，派遣他手下最能征善戰的將領之一帕曼紐（Parmenio）前往伊利里亞，自己則親自領兵對付派奧尼亞和色雷斯。馬其頓的這兩支部隊都大獲成功，起義的城邦被鎮壓後又恢復了往日的平靜，繼續臣服於馬其頓的統治。腓力帶部隊回國途中得到消息稱他的愛馬在奧林匹克運動會上贏得了戰車比賽的冠軍，他更加興奮。因為早年的馬其頓在希臘人看來不過是野蠻落後的弱小部族，被排除在希臘城邦之外，而如今馬其頓國力日盛，還獲得此項殊榮，其他城邦再也不敢小瞧他了。

幾乎在同一時刻，另一則喜訊傳來：他的王后在都城佩拉生了一個兒子。大喜過望的腓力馬上致信曾在雅典相識的亞里斯多德，信中表達了他對此事的喜悅之情，還高度讚揚了這位博學多才的哲學家。

腓力二世在信中寫道：「我與王后生下了一個兒子。但與其感謝神靈賜我此子，還不如感謝諸神讓他生於亞里斯多德您所在的時代。我希望您的關懷和智慧將使他不辜負他的父親，成為不負國家未來的馬其頓王子。」西元前343年，即此信寫後的第14年，亞里斯多德成了腓力二世之子亞歷山大的老師，這位王子就是後來繼承馬其頓王位並建立橫跨亞非歐三洲的大帝國的亞歷山大大帝，他能獲得如此成就在相當程度上多虧了老師亞里斯多德的精心培養。

---

[089]　Pella，古馬其頓王國首都。

　　此時馬其頓國王的統治範圍幾乎從西側的哈得里亞海灣一直延伸到東側的尤克西恩海，北側僅由哈伊莫司（Haemus）山脈隔開，南面將廣闊肥沃的色薩利平原囊括在內。儘管腓力二世允許某些地方有名義上的君主，但他才是這片廣袤疆土真正的主人。

　　例如在色雷斯東部，已故國王科杜斯（Cotys）之子塞索布勒普提斯（Kersobleptes）擁有國王的頭銜。同盟者戰爭之後，拜占庭城雖然獲得獨立，但還是受制於雅典，腓力意識到想要征服拜占庭必須謹慎行事，畢竟雅典也覬覦該地。

　　但他的野心一直穩定地聚焦在拜占庭，這是一個初步的計畫；他更宏大的目標是在不久後將勢力遍及奧林索斯。後來，希臘中部爆發了一場戰爭，推進了腓力二世吞併拜占庭和奧林索斯的宏偉計畫。

## 第 101 章
### 近鄰同盟行動 —— 福基斯戰爭爆發 —— 腓力大敗福基斯

　　上一章結尾提到的戰爭起源於近鄰同盟的一系列舉動，該機構昔日在希臘叱吒風雲，後來開始變得無足輕重，直到有一次底比斯在背後鼓動該同盟採取行動，才使之重獲往日榮光。

　　受底比斯代表的煽動，近鄰同盟重拾菲比達斯攻占底比斯城堡這一話題，並針對該行為向斯巴達處以 500 塔蘭特的罰款。斯巴達對此法令置之不理，且近鄰同盟和底比斯人都沒有強大到企圖暴力執法。

　　同樣在底比斯人的煽動下，近鄰同盟判處福基斯人支付一筆高額罰款，因為他們耕種了奉獻給神聖阿波羅的某些土地，而且阿波羅的聖城德爾斐還是近鄰同盟舉行會議之地。底比斯說服近鄰同盟採取這些措施，既

是為了滿足自己的野心，也為了肆意報復。

一方面，從底比斯在近鄰同盟中的優勢地位而言，若斯巴達和福基斯支付了罰款，那麼這些錢財會毫無疑問地進入底比斯口袋；另一方面，若對方不支付罰金，那麼整個希臘很可能會因斯巴達和福基斯無視德爾斐會議的神聖法令感到震驚，也許他們會為捍衛德爾斐會議的尊嚴及所謂阿波羅神的權利開始大動干戈。

但當時的雄辯家們毫無顧慮地聲稱底比斯是覬覦德爾斐神殿的豐富寶藏，而福基斯是其前進道路上的唯一阻礙。

若底比斯人確有上述諸多想法，他們也只是實現了其中的一部分。由於斯巴達人和福基斯人都不願支付罰款，因此，近鄰同盟宣布違抗者為希臘公敵，希臘各城邦若希望得到神靈保佑，理應協助同盟，令違抗者服從命令，交出罰款。

但希臘大眾並未理睬這個曾經權傾一時的近鄰同盟的呼籲。只有底比斯、羅克里斯和一些受私心驅使的小國站出來聲稱要懲罰斯巴達和福基斯，譴責他們褻瀆宗教，違反命令。以底比斯為首的那些小國集結軍隊，首先出發懲罰福基斯人，而後福基斯人採取行動向世人證明他們不是輕言放棄之輩。

面對此次危機，福基斯人自然向斯巴達人尋求支持，斯巴達先是祕密送給福基斯人一大筆金錢，還保證後續會繼續援助。得到援助的福基斯人沒有坐以待斃，反而首先發起攻擊，此舉主要是因為受到了野心勃勃、勇敢無畏的腓羅邁盧斯（Philomelus）鼓動，他是福基斯最富有、最受歡迎的家族的首領。

腓羅邁盧斯巧舌如簧，成功說服同胞們積極採取行動。於是他率領一

支大軍前往德爾斐，輕而易舉地占領了這座聖城。希臘人信奉神靈，因而不曾對這座聖城染指分毫。

福基斯人之所以會採取這一褻瀆神靈的舉動，是因為腓羅邁盧斯以《荷馬史詩》中的一段話為契機，一直向福基斯人灌輸這樣一個觀念，即福基斯人是德爾斐神龕正當合法的守護者。

占領聖城後，腓羅邁盧斯立即將從德爾斐驅逐近鄰同盟的理由告知全希臘，並以福基斯的名義占有了這座城。但其他希臘城邦似乎對這一消息無動於衷。

所以沒有新的希臘城邦參與進來，但毫無疑問的是，此前以底比斯為首討伐福基斯的聯盟各國都對德爾斐的淪陷表示憤怒。但最終這場「神聖戰爭」讓大多數希臘城邦國家捲入其中，並如前所述，它決定了整個希臘的命運。

底比斯似乎不曾料到其他城邦會無視近鄰同盟的命令，也從未想過福基斯會採取如此行動。但底比斯臨近的屬國不願為對他們毫無意義的事情勞民傷財，所以一段時間內，福基斯人的行動沒有受到任何阻撓。

福基斯在腓羅邁盧斯的有力指揮和一支強大僱傭軍的幫助下，入侵了羅克里斯人的領土，侵襲底比斯的盟國。三個月後，福基斯成功地占領了羅克里斯。似乎命運繼續偏愛著底比斯的敵手，繼攻占德爾斐之後的兩次戰役後，福基斯軍連連戰捷。

但最後福基斯軍遭受了沉重打擊，他們的指揮官腓羅邁盧斯在戰鬥中身負重傷，又被敵人逼到懸崖邊上。這位將軍寧死不屈，毅然跳下懸崖自盡。福基斯軍就這樣失去了他們優秀的指揮官。腓羅邁盧斯的死引起萬人矚目，甚至底比斯都將此事看作是上帝對世人不滿的依據。

　　但若腓羅邁盧斯被活捉，最終也難逃一死，這也解釋了他為何選擇跳崖自盡。鑑於這場戰爭的起因是福基斯犯下了褻瀆神明的嚴重罪行，其敵軍定會對他們毫不留情。

　　奧諾馬爾庫斯（Onomarchus）接替其兄弟腓羅邁盧斯指揮福基斯軍隊。這位新任指揮官與前任的能力相當，他卻能忽略世俗的眼光，充分利用當下條件將福基斯利益最大化。他充分利用了從德爾斐獲得的鉅額財富，一部分用來招募新兵，一部分用來收買底比斯盟國，從內部分裂敵軍。

　　有一段時間，福基斯民心振奮，奧諾馬爾庫斯也充分利用此次機會率領一支龐大且裝備精良的部隊，蹂躪了多里斯和羅克里斯。還深入維奧蒂亞，以迅雷不及掩耳之勢攻占了數個底比斯屬國。

　　他還派其兄弟法伊路斯（Phayllus）帶領 7,000 士兵前往色薩利，協助該城親福基斯的政黨對抗馬其頓勢力。

　　馬其頓的腓力二世沒有袖手旁觀，他注意到福基斯的行動已經威脅到了他在南方鄰邦的新勢力。於是腓力集結大軍對戰法伊路斯，成功地將後者趕出了色薩利。奧諾馬爾庫斯被迫撤離維奧蒂亞，向新的敵軍——馬其頓發起進攻。

　　在隨後的一次交戰中，奧諾馬爾庫斯憑藉他巧妙的戰術占了上風，戰勝了腓力二世的軍隊，後者被迫撤回馬其頓重整旗鼓。然後奧諾馬爾庫斯返回維奧蒂亞，大批色薩利援軍加入他的陣營。但他還沒來得及對底比斯發起新一輪攻擊，腓力二世就率軍進入了色薩利，這位福基斯首領再次被召喚前往保衛色薩利及其盟國。

　　福基斯和馬其頓兩軍相遇後爆發了一場血戰，奧諾馬爾庫斯和他的

6,000 名士兵在此戰中喪生。3,000 名福基斯人被活捉，此後再也沒有回到他們的國家。沒有確切史料記載這些人最終是死亡還是被奴役，只是有傳聞說腓力二世命人將他們扔進了大海。

## 第 102 章
# 腓力逼近塞莫皮萊 —— 雄辯家狄摩西尼

此時，馬其頓國王可以輕而易舉地將福基斯夷為平地，但他並沒有這樣做，因為他就是希望希臘各國紛爭不斷，如此其他城邦就沒有機會去兼併他國來增強勢力。因此，他只想打消福基斯從他手中奪取色薩利的企圖，並不打算採取進一步的行動。

腓力此舉也甚為必要，因為他很清楚，若占領他國城池，定會引起希臘諸國的警覺；若是諸國站在統一戰線，組成聯盟，必定會置自己於寡不敵眾的窘境之中。於是這位狡詐的馬其頓人再次選擇採取漸進式的擴張方式，並認為此舉才是實現他成為希臘霸主夙願的最明智選擇。

此時，奧林索斯和拜占庭逐漸看清了腓力的圖謀計策，也感受到了他這一計謀給兩國帶來的衝擊。為了共同抵抗腓力，奧林索斯和拜占庭與終於洞悉腓力陰險計謀的雅典結成了新聯盟。

若不是腓力二世在此前的戰鬥中因負傷臥病在床了一段時間，他也許會向奧林索斯等國宣戰而走向極端。他身體恢復後便將注意力轉向一件他認為更緊迫的事情上，暫時把奧林索斯和拜占庭拋諸腦後。

福基斯戰爭（或「神聖戰爭」）尚未結束。西元前 352 年，已故的福基斯指揮官奧諾馬爾庫斯的兄弟法伊路斯鼓動同胞們再次興兵，再度洗劫了德爾斐神殿。他們又獲得了鉅額錢財，並用這筆錢建立了一支比此前更

龐大的僱傭軍。雅典和斯巴達分別派遣了 5,000 名雅典軍人和 1,000 名斯巴達軍前來支援福基斯。

腓力二世一聽聞雅典和斯巴達兩國的舉動，便決心抓住機會入侵福基斯。他相信自己以保護阿波羅神殿為由懲罰褻瀆神靈的福基斯人，會讓其他主要國家認為他對神靈心存敬畏，便會允許他暢通無阻地通過塞莫皮萊海峽。

他在各國安插的間諜都恭維他，讓他誤以為現實會如他所料。腓力率領大軍，急不可耐地朝福基斯前進。而雅典希望藉此機會將希臘從這位雄心勃勃的君主手中解救出來。腓力大軍出發的消息一傳來，雅典人便拉響警報，立即派遣艦隊急速前往塞莫皮萊海峽。在腓力的大軍到達之前，他們就在塞莫皮萊海峽部署了一支強大的軍隊。

腓力發現塞莫皮萊堅不可破，其計畫也已被敵人徹底洞悉，感到十分屈辱。他只好沿著來路返回，讓底比斯及其盟國來處理福基斯人。

雅典人為此次成功挫敗馬其頓國王歡欣鼓舞。隨後雅典人立即召開公民大會，討論未來的對策。這次大會之所以令人難忘，是因為著名雄辯家狄摩西尼（Demosthenes）首次出面大力抨擊了腓力二世。

狄摩西尼出身於雅典的富人家庭，父親在他 7 歲時便不幸離世。少年狄摩西尼的監護人肆意侵吞了他的財產。成年後他做的第一件事就是為索回父親的遺產將其監護人告上了法庭，為此他必須在法庭上發表演講。

這是他第一次公開演講。雖然他最後成功地追回了一部分被侵吞的遺產，但這次演講讓他對自己的口才有了更清楚的認知。起初他在法庭上由於發音不清，論證無力，多次被轟下講壇。畢竟，一名出色的演說家必須聲音洪亮，發音清晰，姿勢優美，富有雄辯之才。

在那個時代，演說是有志之士在雅典獲得權力的唯一途徑，也是愛國志士能為國家服務的唯一道路。狄摩西尼既有鴻鵠之志，亦有愛國之心，這也促使他為實現人生意義堅持不懈，付出了比常人多倍的努力，最終成功粉碎了上天在其雄辯道路上安排的一切障礙。

據史料記載，他為克服天生口吃的缺陷，曾將小石頭含在嘴裡練習發音，無數次磨破了嘴；為改掉說話聳肩的壞習慣，他在左右肩上各懸掛一柄劍，用類似懸梁刺股的做法磨練自己；為了讓自己習慣在喧囂的民眾集會上泰然自若地發表演說，他站在波濤洶湧的海邊大聲吟誦。

狄摩西尼苦練近十年，終於改變了自己的命運，取得了輝煌的成就。據說他在 28 歲時首次就國家問題發表了演講。兩年後，已經聲名遠播的他出現在集會上第一次針對馬其頓統治者發表了慷慨激昂的演說，此番話迫使馬其頓國王承認，「狄摩西尼犀利的言語比浩蕩的雅典大軍更甚」。

狄摩西尼反對腓力二世的演說總計八篇，統稱「腓力皮卡（philippics）」，成為古代雄辯術的典範，「腓力皮卡」由此成為一個專有名詞，指猛烈抨擊和揭露政敵的演說。正如史學家所言，「其措辭之精密，邏輯之嚴謹，對腓力的行為進行猛烈的抨擊和無情的揭露，具有極強的鼓動性和說服力」。

在第一篇「腓力皮卡」中，這位演說家使出渾身解數，力圖讓雅典人認識到馬其頓國王的真實面目，以此激發雅典公民保衛城邦的熱情，與企圖奴役希臘人的馬其頓國王展開殊死搏鬥。受狄摩西尼演說的鼓舞，雅典人民群情振奮。但是，此時雅典的一個強大政黨持有與他截然相反的觀點，主張採取和平方式解決問題。

這個政黨的領袖包括雅典政治家兼軍事將領福基翁（Phocion），以及

享有盛譽的演說家伊索克拉底（Isocrates）。伊索克拉底和福基翁傾盡全力試圖讓馬其頓和雅典成為友好之邦，他們相信和平才是恢復希臘榮耀的唯一方式。

他們認為雅典同胞無法與日益強大的馬其頓相抗衡，因此認為與腓力言和才是上策。他們還爭辯說，從希臘手中奪取了所有亞細亞殖民地的波斯才是最可怕的敵人。

此二人認為腓力是當時唯一有能力擊敗東方蠻族的人，能帶領希臘各國軍隊在這片見證了祖先榮耀的土地上贏得新的榮譽，只有腓力才能引領希臘戰勝波斯，讓昔日被波斯占領的地區重歸希臘的懷抱。

伊索克拉底和福基翁便是秉持這種態度，其他有影響力的人也如此看待此事，但馬其頓的黃金才是眾多雅典人支持這一看法的主要原因 —— 腓力二世用計賄賂了這部分雅典人。

不僅無知的下層階級因腓力的間諜而墮落腐化，許多達官顯貴和能人志士也開始為腓力二世的金錢所動。與狄摩西尼不相上下的雄辯家狄馬德斯（Demades）便是這些無原則的「見錢眼開者」中最能幹、最活躍的一個。

## 第 103 章
## 腓力進攻奧林索斯 —— 奧林索斯陷落

狄摩西尼建議雅典派遣援軍前往幫助危在旦夕的奧林索斯和其他盟國，但這支部隊一直沒有集結完畢，而且似乎從未被派遣出去。

與此同時，為了讓雅典人放鬆警惕，馬其頓國王在試圖通過塞莫皮萊海峽但沒有成功之後的兩年內都不曾有任何非分之舉。但他在此期間一直

在祕密地用黃金收買雅典的屬地埃維厄，為他征服奧林索斯做準備。

腓力在埃維厄的陰謀詭計得逞了。西元前 349 年，腓力在埃維厄的追隨者與那些親雅典派別公開決裂。為了保護親己方政黨，腓力派遣一支強大的馬其頓軍隊前往埃維厄島；雅典人則派經驗豐富的福基翁率領軍隊前往支援另一派別。

這位足智多謀的雅典指揮官在一場激戰中迅速徹底擊敗了敵軍。福基翁處理完埃維厄島事務凱旋時，受到了國人的熱烈歡迎。

儘管這一結果使腓力大失所望，但他並沒有因此而感到驚慌，也沒有放棄自己雄心勃勃的計畫。恰恰相反，在埃維厄親己方黨派被擊敗之後，他立即親自出征奧林索斯，並宣布：此戰要麼奧林索斯人離開奧林索斯城，要麼他離開馬其頓。

強大的馬其頓軍隊進入了奧林索斯的領土，當他們準備占領這一地區的小城邦時，奧林索斯人立即派遣使者前往雅典請求援助。雅典人對是否援助奧林索斯展開了激烈討論。狄馬德斯和其他親馬其頓派建議拒絕奧林索斯的請求。

狄摩西尼再次以極具說服力的演講勸告同胞們保護盟友免受腓力的控制，稱此舉也是在拯救雅典。雅典人在兩股相反勢力之間搖擺不定，最後決定採取折中的辦法，但此舉引發了更糟的結果。

雅典人任命他們最喜愛的將軍卡瑞斯為指揮官。他率領一支小部隊前去營救盟友，卡瑞斯雖深受雅典人喜愛卻絕非將帥之才，他到達奧林索斯後並沒有給當地人帶來任何好處。這位指揮官在色雷斯海岸登陸後便開始巧取豪奪，並放任其手下四處劫掠。隨後立即返回雅典，用他這次短途旅行中的收入為民眾舉辦盛宴。

腓力二世因此得以順利集結部隊，包圍奧林索斯城。在此危急時刻，奧林索斯不得不再次派遣大使前往雅典，狄摩西尼再次為身陷困境的奧林索斯辯護，他規勸雅典人在此危急時刻應該拿出盟友的擔當拯救身處水深火熱中的奧林索斯人。

此次奧林索斯的使者帶回的消息與上次如出一轍。雅典召集了一支由 400 名外邦人組成的僱傭軍，任命雅典將軍卡里德姆（Charidemus）協助被圍困的奧林索斯城，此人就是第二個卡瑞斯。這支雅典軍隊到達奧林索斯後，非但沒有奮力抗擊馬其頓的軍隊，反而加劇了奧林索斯人的痛苦。

腓力二世繼續奮力圍城，但遭遇奧林索斯人頑強抵抗。奧林索斯第三次派遣使者奔向雅典求救。這一次，狄摩西尼又發表了一篇支持奧林索斯的演說，比前兩次更為成功。

他的演講終於充分地激起了雅典人的猜忌之心，於是人們決定立即派遣軍隊援助奧林索斯。但不幸的是，這個決定來得太遲了。在雅典軍隊到達奧林索斯之前，城內兩名將軍已然投靠敵軍，讓圍攻者腓力成功占領了該城。西元前 348 年，這位馬其頓國王摧毀了奧林索斯，城中居民全部淪為俘虜。

據說，奧林索斯城中那些賣主求榮的背叛者下場更加悽慘。腓力生性高尚，向來蔑視背叛之舉，儘管他曾從對方的背叛中獲利。腓力二世從奧林索斯收穫的戰利品極大地充實了馬其頓的國庫，而成功占領奧林索斯這片土地更是意義重大。卡爾基斯所有地區都歸腓力所有，他的艦隊擁有了愛琴海北側的制海權。

為慶祝這次吞併，腓力在奧林索斯的第烏姆鎮（Dium）舉辦了一個為期九天的盛大活動，甚至還有雅典人前來參加。這位和藹可親、對學問極

富熱情的馬其頓國王贏得了所有在場人士的敬佩。

當腓力從塞莫皮萊撤退之時，福基斯和底比斯之間毫無意義的戰爭還在繼續，沒有一個大國積極支持任何一方。誠然，雅典和斯巴達仍然是福基斯的盟國，但他們已經厭倦了這場毫無益處的戰爭。兩國的同盟關係過於表面，都不願派出救援大軍，戰事也就無法徹底平息。

福基斯的第三位指揮官法伊路斯任職後不久就死於肺癆，為了紀念他和他的兩個兄弟，福基斯人任命其子法勒庫斯（Phaleucus）代替其父指揮戰爭，儘管當時他還是個少年。

隨後的幾次交戰中，雙方都沒有取得決定性勝利。他們時而肆虐彼此的邊境，時而吹噓自己的勝利，而其他希臘國家對此並不太在意。就連底比斯軍隊入侵伯羅奔尼撒也沒有引起多少人注意，直到他們大膽入侵了阿提卡的領土，才被關注到。

斯巴達在福基斯軍隊的幫助下，最終迫使底比斯撤軍，而福基斯和維奧蒂亞再次成為一系列小規模敵對行動的戰場。然而，在奧林索斯陷落之後，事態發生了變化。

馬其頓的腓力對近來的成功喜不自勝，於是決定占領被稱為「希臘大門」的塞莫皮萊隘口。這是他為稱霸希臘採取的下一步行動。塞莫皮萊隘口緊靠福基斯的領土，為找到統治這片領土的最佳方法，腓力苦思良久。

雅典與福基斯的聯盟是腓力實施計畫的最大障礙。於是，他發動了所有間諜竭力讓雅典脫離這一聯盟。為了將雅典人的注意力轉向其內部事務，並使他們覺得繼續參與「神聖戰爭」只會帶來更多麻煩，腓力派出一支艦隊去蹂躪雅典屬地利姆諾斯島（Lemnos）和印布洛斯島（Imbros）。

此次遠征大獲成功，馬其頓軍隊不僅奇襲了利姆諾斯和印布洛斯兩

島，還襲擊了阿提卡海岸地區。雅典幾支匆忙集結的騎兵在那裡被擊敗後又倉皇逃散。

腓力又派出一支部隊前往埃維厄島驅逐該島的雅典人。他在埃維厄安插耳目，培養馬其頓的支持者，最後成功贏得了埃維厄人強而有力的支持。為掩人耳目，他暫時離開埃維厄島，讓該島獲得了名義上的獨立。

然而，奧林索斯人遭遇的不幸命運加之後來的種種傷害，激起了雅典人的憤怒。他們開始拿起武器向馬其頓人報仇。但在他們付諸實施之前，腓力又成功改變了雅典人的想法，他們本就反覆無常。

腓力宣稱他所做的一切都是為了保護其盟國，並表示非常希望能與雅典和平相處。曾有雅典的一些達官貴族在腓力面前抱怨馬其頓士兵給他們造成的傷害，腓力極力安撫對方，為其平反冤屈，並在贈予他們大筆錢財後，遣人將他們安全送回。回到雅典後，這些人對和藹可親、慷慨大方的腓力充滿了欽佩之情。

就是這些人在緊要關頭出現在公民大會上，向人們陳述腓力對雅典的友善舉止，成功地平息了雅典人的怒火，於是雅典人決定暫停戰備，並派遣使者前往佩拉宮廷與馬其頓國王達成和平協定。

## 第104章
## 雅典使團抵達佩拉 —— 馬其頓加入近鄰同盟

西元前 348 年，派往佩拉宮廷的 10 位雅典大使中包括狄摩西尼及他最大的競爭對手埃斯基涅斯（Aeschines）。曾經發表過數次抨擊腓力演說的狄摩西尼早已洞悉腓力的真實意圖，所以此行於這位雄辯家而言並不愉快。但僅憑他一人之力無法改變現狀，最終雅典還是成功地與馬其頓簽署

了和平協定。

後世的史學家們一致認為，此次和談使者中，狄摩西尼的表現最無價值，也許是因為他會面的是自己曾經極力譴責的那個人，或許還因為他本就不是一位血性男子。

當雅典使團踏入腓力的王宮，狄摩西尼見到那個他常隔空指責的人時，卻不敢當面抨擊對方。其餘的雅典使節都對腓力示好，腓力也假意恭維，表示同意兩國結為盟友，輕而易舉地讓雅典使者掉入他設下的「陷阱」。

雅典使團自認為成功地完成了此次任務，滿心歡喜地回到了雅典，殊不知他們只是得到了腓力的口頭同意。而他們一離開馬其頓，腓力就開始祕密集結軍隊。不久，腓力二世便向世人展示了他國王的威嚴與霸氣。

他展開軍事行動，以迅雷不及掩耳之勢攻入色雷斯，俘虜了色雷斯國王克索布萊普圖斯（Kersobleptus），將包括塞里烏姆（Serrium）、多雷斯庫斯（Doriscus）及沿岸其他雅典屬國在內的大片地區全都納入了馬其頓的版圖。此次征戰期間，他還占領了極為重要的赫勒斯滂隘口，此處是希臘抵禦北方或亞細亞入侵的重要屏障之一。

雅典派信使前往馬其頓譴責腓力二世的這些行為，但收到的是後者傲慢冷淡的回覆。儘管如此，可能由於雅典人深知當下與馬其頓為敵只會讓雅典城再遭戰火，也可能因為雅典的親腓力派在中間極力地慫恿，雅典人還是決定與馬其頓達成和解。因此，那 10 位使節又去了佩拉，成功與腓力簽署了和平協定。

一直以來腓力都覬覦著塞莫皮萊隘口，而雅典附屬國福基斯便位於山口附近。所以他沒有在和約中提及福基斯，並向雅典使團解釋道，因為他

曾答應協助底比斯一起對抗福基斯，若在此次和平協定中公開對福基斯的友好態度，定會招致底比斯的敵意，但狡詐的腓力向使者們保證他其實是非常厭惡底比斯的，寧願與底比斯開戰也不會與福基斯開戰。

除狄摩西尼外，雅典的使者都收下了馬其頓國王的黃金，他們離開時還對馬其頓國王所說的那番話深信不疑。但他們剛離開馬其頓，腓力就再次向世人證明了他的言而無信——他率軍挺進塞莫皮萊，順利通過海峽，並侵入了福基斯的領土。

因為雅典使者回國後向福基斯人傳去的訊息表明：他們已經與馬其頓結為盟友，矇在鼓裡的福基斯人看到馬其頓人到來，甚至都張開雙臂歡迎他們。後來，腓力不再隱瞞自己的意圖，呼籲近鄰同盟召開會議瓜分福基斯。

只有福基斯的宿敵底比斯、羅克里斯和色薩利的代表出席了此次近鄰同盟會議。福基斯的命運已成定局。西元前 347 年（現在也有說法為西元前 346 年），在馬其頓國王的直接影響下，近鄰同盟下令分割福基斯領土，每個村莊僅准許有 60 戶人家。此舉無異於削減當地人口。法令還規定福基斯人須賣掉所有武器和馬匹，每年都要向近鄰同盟支付高額罰款，並且他們會被逐出希臘聯邦和近鄰同盟。

近鄰同盟還頒布了其他嚴苛的法令懲罰不幸的福基斯人。另外，腓力被任命為皮西安競技會的主席，他還為馬其頓贏得了近鄰同盟中福基斯失去的席位。

馬其頓人如此殘忍地對待福基斯，訊息一傳到雅典，便引起了不小的恐慌。雅典人為他們昔日的過失大聲疾呼，因為他們的疏忽竟讓腓力的權勢發展到這般危險的地步。但是他們認為目前對馬其頓兵戈相向已是徒

勞。當近鄰同盟會議建議將馬其頓納入希臘同盟，並派使者前去徵求雅典人同意時，他們並沒有提出異議，儘管並不承認馬其頓是同盟成員。

狄摩西尼本人贊成現有情況下採取和平措施，另一位雅典雄辯家伊索克拉底還發表了《致腓力辭》，敦促腓力與希臘諸國結成牢固的聯盟，並指明馬其頓應該和希臘諸國聯合起來對抗亞細亞的波斯國。

至此雅典人已經做出了多次讓步，但與此同時，他們也毫不猶豫地向在外流放的福基斯人敞開懷抱，讓昔日的盟友在阿提卡和其他雅典屬地有一片落腳之地。

## 第 105 章
# 希臘戰火暫停

福基斯戰爭或神聖戰爭結束時，希臘度過了一段短暫的和平時期。但是，幾乎所有希臘城邦國家或是忙於內鬥，或是對和約的條款感到惴惴不安。因此，就某些方面而言，這次的和平不過是表象罷了。

在這段時間裡，腓力也並沒有閒著。從德爾斐回來後，他帶領 11,000 名福基斯俘虜占領了色雷斯北部，在那裡建了兩座城，分別命名為菲利波波利（Philippopolis）和卡比拉（Cabyla），還把大部分俘虜都安置在這兩處。

此後不久，即西元前 344 年，腓力為鞏固其勢力，再次攻打伊利里亞。在此期間，波斯國王阿爾塔薛西斯三世（Artaxerxes III）派遣使者前往馬其頓宮廷佩拉，向腓力二世伸出橄欖枝。當時腓力年僅 12 歲的兒子亞歷山大以其父親的名義接待了波斯使團，他的少年老成和高貴風度令使者們驚訝不已。但此次和談並未達成任何實質性的協定。

腓力從伊利里亞返回時收到了一封來自底比斯的信，信中底比斯懇求他莫讓專橫的斯巴達踐踏底比斯的盟國阿卡迪亞和麥西尼，請求他出兵支援，這正中腓力二世的下懷。腓力認為這是一個在伯羅奔尼撒擴大政治影響力的絕佳時機，於是立即讓近鄰同盟透過一項法令，授權馬其頓保護那些被斯巴達蹂躪的城邦。

儘管狄摩西尼能言善辯，傾盡全力地抨擊了腓力的所作所為，近鄰同盟的這項法令最終還是通過了。腓力率領大軍急速抵達拉科尼亞海沿岸，登陸後肆虐了斯巴達的領地。

斯巴達被迫投降。腓力表面上是調停者，實際上則是獨裁者，他戰勝斯巴達後劃分了伯羅奔尼撒諸國的邊界，以此解決當地各國分歧。隨後他前往科林斯城，所到之處都受到了最高禮遇。腓力在科林斯欣賞完當地人為他舉辦的慶典後，便回到了馬其頓。

腓力似乎已經開始蔑視囉嗦又優柔寡斷的雅典人，雖然他曾煞費苦心哄騙過他們。接下來他的行動也證明了這一點。他率兵占領了色薩利海岸附近歸屬雅典管轄的哈隆尼蘇斯島（Halonnesus），並在色雷斯的切索尼斯（Chersonese）的雅典殖民地公開支持當地反雅典派。

馬其頓國王類似的舉動終於讓憤怒的雅典人決定立即出兵。狄摩西尼的好友、智勇雙全的狄俄比提斯（Diopithes）被任命為雅典軍指揮官。他率軍保護位於切索尼斯的殖民地。狄俄比提斯的軍隊襲擊了腓力統治下的色雷斯，掠奪了大量戰利品和俘虜，不曾遇到任何抵抗。因為此時，腓力正在北色雷斯（Upper Thrace）作戰。

但腓力派遣使者向雅典大聲抱怨，讓雅典人審判那位狄俄比提斯將軍。狄摩西尼發表了像往常一樣強而有力的演說，成功地保住了好友，再

次讓雅典人民群情振奮。

雅典派遣一支艦隊前去掠奪色薩利沿岸地區，並繳獲了許多馬其頓船隻。另一支艦隊則前往埃維厄島，將馬其頓人從此島驅逐出去。此時腓力的大軍仍在佩林蘇斯城（Perinthus）外，不斷地規勸對方投降，但城內人一直在頑強抵抗，於是腓力這才回過頭來進攻狄俄比提斯，並成功地擊敗了後者。

腓力還沒收了雅典為救濟佩林蘇斯而裝滿補給的船隻，此事讓這位馬其頓國王又成功施展了一項高明的計謀。他命人把這些船隻送回雅典，並致信雅典，表示他知道雅典人民對他的好意，只是少數視他為敵的雅典人一直在從中作梗。

若非狄摩西尼揭露了這一詭計，說服他的同胞們繼續保護那些慘遭腓力侵略的城市，這封信也許會達到預期的效果。雅典派遣將軍福基翁統領另一支部隊前去援助被腓力入侵的城市。福基翁發現腓力二世包圍了拜占庭，便率軍助拜占庭抵抗馬其頓軍隊，迫使腓力放棄攻占拜占庭的計畫。隨後，機智的福基翁在東色雷斯的雅典盟國及屬國建築防禦工事，為未來的戰爭做準備，隨後返回家鄉（西元前 340 年），他受到了人們的熱烈歡迎。

當時腓力二世放棄征服拜占庭是因為另一件事引起了腓力的注意，所以他不得不接受其計畫遭到挫敗。

不久前，居住在尤克西恩海西岸和多瑙河（Danube）之間的塞西亞（Scythian）部落國王艾瑟斯（Atheas）懇求腓力幫助他對付鄰國蠻族。作為獎賞，他許諾馬其頓國王成為塞西亞的王位繼承人。

這個提議打動了腓力，他隨即派遣一支大軍協助艾瑟斯。但艾瑟斯國王在馬其頓軍隊到來之前就戰勝了敵人。當馬其頓軍隊抵達時，忘恩負義的艾瑟斯國王態度冷淡地接待了他們，拒絕承認曾經許諾的條件，也拒絕為他們的援助支付任何報酬。

當這支馬其頓部隊帶著這個惱人的訊息回到腓力身邊時，他正忙著進攻拜占庭。或許腓力考慮到了其他原因，所以決定放棄攻占拜占庭，前去懲罰艾瑟斯。後世史學家認為腓力二世決定要與雅典徹底清算，於是先穩定北疆，為日後與雅典全面開戰做好準備。

腓力訓練有素的戰士們輕而易舉地擊敗了塞西亞的蠻夷。戰役過後，他滿心歡喜地帶著戰利品凱旋，戰利品主要是馬和牛，以及他身後的兩萬名俘虜。此次亞歷山大跟隨父親出征，還在戰場上救了父親一命。腓力此戰中受了傷，從此成為跛足。

腓力離開期間，希臘再次發生了動亂 —— 離德爾斐約 8 英哩的安菲薩鎮（Amphissa）居民耕種了德爾斐南部平原上的阿波羅聖地。隨後近鄰同盟會議召開，來自雅典的代表譴責安菲薩人犯有瀆神罪。最後，會議決定懲罰安菲薩人，他們的房屋被夷為平地，田地被毀。

安菲薩人對自己的遭遇感到憤怒，於是在近鄰同盟國軍隊摧毀村莊後撤軍的路上襲擊了他們。同盟隨後派出一支部隊來鎮壓這一暴行，安菲薩人也拿起武器，成功地抵擋了敵人的進攻。隨後色薩利人建議腓力二世參與到此戰中來，並擔任近鄰同盟的最高指揮官，於是另一場「神聖戰爭」爆發了。

## 第 106 章

## 占領伊拉提亞 —— 喀羅尼亞戰役

那時腓力二世剛結束塞西亞戰役回國，同盟會就派使者前來與他會面告知同盟會的意圖，對一直尋求機會擴張勢力的腓力二世而言，這是個難得的大好機會。也許這一切都是腓力二世自導自演的，總之腓力立刻接受了指派給他的任務，迅速率領艦隊前往羅克里斯海岸。他一路散播虛假訊息，成功地避開了駐紮在該地區幾艘雅典戰船的注意，並安全到達目的地。

然後，他帶領軍隊向安菲薩出發，途中還獲得了底比斯派來的援軍。雅典人聽到腓力行軍的訊息後大為震驚，於是派出 1 萬名僱傭兵保衛安菲薩城。但雅典的這支僱傭軍被腓力大軍打得潰不成軍，四散逃去。解決完這支部隊後，腓力開始向安菲薩發動猛攻，不費吹灰之力就奪取了該城。

在安菲薩駐紮了一段時間之後，腓力又採取了另一個大膽而明智的措施，並大獲成功。底比斯位於馬其頓和雅典之間，腓力自知與底比斯的友誼不夠穩定，不確定未來攻打雅典時底比斯是否還會與馬其頓為盟，於是他將目光投向了伊拉提亞（Elatea）—— 福基斯與維奧蒂亞兩地邊境的一處堅固要塞，距阿提卡僅兩天路程。

腓力深知占領了此地，便能震懾底比斯，從而與其維持友好關係。最重要的是，他還可以迅速抵達阿提卡的城鎮。於是，西元前 338 年，腓力率領部隊前往伊拉提亞，憑藉慣有的好運，他很快就成為這座城的主人。

這座城坐落在一個岩石高地之上，克菲索斯河（Cephissus）穿流其間，通過此河便可直達阿提卡。馬其頓國王下令在該城重建城牆和其他工事，大大增強了該地的防禦能力。隨後，他回到馬其頓為一舉征服希臘做準備。

腓力二世占領伊拉提亞的消息讓雅典人陷入前所未有的恐慌中，於是公民大會立即召開。會上，狄摩西尼再次猛烈抨擊了企圖奴役希臘的馬其頓國王。

這次，雅典人終於沒有忽視狄摩西尼。不過，不可否認的是雅典已然衰落，而且據說那段時期是雅典歷史上最為墮落的時期。無論如何，雅典人還是拿出了勇氣，為崇高的目標、為自由而戰。

按照狄摩西尼的建議，為了與腓力軍隊在戰場上一較高下，雅典又集結了一支龐大的軍隊。同時，他們還向底比斯和其他友邦派遣使者，號召他們武裝起來，共同捍衛希臘的獨立。

狄摩西尼親自前往底比斯，他激昂的雄辯讓底比斯人恍然大悟，決心與雅典一同捍衛希臘城邦的自由。於是，底比斯公開宣布與馬其頓斷絕友好關係，並準備與雅典一同對抗馬其頓。

不久，一支由雅典、底比斯、科林斯、亞該亞、埃維厄和其他城邦組成的龐大的盟軍，共約 3 萬名士兵，向喀羅尼亞平原出發，驅逐希臘共同的敵人 —— 馬其頓。

腓力方面已經為即將到來的戰鬥做好了充分準備。他率領 30,000 步兵和 2,000 騎兵向喀羅尼亞平原出發，在他看來，這是與敵軍交鋒的最佳地點。聯盟軍也向此地出發。西元前 338 年，戰鬥的號角響徹了整個喀羅尼亞平原。

腓力二世率領馬其頓軍右翼對陣希臘聯軍左翼雅典軍，他 18 歲的兒子亞歷山大擔任馬其頓左翼指揮官對抗聯軍右翼底比斯軍。戰鬥初期，馬其頓這兩支軍隊面臨了不同的處境。

亞歷山大雖然還不到 19 歲，行軍打仗卻謹慎又勇猛，他率領部隊撕破了希臘聯軍的右翼陣列，底比斯軍幾乎全軍覆沒，特別是「神聖軍團」

被徹底擊潰。希臘聯軍左翼的雅典軍憑藉猛攻獲得先機，在戰爭初期占據優勢地位。

腓力觀察到亞歷山大帶領的馬其頓左翼大敗底比斯軍，故意讓自己的右翼部隊往後撤，如此誘使雅典軍追擊，打亂希臘聯軍的陣形，拉長戰線。雅典的兩位將軍呂西克列斯（Lysicles）和卡瑞斯指揮不力，他們帶領著混亂的雅典軍衝向了佯裝後撤的馬其頓右翼，那位呂西克列斯還傲慢地大喊道：「讓我們把懦夫趕回馬其頓！」腓力二世把部隊撤到一處高地後襬出了著名的馬其頓方陣，即楔形陣，開始反擊雅典軍。大多數雅典軍包括呂西克列斯本人只能瘋狂逃命，這與另一側誓死抵抗的底比斯軍形成鮮明對比。

後來腓力看到勝負已定，便下令停止殺戮。敵軍中的倖存者承認戰敗，並按照慣例請求埋葬戰死的同胞。在之前的另外一場戰爭中，腓力已經表現出本性中混雜著的野蠻。那天，他參加了慶功宴後，醉醺醺地來到戰場上，以勝利者的姿勢放肆地狂歡作樂，侮辱那些死去的戰敗者。

而此時他看到喀羅尼亞平原的戰場上遍地的底比斯軍屍體後，一時間憐憫起對方來，但這種感覺並不長久。喀羅尼亞戰役結束，腓力便嚴厲懲罰了底比斯人，他將底比斯國內反馬其頓派的領導人驅逐出境，喚回那些流浪在外的親馬其頓派，還安排了一支馬其頓部隊駐紮在底比斯的衛城。

他對待雅典人的態度則大為不同，因為他面對的是一群更有教養、更強大的敵人。他沒有利用這次勝利來傷害雅典城或其居民，反而提出與雅典締結和約，和談的條件包括雅典的海上壁壘薩摩斯島需臣服馬其頓。

腓力表示雅典可以保留他們古老的政府形式，阿提卡的所有權也不會受到干擾。總的說來，此次和約條款比雅典預想的要好得多，於是和平就此達成。

## 第 107 章
# 希臘淪陷 —— 腓力遇刺 —— 腓力人物評價

　　喀羅尼亞戰役後希臘再也沒有哪一支軍隊可以阻止腓力二世的大軍前進。這些昔日不可一世的城邦的衰敗史，對各國而言是一個很易理解卻很難從中獲益的教訓。當他們團結在一起形成牢固的聯盟時，可以戰勝強大、遙遠的帝國；一旦分裂，他們竟淪落成鄰國蠻族的手下敗將。

　　早期希臘諸邦的實力相當程度上依賴一些島嶼、殖民地和附屬國。但因為城邦內部紛爭，這些地方已經一個接一個地宣布獨立。喀羅尼亞戰役使他們幾乎失去了所有的一切，除了他們當下站立的城市。

　　儘管他們的資源被剝奪，但是戰後一年發生的事情表明：即使在最後一刻，若是希臘諸邦還能同心協力，他們依舊能挫敗腓力的軍隊。

　　西元前 337 年，馬其頓國王腓力召集了近鄰同盟國前往科林斯參加會議，就此成立了科林斯同盟。除了斯巴達，所有的希臘城邦都加入了這個聯盟。在場的各國代表統計了他們能聯合起來的兵力，結果發現，希臘諸國可以召集 220,000 步兵和 15,000 騎兵。希臘擁有如此強大的軍力竟然溫順地屈服於他們的半開化鄰國，也真叫人唏噓不已。

　　腓力在科林斯召開會議與他之前的眾多行動一樣都是為了實現其狼子野心。於他而言，征服希臘只是征服亞細亞的第一步。他深知，如果沒有那些希臘城邦的幫助，征服亞細亞的目標是不可能實現的。

　　這也解釋了腓力在喀羅尼亞戰役勝利後對希臘各國的態度：允許各國保留其古老制度，保持其相對的獨立性。隨後，波斯對小亞細亞海岸昔日的希臘殖民地進行殘暴壓迫的消息傳來，於是腓力抓住此次機會，請求科林斯同盟各城邦國家出兵協助他入侵亞細亞，收復希臘失地。

科林斯同盟諸國同意了他的這一請求，並任命腓力二世擔任同盟軍的最高統帥，各國開始厲兵秣馬。但伊利里亞突發暴亂，馬其頓國內也發生了一些事情，腓力二世只得將亞細亞遠征計畫延後。

原來，亞歷山大因為不滿腓力對待他母親奧林匹婭斯的態度，同他的父親發生了爭吵，最後兩人公開決裂。亞歷山大一時氣急，便投入了一直對馬其頓心懷不滿的伊利里亞人的懷抱。伊利里亞爆發叛亂的消息傳來後，腓力二世率兵進攻並成功地鎮壓了暴亂。與此同時，他使出渾身解數安撫兒子亞歷山大，後來二人又重歸舊好。

因為這些事，腓力錯過了征服亞細亞的最佳時機。西元前 336 年，腓力在馬其頓都城佩拉為女兒舉行婚禮，當他在一群賓客的簇擁下走進禮堂時，一個衛兵打扮的人突然衝到他的面前，拔出短劍向他的胸前刺去！腓力二世當場死亡，刺客也被當場擊斃。據稱，刺殺腓力二世的是一個名叫帕薩尼亞斯的馬其頓人，有傳言說此人被波斯收買了。

腓力之子亞歷山大即位後馬上宣布這場刺殺是波斯帝國的陰謀。我們似乎有理由相信亞歷山大此舉很可能是為了讓他日後入侵亞細亞變得師出有名，當然也可能是為他自己和母親奧林匹婭斯洗脫嫌疑。

當時暫居馬其頓首都佩拉的亞里斯多德認為此次暗殺是帕薩尼亞斯報私仇導致的。毋庸置疑，腓力遇刺於希臘其他城邦國家而言是件大喜事。尤其對一直秉持自由精神的雅典人，他們聽到那位勁敵被殺的消息時都歡欣鼓舞，喜不自勝。

無數史學家曾描述過馬其頓的腓力二世，世人皆認可他是位雄才大略的偉人。但是，人們對他公開和私下行為背後的動機卻有著截然相反的看法。

　　所有能夠客觀公正看待腓力事業的人都不會否認腓力二世野心勃勃，為追求權力不擇手段。他生於希臘北部的蠻國，但最終讓上百個文明城邦向他臣服。

　　腓力二世為拓展其領土會毫不猶豫地訴諸戰爭，但他最有力的工具是計謀。歷史上，沒有哪位君主像馬其頓的腓力二世那樣善於運用外交手腕。我們還需要注意，大多數評價他的古代作家都是他的仇敵，所以他們聲稱腓力二世的計謀基本是靠賄賂，其實是有失偏頗的。

　　當腓力渴望讓各國臣服時，他的第一步是發現和拉攏各國心懷不滿的派系成員，即使這些人未能讓該國臣服於他，也會在一定程度上削弱他在當地的對手，使得武力征服該國的難度大大降低。

　　雖然腓力為了權力可以不惜採取最卑鄙的手段，但他在大多數時候都能明智寬厚地使用奪得的權力。喀羅尼亞戰役之後，他對雅典等國寬容以待，即使他承認如此做的部分原因是為他日後的計畫打下基礎。

　　據說，喀羅尼亞戰役結束後，腓力的將軍們建議他趁機進攻雅典，但他平靜地回答道：「我為了榮譽做了那麼多，毀了雅典豈不是前功盡棄？」歷史學家還記錄了腓力在類似場合說過的類似話語。從中我們可以合理推斷，腓力二世對權力充滿渴望，但同時也憧憬著建立更大的功業，這是一種極其崇高的思想。

　　他是一位政治家，一位勇士。但他在其他方面的行為舉止更有力地展現了他性格中的亦正亦邪。雖然他一直忙於戰爭和政治，但他同樣熱愛那些能美化人性的學問。

　　腓力在其子亞歷山大出生時第一時間致信亞里斯多德便是他愛好學問的證據。他還一直渴望將所有希臘的賢人雅士都吸引到馬其頓的宮廷中

來，這也充分證明了他對學問的熱愛。他還親自寫信給希臘眾多著名哲學家，而且據說他自己也是文采斐然之人。

在個人行為方面，據說馬其頓國王常因酗酒而遭人不恥，因他對家庭不忠而遭人憤恨。一天審案時，腓力二世喝的酩酊大醉，迷迷糊糊地對一位老婦人的案件做出了判決，結果這位老婦人尖銳地申訴道：「我請求讓清醒的腓力來判案（即請求複審）。」但一般說來，他對朋友極其寬厚仁慈，對臣民也都是以慈父般的、不偏不倚的態度來主持公道。

## 第 108 章
# 亞歷山大即位

腓力去世後，科林斯同盟再次召開會議，參加會議的諸國代表都承認了馬其頓的霸權地位，唯有斯巴達拒絕派遣使者出席。腓力建立科林斯同盟的目的已在前文提及，繼承父志的亞歷山大一即位便積極採取措施，為征服亞細亞做準備。

此前腓力二世剛剛去世時，其兄長之子站出來反對亞歷山大登上王位，但亞歷山大是何等人物？足智多謀的他打敗了所有的王位繼承人，成功登上了馬其頓的王位。

青年時期的亞歷山大相貌英俊、精力充沛，且早就以軍事技巧和騎士風度而聞名於世，在百餘位王位候選人中脫穎而出。關於他的一件逸事有力地證明了他在年少時便擁有了異於常人的洞察力。有一次，一匹暴躁的馬被帶到腓力二世和其侍臣面前。這匹馬性子烈，極難駕馭，國王的隨從侍衛等都試圖騎上去，卻都被掀下馬背。站在一旁的亞歷山大細心地觀察，這匹馬每次頭部朝向烈日時就會暴躁不已，於是他上前調轉馬頭，隨

後輕鬆地坐在了馬背上。

在場的人只有這位馬其頓王子觀察到了這一點。據說，這匹名叫布塞弗勒斯（Bucephalus）的馬此後一直是亞歷山大出征時的坐騎。亞歷山大如此思維敏捷也離不開他的老師—— 希臘著名哲學家亞里斯多德的悉心教育。

亞歷山大擊敗王位爭奪者後便成功地登上了馬其頓的王位，被稱為亞歷山大三世，這位新王即位後的首個舉措就是維護馬其頓在希臘的影響力。為此，他前往科林斯，途中接受了色薩利諸國的臣服。西元前335年，他到達科林斯後，立即召集近鄰同盟各國的代表，自己也以近鄰同盟代表身分參加會議，毫不費力地坐上了父親曾擔任的科林斯聯盟統帥職位。

亞歷山大在會議上重提父親腓力二世武力入侵波斯的計畫，各聯盟國再次承諾提供援助。但隨後亞歷山大匆匆趕回馬其頓處理緊急事務。

伊利里亞、特里巴利（Triballi）、色雷斯及與馬其頓接壤的其他城邦國家，在腓力去世和波斯國王鼓動的雙重誘惑下，紛紛起兵反抗馬其頓，給馬其頓造成了不小的損失。

亞歷山大憑藉其高超技巧和勇氣，輕鬆地鎮壓了敵對的部落，並向其希臘鄰國證明了他即位時曾經說過的話。即位當天他對其臣民說道：「如今改變的僅僅是國王之名，但馬其頓國王的霸氣永不改變！」

不久之後發生的一件事向希臘諸國表明了腓力二世的這位兒子與其父一樣有勇有謀。由於亞歷山大長期在伊利里亞征戰，又頗少有關於此戰的消息傳到希臘，結果一個謠言傳遍了希臘諸國，稱亞歷山大和其軍隊被蠻族消滅了。聽聞此訊息，雅典人欣喜萬分。斯巴達又開始做稱霸希臘的美夢，底比斯舉國欣喜若狂。

　　自從喀羅尼亞戰役底比斯敗給馬其頓後，腓力二世便安排了一支馬其頓部隊鎮守在底比斯的衛城卡德米亞（Cadmea），駐守城堡的馬其頓軍官們以為這裡很和平，不會發生什麼意外，於是他們就讓士兵留在城堡裡，自己則居住在底比斯城中。當底比斯人聽到年輕的馬其頓國王亞歷山大去世的消息時，便認定這是可以推翻馬其頓統治的絕佳機會。

　　於是底比斯的反馬其頓派爆發叛亂，起義者殺掉了住在底比斯城中的駐守軍官阿明塔斯（Amyntas）和提摩拉奧斯（Timolaus），隨後還召集公民大會，向人們透露馬其頓新王去世的訊息，呼籲人們攻打卡德米亞的馬其頓部隊。

　　亞歷山大一聽到這些消息，便立刻預見到他在希臘的統治即將面臨巨大危險，必須迅速將叛亂扼殺在萌芽狀態。於是他立即率大軍向維奧蒂亞挺進，在短短 14 天內就到達了底比斯城外。亞歷山大並不希望對底比斯趕盡殺絕，也不願意浪費手下士兵的性命，因此他在向底比斯衛城推進時速度十分緩慢，讓對方有時間派出使者懇求原諒。但冥頑不化的底比斯拒絕投降，最終慘遭毀滅。

　　除了少數在混亂中逃到雅典的底比斯人外，所有忠心愛國的底比斯人，不論其年齡、性別和地位，都淪為奴隸。據史料記載，大批底比斯人被殺，還有約 3 萬人淪為奴隸。伊巴密濃達和品達的故鄉卡德摩斯也被夷為平地。

　　亞歷山大摧毀底比斯期間也展現了自己有人性的一面，出於對文學價值的尊崇，他沒有摧毀吟遊詩人品達居住的房屋。

　　在亞歷山大入侵底比斯期間，他手下的一名色雷斯上尉侮辱了一名底比斯貴婦泰摩克利（Timoclea）。一番羞辱之後，上尉問她的錢藏在何

處？泰摩克利帶他進入花園，說錢財藏在井裡，當他望向井內時，泰摩克利趁機把他推了下去，並將巨石投入井中，直到後者被砸死。這位婦人立刻被抓了起來，並被帶到亞歷山大面前接受判決。亞歷山大被她正氣凜然的外表所震撼，問道：「妳是誰，竟敢做出如此大膽的事？」

泰摩克利回答道：「我是特阿根尼（Theagenes）的妹妹，他在喀羅尼亞戰役中為捍衛希臘自由率軍與你父親的部隊作戰，英勇犧牲了。」亞歷山大並沒有因為她如此放肆的回答而懲罰她，反而將泰摩克利和她的孩子們從被人奴役的厄運中拯救出來。

底比斯城的下場給了希臘各國一個下馬威，從而鞏固了亞歷山大的地位。除了斯巴達仍對此事保持冷漠態度外，其他希臘國家都在亞歷山大返回馬其頓後向他致去賀信。

而此次，亞歷山大回信雅典時表示他清楚地知道雅典有人想阻止他的事業，並讓雅典將狄摩西尼和另外 9 人交於馬其頓，稱這 10 人是希臘所有暴亂的主要煽動者。

雅典人回信表示同意懲罰那些人，但懇求將 10 位當事人交給雅典國內司法部門處理。年輕的馬其頓國王答應了這一請求。不久他就忙於處理其他更重要的事情，無暇顧及雅典的那幾位政治家，他們也因此逃脫了懲罰。

## 第 109 章
## 亞歷山大入侵亞細亞 —— 格拉尼庫斯河會戰

回到馬其頓後不久，亞歷山大就開始了蓄謀良久的入侵亞細亞行動。當時波斯的領土疆域包括裏海、地中海、尤克西恩海和波斯灣周圍的一片廣闊的區域。再加上亞細亞中部和波斯東部及裏海附近的大區域域，東起

印度河平原、帕米爾高原，南到埃及、利比亞，西至小亞細亞、巴爾幹（Balkan）半島，北達高加索山脈、鹹海。

波斯國王大流士三世科多曼（Codomannus）年富力強，銳意進取，在內政、外交上均展現了不同凡響的膽識和魄力，然而，波斯人民早已喪失了其祖先的優秀品質。最初波斯人是貧窮但頑強的荒野居民，憑藉艱苦的奮鬥，他們才建立起一個偉大的國家。

波斯人度過了 250 多年富裕安逸的日子，逐漸失去了往日的鬥志和精神。來自包括亞細亞和非洲在內的無數富裕肥沃土地及財富使波斯國王和貴族們陷入怠惰之中。

波斯帝國的疆域內坐落著蘇薩、波斯波利斯（Persepolis）、埃克巴坦那（Ecbatana）、阿爾貝拉（Arbela）、大馬士革（Damascus）、巴比倫等當時世界上久負盛名的大城市，這些城市有累積了數世紀的財富。為了更好地控制這片廣闊領土，波斯將帝國劃分為 20 個行省，每個行省任命一個總督，總督直接由君主授命，各行省必須每年向蘇薩宮廷納貢。

出於同一目的，每個行省都有一支龐大的常備軍作為對地方的威懾，只有恐懼才能讓這些總督屈服於波斯的王權之下。

西元前 334 年春，馬其頓國王亞歷山大率領一支由 30,000 步兵和近 5,000 騎兵組成的大軍出發前往亞細亞。希臘諸國提供了 12,000 名步兵，其中包括 5,000 名傭傭兵。

馬其頓本土提供了 12,000 名步兵，其餘士兵主要來自色雷斯和伊利里亞。馬其頓、色薩利和色雷斯歷來是希臘盛產良馬之地，他們為亞歷山大提供了精良的騎兵部隊。希臘大軍乘著戰船由塞斯托斯（古色雷斯國都市）橫渡赫勒斯滂海峽，踏入了波斯地界。

在此期間，波斯國王非常清楚亞歷山大的意圖和動向，但他把對抗這支希臘聯軍的任務交給了小亞細亞西部的總督們。亞歷山大登陸後不久，總督們開始召集呂底亞、弗里吉亞、卡帕多奇亞、比提尼亞、愛奧尼亞等地的常備軍前往赫勒斯滂海峽參加戰鬥。

波斯總督們選擇在離赫勒斯滂海峽不到 30 英哩的格拉尼庫斯河 [090] 東岸紮營，波斯方還召集了一批希臘僱傭軍，首領是羅德島的門農（Memnon），波斯國王對門農甚是器重，令他擔任波斯軍的最高指揮官。而希臘聯軍一方，在亞歷山大登陸亞細亞後，先來到特洛伊城的遺址，在該處築起祭壇，向保佑他安全登陸的天神宙斯和雅典娜獻祭。祭祀結束後，亞歷山大才迅速向格拉尼庫斯河進軍，不久便抵達這條河的西岸，波斯大軍就在河對岸緊張地布防著。亞歷山大巧妙地部署一番後便迅速地率軍渡河。

亞歷山大先令先鋒的騎兵部隊渡河，他們遭到了波斯騎兵的標槍和弓箭射擊，不久便被擊潰。亞歷山大安排將軍帕曼紐率領聯軍左翼人馬佯裝渡河，吸引了波斯軍的中央和右翼部隊，亞歷山大自己則在聯軍右翼親率騎兵展開了攻擊。最終，顧此失彼的波斯軍被亞歷山大突破了河岸的防線。

在隨後的戰鬥中，年輕的亞歷山大在陣前英勇奮戰，親手斬殺了波斯國王大流士的女婿米特里達梯（Mithridates），刺穿了另一位貴族雷薩斯（Raesaces）的心臟。在此期間，一位波斯士兵從背後偷襲，差點砍到了亞歷山大的頭，幸好昔日腓力的部將克利圖斯（Clitus）眼疾手快，擊中了那位波斯士兵的手臂，否則，亞歷山大極可能喪命於此了。

---

[090] Granicus，今比加河。

　　馬其頓方陣和其餘步兵在帕曼紐的帶領下橫穿格拉尼庫斯河，很快便贏得了此次戰役的勝利。在這場戰鬥中波斯軍隊的傷亡人數尚無確切數目，但可以肯定的是他們絕對傷亡慘重，還損失了幾名總督及數位貴族，而亞歷山大一方僅損失了 30 名步兵和 85 名騎兵。

　　在戰爭中，波斯方的希臘僱傭軍遭到馬其頓軍的合圍。最終，除了 2,000 名倖存者被押解到色雷斯本土作為礦場奴工，大部分人被亞歷山大殲滅，因為他最痛恨叛徒。除此之外，亞歷山大對其他俘虜表現出了極大的仁慈。

　　頗有政治手腕的亞歷山大禮貌性地向希臘盟國送去了戰利品。他向雅典送去了 300 套波斯盔甲，並將其置於雅典娜神廟裡，盔甲上面刻著：「來自亞歷山大，腓力之子，和希臘人 —— 除了斯巴達人 —— 的奉獻，從亞細亞的蠻族手中奪取。」

　　此次勝利讓所有反對亞歷山大的聲音都暫時得到了平息，於是他高舉解放波斯壓迫下地中海沿岸希臘殖民地的大旗，進一步執行他的侵略計畫。他首先向呂底亞的都城薩迪斯進軍，薩迪斯向他敞開城門，一番懇求後，亞歷山大同意與薩迪斯簽署和平協定。

　　愛奧尼亞的都城以弗所是他的下一個目標，亞歷山大到達該城後對當地居民寬容以待，向他們保證會確保該國未來不會受波斯欺壓，他還幫助當地人重建了著名的阿提米絲神廟。此座神殿被世人認為是古代世界七大奇蹟 [091] 之一。

　　但卡里亞地區的都城米利都和哈利卡納蘇斯對馬其頓大軍緊閉城門，於是亞歷山大派兵圍攻並成功占領了這兩座城。期間攻打哈利卡納蘇斯

---

[091]　古代世界七大奇蹟包括阿提米絲神廟、奧林匹亞宙斯神像、巴比倫空中花園、羅德島太陽神巨像、亞歷山大燈塔、埃及胡夫金字塔、摩索拉斯陵墓。

時，亞歷山大陷入了困局，遭遇大流士手下優秀將領門農的堅決抵抗。門農在哈利卡納蘇斯加強防禦，集結了許多波斯部隊和希臘傭傭軍，在港口駐守，準備與亞歷山大進行長期對抗。亞歷山大意識到不能再繼續拖延了，必須一舉摧毀哈利卡納蘇斯，以免這裡將來成為敵人的有利據點。

征戰無數的亞歷山大很少會摧毀征服的土地，但這次他不得不毀滅了哈利卡納蘇斯城。昔日，他以寬厚仁愛之心善待戰敗者，以至於他每到一處皆會受到當地人們的熱烈歡迎。他們甚至熱情地支持他的事業，仰慕這位仁慈偉岸的君王。

對希臘人，亞歷山大採用了懷柔政策，被征服者只需臣服於他的統治，便可保留本國的風俗習慣與法律制度。他也允許亞細亞人保留當地的世襲法律，對土著人和本地殖民者的後代一視同仁。亞歷山大打敗了門農，成功征服哈利卡納蘇斯後，下令摧毀城防設施。此時正值冬季，他便和部隊一起在該城越冬，同時也忙著整頓他征服的沿海地區。

值得我們注意的是，亞歷山大在該城越冬時，允許他部隊中那些剛結婚的士兵回到馬其頓，在家中過冬。他這一寬厚的舉動更是加深了士兵們對他的崇拜。

## 第 110 章
### 砍斷高爾迪烏姆之結 —— 大流士備戰

在入侵波斯之前，亞歷山大召集了一支實力雄厚的艦隊，可以配合其陸地部隊的行動。但現在，由於波斯戰船數量眾多，他發現自己這支艦隊無法造成預期的作用，於是下令解散了艦隊，並對那些將軍們說：「只有征服這片土地我們才可以成為大海的主人；只要這些港口城市投降，馬其

頓便可成功遏制波斯的海軍力量。」

這就是他早期行動僅限於沿海地區的另一個原因。為此他還在卡里亞待了一段時間，受到了當地人的熱情接待。儘管人們極力要求他享受當地珍饈美味，但他還是堅持儉樸的飲食習慣。後來他從卡里亞前往海事大省利西亞，那裡坐落著 30 多個重要城市和海港城鎮。

在征服了這些地方後，亞歷山大來到了他進攻路線的下一個沿海地區潘菲利亞，但是他發現當地人不願臣服於他。於是，他開始採取嚴厲措施，懲罰了該地區的首府艾斯蓬杜（Aspendus）。

亞歷山大征服潘菲利亞後決定暫停占領海岸地區，計劃向北進入弗里吉亞，去那裡等待一支希臘援軍，並與帕曼紐會師。之前帕曼紐被派往弗里吉亞以穩固馬其頓在當地的統治。馬其頓國王的大軍前往弗里吉亞的途中，遭到內陸部落波提亞（Posidians）的阻撓。解決此事後馬其頓大軍終於到達了弗里吉亞的古都高爾迪烏姆（Gordium）。隨後發生的一件事，被認為是亞歷山大征服整個亞細亞的預兆。

傳說高爾迪烏姆是古希臘的一位弗里吉亞國王。他原是個普通農民，有一天耕地時一隻鷹突然落在牛軛上不肯離開，女預言家告訴他，這是他要當國王的吉兆。不久後，弗里吉亞的國王駕崩，當地人為下任國王人選請示神諭。神諭回覆道，「在前往宙斯神廟的路上，最先遇到的乘牛車者就是未來的王」。於是他們遇到了乘著牛車的高爾迪烏姆，後者成功地坐上了王位。為表達謝意，高爾迪烏姆決定把那輛給他帶來好運的牛車獻給宙斯。為了防止別人把車偷走，他便用繩子把車牢牢捆住，並打下了一個難解的結，這個結就是傳說中的「高爾迪烏姆之結」，此後，這輛車就一直被恭恭敬敬地保存在高爾迪烏姆城的宙斯神廟中，用軛架懸掛在牆上。

車軛和車轅之間用山茱萸樹皮繩結成了一個繩釦，無人能看出繩釦的頭和尾。

長久以來，一直有傳言說，神諭指示：解開這個繩結的人就是未來的亞細亞之王。亞歷山大對這個預言非常感興趣，於是前來觀看這輛車，據說，他也無法解開繩結，但是機智的他心想若按正常途徑是解不開這個結的。於是，他拔出佩劍，在空中一揮，手起劍落，將繩結砍斷了。但根據在場的將軍阿里斯托布魯斯（Aristobulus）的說法，亞歷山大只是從橫梁上拔下了一根木銷，他還評論道：「這便足以使他成為亞細亞之王。」

無論亞歷山大是用何種辦法解開繩結的，他的軍隊和當時的人們都相信是他解開的。後來一場雷電交加的暴風雨讓人們更加堅信他就是預言所說的未來亞細亞之王。於是心中歡喜的亞歷山大還舉行了一場盛大的祭祀儀式，以感謝眾神。

亞歷山大如期在弗里吉亞與帕曼紐會軍，還在當地獲得了來自希臘的增援部隊，那些被允許回國過冬的馬其頓士兵也前來支援。但因為羅德島的門農率領波斯艦隊在所有海岸和愛琴海島嶼進行強制攔截，所以這支希臘援軍只有約 1,000 步兵和 500 騎兵。

亞歷山大尚在弗里吉亞時，收到了門農的死訊，還聽說波斯撤回了大批艦隊，於是他命令馬其頓將軍安提帕特（Antipater）在希臘召集海軍。

亞歷山大在弗里吉亞完成了既定目標之後不久，便將注意力轉向了帕夫利高尼亞（Paphlygonia）和卡帕多奇亞等地區，占領這兩處可以讓他成為尤克西恩海和地中海之間整個亞細亞半島地區的主人。幸運的是，帕夫利高尼亞的統治者不是波斯總督，而是一位世襲王子，是波斯的封臣，這位王子非常樂意讓亞歷山大取代大流士成為至高無上的君主。

馬其頓國王立即與帕夫利高尼亞人締結了一項和平條約，然後將注意力轉向卡帕多奇亞。該地區總督在格拉尼庫斯之戰中喪命，當下總督一職暫時空缺。因此，馬其頓大軍毫不費力就占領了這片廣闊的地區，讓對方俯首稱臣。

亞歷山大守江山和打江山一樣謹慎。他不會對所經之處任何一個對他的事業有利的現存勢力強加干擾，但若是這一勢力逐漸失勢，他便會將一些最可靠的追隨者安插其中，同時分配給他們一支小部隊協助執行任務，也可保證他們的人身安全。

離開卡帕多奇亞之後，亞歷山大再一次向南出發，他即將面臨征服亞細亞過程中最嚴峻的挑戰。一段時間以來有消息稱，大流士正在巴比倫平原集結一支龐大的軍隊，準備把希臘大軍從波斯帝國驅逐出去。

波斯國王早前沒有親自出征的原因與他的國王身分極不相稱。起初，他甚至試圖借刺客之手除掉亞歷山大，而且據說波斯國王的刺殺陰謀差一點就成功了。

馬其頓貴族埃羅普斯（Aeropus）之子也叫亞歷山大，波斯國王用 1 萬塔蘭特誘惑這位亞歷山大，讓他謀殺其恩人馬其頓國王。但馬其頓國王及時發現並阻止了這一陰謀。這一暗殺行動就是波斯國王大流士最初使用的武器，即使他後來像個真正的男子漢一樣拿起了武器，在此過程中也一直在密謀收買敵人的追隨者。

當一支擁有不少於 60 萬人的波斯大軍即將在公平公開的戰場上與馬其頓大軍展開一場廝殺時，波斯國王背地裡的小動作就顯得更不光彩了。大流士和其家屬[092] 穿著華麗的東方服飾，帶領著那支龐大軍隊緩慢地從

---

[092] 根據波斯習俗，君主出征家屬可隨行。

巴比倫平原進入敘利亞（Syria）。

亞歷山大也從卡帕多奇亞來到了敘利亞，但他首先占領了波斯帝國在小亞細亞最後的據點西利西亞地區（Cilicia）。亞歷山大率領軍隊路經西利西亞首府塔爾蘇斯（Tarsus）時，因劇烈運動身體發熱，非常不明智地在賽德納斯（Cydnus）冰冷的河水中沐浴，結果引發了高燒，差點命喪於此。

他的隨從們都以為亞歷山大病情嚴重，也許就要不久於人世，但著名醫生、阿卡納尼亞的腓力認為有藥可治。後來他也因為治好此病而聞名於世。當腓力向馬其頓國王呈上藥湯時，亞歷山大收到了一封來自帕曼紐的密信，信中警告他那個醫生被人收買，要加害於他。

亞歷山大把藥舉到嘴邊，把那張紙條遞給腓力，一言不發地將藥一飲而盡，表情毫無變化。他沒有信錯人，那位醫生平靜地向他說明了那項指控是捏造的。事實證明醫生沒有說謊 —— 亞歷山大在喝完那碗救命藥後，不久病情就有了起色。

## 第 111 章
### 伊蘇斯之戰 —— 提爾城和西頓 —— 圍攻提爾城

波斯帝國的西利西亞行省位於安納托利亞（Anatolia）半島東南角，是小亞細亞進入兩河平原的門戶，這裡有金牛山脈環繞西、北兩面，東面是南北走向的阿曼山脈（Amanus Mountains），山脈以東就是廣袤的兩河平原。阿曼山脈阻斷了東西方向的交通，軍隊只能從兩處通過，一處叫做敘利亞山口（Syrian Gate），另一處叫做阿曼山口（Amanic Gate）。亞歷山大對自己英勇的士兵充滿信心，他身體痊癒後便迅速帶領軍隊穿越敘利

亞隘口進入了敘利亞平原。

　　令他驚訝和高興的是，他進入敘利亞平原後得知大流士軍隊已經揮師北上。就在馬其頓軍隊通過敘利亞山口的同時，大流士的軍隊通過阿曼山口前往西利西亞地區，占領了亞力山大留在伊蘇斯（Isus）的大營，俘虜了所有傷兵員和物資，截斷了亞歷山大的後路。大流士將馬其頓的傷病員全部剁去雙手，放他們前去給亞歷山大報信，然後從伊蘇斯南進 20 公里到皮納魯斯河畔（Pinarus River）安營紮寨，嚴陣以待。

　　亞歷山大立刻召集軍隊，並告訴他們大流士犯下了一個嚴重錯誤，便是將波斯軍隊從開闊的平原上撤到丘陵地帶，如此一來波斯軍隊中最有攻擊力的騎兵便無法完全發揮作用。

　　接著又有幾個好消息傳來，馬其頓大軍歡欣鼓舞，士氣大振，請求立即投入戰鬥。於是亞歷山大決定折回敘利亞隘口，馬其頓大軍順利穿過隘口後迅速抵達皮納魯斯河，波斯軍隊就駐紮在河對岸。亞歷山大帶領馬其頓軍隊右翼，帕曼紐負責指揮左翼的伯羅奔尼撒等希臘盟軍部隊，陣形中央是重灌步兵方陣。

　　馬其頓軍隊向皮納魯斯河靠進時，大流士將他最信賴的 30,000 名希臘傭傭軍組成中央陣營，對陣敵方的馬其頓方陣。

　　波斯國王將蠻族的重灌步兵置於兩翼，但他那龐大的軍隊因地勢局限無法完全部署 [093]。雙方布陣完畢後，亞歷山大率先衝向敵陣，他的近衛騎兵各個連隊以楔形隊形緊跟其後。馬其頓騎兵衝進皮納魯斯河時，迎面又遭遇到了波斯部隊密如飛蝗的弓箭直射。大概在波斯人三次齊射的功夫，亞歷山大就率領近衛騎兵衝到近前。

---

[093]　根據亞力山大的史官卡利斯蒂尼的記錄，皮納魯斯河谷平原的寬度不超過 2.5 公里，即使加上可以部署兵力的一段平緩山坡，整個戰場的寬度不會超過 3 公里。

波斯軍中的蠻族部隊嚇得魂飛魄散，紛紛轉身逃命，慌不擇路。接踵而至的馬其頓重騎兵如摧枯拉朽一般闖入波斯步兵陣線，而近衛步兵各個方陣也陸續過河迎敵，將波斯防線的缺口越撕越大。希臘僱傭軍進行了頑強抵抗，但最終還是不敵馬其頓軍。大流士的騎兵在戰場上奮力抵抗，為其君主提供了逃亡的機會。

大流士的倉皇而逃讓整個波斯大軍徹底混亂。潰散的波斯大軍逃往附近山地，至少有 11 萬人喪生沙場。西元前 333 年的這一天，亞歷山大徹底擊敗了波斯大軍，但亞歷山大的馬其頓大軍在與波斯方希臘僱傭軍的戰鬥中也損兵不少。

關於此次戰役中各方的兵力，歷史學家沒有給出確切的數字記錄，但可以確定的是，亞歷山大的軍隊除最初從馬其頓帶來的軍隊外，還有從亞細亞的希臘城市徵召來的援軍。

戰爭結束後，大流士的營地連同其所有財寶都落入了勝利者手中，波斯國王的家屬也落入勝利者之手，包括其母親西格曼比斯（Sysigambis），妻子斯妲忒拉（Statira），還有幾個女兒和一個幼子。但仁慈的亞歷山大一一妥善安置了這些波斯王室成員。

亞歷山大如此寬厚待人，據說大流士本人聽到這件事後感嘆道：「如果上天的旨意是讓我不再是亞細亞之王，那麼願亞歷山大成為我的繼任者！」

馬其頓國王亞歷山大與波斯國王大流士三世的這次戰役史稱「伊蘇斯之戰」，伊蘇斯是皮納魯斯河所在地區的名稱。此戰過後，亞歷山大繼續率軍沿著敘利亞海岸行進，前往敘利亞。他途經的各地都表示臣服。另一邊，安全逃回蘇薩的大流士派遣使者向征服者亞歷山大提出簽訂和平協定

的請求。

亞歷山大對波斯提出的傲慢條款感到憤怒，據說波斯使者還不以為然，於是馬其頓國王回覆說，只有波斯承認亞歷山大是「亞細亞之王」、是「大流士和他所擁有的一切的主人」這一條件，雙方才能進行和談。

大流士自然拒絕了這一提議，於是馬其頓軍繼續沿著腓尼基沿岸前進。著名的海港西頓[094] 和其他幾座城市幾個世紀以來都是亞細亞和地中海之間的貿易中心，都主動倒戈於馬其頓；腓尼基最大、最繁榮的港口城市提爾（Tyre）卻採取了不同的行動。

提爾人派使者覲見亞歷山大，稱願意臣服於他。但當亞歷山大宣布要前往提爾城向守護神海克力斯獻祭時，提爾人卻斷然拒絕，稱他們不允許任何波斯軍或馬其頓軍進城。

毫無疑問，提爾城得天獨厚的地理位置給了當地人勇氣去面對強大的馬其頓軍隊。西頓人在西元前 1252 年建立了殖民地提爾城（後稱為舊提爾城）。但在西元前 572 年，亞述國王尼布甲多諾索爾（Nebuchadonosor）將舊提爾城夷為平地，並把當地人驅趕到離大陸半英哩遠的一座島嶼上。於是一座新城 —— 提爾城迅速崛起，比之前的更為強大繁榮。

新的提爾城四面環海，外圍築有高 100 英呎的堅固圍牆，提爾人勇於拒絕亞歷山大是因為他們知道對方當下手中並無海軍，因此希望利用其地理位置優勢抵抗住馬其頓人。

殊不知，那位年輕的馬其頓國王從不會知難而退。他很清楚，若讓擁有強大海軍的提爾城繼續成為波斯盟友，必定遭禍無窮。因此他決定不惜一切代價也要占領這座城市。馬其頓大軍在此前戰役中不曾遭受挫敗，於

---

[094]　Sidon，今黎巴嫩西南部城市。

是滿腔熱情地堅決擁護首領的計畫，開始圍攻提爾城。

　　鑑於提爾城特殊的地理位置，而亞歷山大此時又沒有艦隊在手，所以他下令修築一道連線提爾城和大陸的長堤。在修築這項工事時，他下令用木塔和其他工具保護己方士兵。但提爾人用點燃的飛鏢、各樣的投擲物及火船攻擊了正在修築工事的馬其頓士兵。

　　儘管如此，亞歷山大軍隊依舊沒有停止築堤。直到有一天晚上，提爾人偷偷將一艘裝滿可燃物的巨大破船行駛到工事處後點燃，成功地把馬其頓人數週的勞動成果毀於一旦。經歷此次事後，亞歷山大堅信要攻破提爾城必須要有戰船的協助；幸運的是，他不久就得到了一支艦隊。

　　西頓城及亞細亞其他沿海城邦派出所有戰艦協助他攻打提爾城，曾臣服波斯的羅得島和塞普勒斯島考慮到當下局勢，認為此時應該討好亞歷山大，於是也派出艦隊援助馬其頓。在得到這些寶貴的援軍後，馬其頓開始重新修築海堤。

　　重建海堤後，看起來堅不可摧的提爾城被迅速攻陷。據說，此次攻城戰能夠勝利主要是靠盟軍的戰船和建築好的海堤。這次攻城戰持續了兩天，提爾人頑強抵抗，他們把燒得滾燙的焦油和燒得通紅的沙石倒入攻擊者的戰船中造成破壞，用盡一切辦法拯救提爾城。

　　最終在西元前 332 年，圍攻者的攻城槌和其他攻城工具在城牆上打開了缺口，提爾城被攻陷了。8,000 提爾人被殺，3 萬人淪為奴隸。據說亞歷山大在這場歷時 7 個月的圍攻中僅損失了 400 人。

　　亞歷山大在提爾城時收到了來自大流士三世送來的第二封求和信，信中表示願意把幼發拉底河和地中海之間的領土全部割讓給馬其頓，同時賠

款 3 萬塔倫特 [095]。大流士三世希望他與自己的一位女兒聯姻，以交秦晉之好。亞歷山大傲慢地回絕了，但大流士又遣使者提出類似的和議。

據史料記載，有一次波斯使者前來議和時，亞歷山大的部將帕曼紐認為對方的提議很好，並說道：「如果我是亞歷山大，我就接受這個建議。」亞歷山大反駁道：「如果我是帕曼紐，我也會接受。」

## 第 112 章
### 亞歷山大征服埃及 —— 擊敗大流士

攻克提爾城後，亞歷山大繼續向南推進，懲罰耶路撒冷（Jerusalem）的居民，因為他們在圍攻提爾城期間拒絕給馬其頓大軍提供補給。但當他臨近城池後看見人們在一位大祭司的帶領下走出來向他表示臣服，便怒氣全消了。

耶路撒冷的大祭司身著白袍，頭頂的主教法冠上刻著「上帝」。國王尊敬地走上前，虔誠地鞠了一躬，此舉讓國王的手下們大吃一驚。「我崇拜的不是祭司，」亞歷山大說道，「而是他所侍奉的上帝。」

亞歷山大接受耶路撒冷投降後便決定前往征服埃及。在前進過程中，他包圍並占領了巴勒斯坦唯一一個拒絕臣服於他的加沙城（Gaza）。在這座城市，他忘記了他一貫的仁慈，殺死了 1,000 名守軍，還模仿著阿基里斯拖著赫克托耳繞著特洛伊城牆轉的樣子，粗暴地把總督波提斯（Boetis）拖在戰車後繞著城轉。

他漫長的埃及征服之旅很是成功。埃及總督薩巴西（Sabaces）在伊蘇斯戰役中戰死後，埃及一直由一名下級軍官統治。這位軍官對亞歷山大沒

---

[095] 作為對比，東征前馬其頓國庫有 60 塔倫特。

有做出任何抵抗，反而和埃及人民一起歡迎亞歷山大成為埃及的統治者。

這位馬其頓國王直奔埃及首都孟斐斯，在那裡舉行一個盛大的節日，並參拜了埃及古老的神牛阿匹斯（Apis），從而進一步贏得了埃及人的好感。他從孟菲斯順著尼羅河的主要分支一直行至卡諾帕斯城（Canopus），驚訝地發現這樣一個如此富饒、商業資源如此豐富的國家竟然連一個像樣的港口都沒有。於是，他決心建立一座沿海城市，讓當地人永遠記住他的名字。

因此他在尼羅河三角洲建立了亞歷山大城（Alexandria），也稱亞歷山大港，該城因其極具優勢的地理位置迅速發展成為埃及行省非常繁榮的商業港口城市，後來還成為歐洲與東方貿易的中心和文化交流的樞紐。

在規劃了這個以他的名字命名、彰顯出其睿智的不朽作品之後，他在一小隊人的護送下，前往沙漠中的阿蒙神廟。他想親自拜訪埃及的神廟，並像著名的祖先珀耳修斯和海克力斯那樣，向阿蒙神 [096] 請示神諭。

阿蒙神神廟坐落在亞歷山大港西南部的一片綠洲中，距海岸大約五十里格 [097]。亞歷山大欣賞著這片沙漠中的一抹綠色，在神殿得到令人滿意的回答後，回到了孟斐斯。

當大流士在亞述再次召集了一支軍隊時，亞歷山大正在重組埃及政府。他將一些可靠的追隨者安置在重要職位上，然後從埃及直接前往亞述。

他順利地穿過了那些已經臣服於馬其頓的城邦。西元前 331 年，他在距亞述的底格里斯河以東幾天路程的阿爾貝拉附近和大流士軍隊相遇了。

這一次，大流士召集的大軍超過了伊蘇斯戰役時的波斯軍規模，馬其

---

[096]　Jupiter Ammon，埃及的太陽神。
[097]　長度單位，1 里格約為 3 英哩。

頓一方則獲得了來自歐洲和亞細亞屬地的軍隊支援，部隊規模增至 47,000
人，其中騎兵約占七分之一。

　　大流士的騎兵至少有 40,000 人，還配有 15 頭戰象和 200 輛鐮刀戰車。
雖然對比伊蘇斯戰役，波斯國王此次沒有強大的希臘僱傭軍，但他這次召
集的士兵比之前的更勇猛。他們不是波斯柔弱的侍衛和常備軍，而是由帕
提亞人、巴克特里亞人（Bactrians）、赫卡尼亞人（Hyrcanians），以及其
他來自中東部地區的軍隊組成。他們雖然缺乏組織紀律，卻勇敢無畏。

　　以上是兩支軍隊為爭奪亞細亞統治權在阿貝拉開戰前兩方的特點和人
數。傍晚時分，馬其頓人爬上了一個高地遠眺，看到了大批波斯軍在下方
的平原上整齊地排列著。大流士吸取了前幾次敗仗的經驗，不會再讓步兵
和騎兵眾多的波斯軍隊在狹小的陣地上因施展不開而敗給敵軍。

波斯將士的武器

　　兩支軍隊整夜都不動聲色，到了次日早晨，亞歷山大將重灌步兵分為
兩個方陣，每個方陣 16,000 人，然後率軍進入平原，戰鬥由此打響。戰
爭持續一段時間後，波斯軍的正面正好漏出一個空洞，亞歷山大趁機率騎
兵直奔波斯軍的中央方陣，這個衝擊對整個會戰的勝負起了決定性作用。

　　從那一刻起，整個戰鬥變成了一場屠殺。只有帕提亞人和印度騎兵頑
強地戰鬥了一段時間，但他們最終也被色薩利的騎兵擊潰。由於大量敵軍

紛紛逃命，掀起了一層塵霧，幾乎分辨不清人馬，所以馬其頓人才沒有把大流士三世俘獲到手。這次戰役波斯方近 4 萬人陣亡，而戰勝國的損失猜想不超過 500 人。

據說，波斯君主大流士再次落荒而逃，但也有幾位史學家認為，大流士三世在戰鬥中的表現絕非怯懦，並不像人們所說的不配做波斯君主。

他和一些追隨者撤退到米堤亞，並決定若是亞歷山大繼續追擊，就再往東撤，尋求居住在印度河附近的巴克特里亞人的庇護。

儘管亞歷山大決心抓住大流士，以免對方再次在中亞召集人馬攻打馬其頓軍，但這位征服者被迫將注意力轉移到鞏固之前所占地區的統治上。

## 第113章
# 巴比倫與波斯波利斯 ── 大流士之死 ── 亞歷山大占領塞西亞

亞歷山大率領希臘聯軍從阿貝拉向南前往亞述帝國的古都巴比倫 ── 一座規模宏大而富饒的城市。伊蘇斯戰役之前，波斯國王大流士曾在波斯軍駐地及敘利亞的大馬士革留下了鉅額財產。波斯軍戰敗落荒而逃後，這些也都成了希臘大軍的戰利品。除了上述兩處外，亞歷山大還不曾得到波斯國王的其他財產。但是在巴比倫，這位馬其頓國王看到的黃金白銀足以滿足任何征服者的慾望。

這筆錢可供他給軍隊中每一名士兵一大筆賞賜。在重組巴比倫政府後，他率軍前往波斯宮廷所在地蘇薩。蘇薩是蘇錫安那（Susiana）行省的首府，位於巴比倫尼亞行省和波斯行省之間。在那裡他又獲得了大量錢財，僅在蘇薩城他就得到了 1,000 萬銀幣。

國王亞歷山大把大流士的家屬安置在其祖先的王宮裡，以表現他的仁

慈之心。他還非常謹慎地任命當地一位優秀的首領統治該地區 —— 他之前在巴比倫也採取了同樣明智的方式 —— 進而贏得了人民的愛戴。

馬其頓國王的下一個目標是波斯行省的首府波斯波利斯，那裡等待他和馬其頓軍隊的是更多的財富。抵達後亞歷山大在波斯波利斯生活了幾個月，在這段時間裡，他再一次感受到了極度的奢靡與繁榮。

在一次盛大的宴會上，亞歷山大喝得醉醺醺的，他的一個同伴誘使他放火燒毀波斯國王的舊宮殿。馬其頓國王看到燃燒的大火後很快就後悔了，但大部分宮殿建築在火被撲滅前便已經倒塌。

西元前 330 年，亞歷山大得知大流士還在埃克巴坦那，於是離開波斯波利斯前往那裡。當他到達米底亞都城時，便得知大流士已在五天前帶著一小支隨從部隊離開了。亞歷山大立即跟隨大流士的腳步向東行去。經過漫長而艱苦的跋涉，他們以驚人的速度前進，最終在巴克特里亞邊界上接近了目標。

此時亞歷山大獲悉，與波斯國王同行的巴克特里亞總督拜蘇（Bessus）發動政變，將大流士囚禁了。馬其頓國王加速前進，終於追趕上了前方正在快速移動的敵軍隊伍。

亞歷山大在追擊途中發現了路邊大流士的屍體，原來總督拜蘇害怕亞歷山大繼續追擊，便派手下的兩名貴族刺傷了大流士，為自己爭取逃跑的時間。亞歷山大從未想過要取可憐的波斯國王性命，看到昔日的勁敵落得如此下場，他也不免悲憫，且對那些殺人凶手恨之入骨。於是，他繼續率兵追捕總督拜蘇一行人。

歷經多次艱苦的追捕之後，總督拜蘇最終落入了亞歷山大手中，面臨殘酷的命運判決。亞歷山大將拜蘇轉交給大流士的兄弟，後者則按照慣

例，處置了這個波斯的叛徒。但是巴克特里亞及周邊的阿利亞[098]和索格底亞那（Sogdiana）三個行省頑強抵抗了三年才被亞歷山大征服。

這些地區的人們古稱塞西亞人，據說亞歷山大在那裡受到過當地人的規勸，那些規勸通常被認為是莊重雄辯的範例。但恐怕這些文字更多是史學家潤色後的作品，而不是那些野蠻部落的傑作。

以下據說是塞西亞人話語精煉形象的一個例子。他們問亞歷山大：「你有帶翅膀的士兵嗎？」以此暗指自己的國家堅不可摧。這個對話和後續的責備更是激起了亞歷山大的傲氣，讓這位國王繼續征伐直到占領了這三個行省才罷休。

在漫長的征戰生涯中，亞歷山大在塞西亞平原的表現最能展現出其作為軍人和指揮者的品質。無論寒冷或炎熱，飢餓或乾渴，危險或辛勞，創傷或疾病，他都不曾動搖。有一個能承受所有這些痛苦的指揮官，他的士兵們當然也是無堅不摧、戰無不勝的。

在塞西亞戰爭即將結束時，馬其頓國王迎娶了東方最美麗的女人羅克珊娜（Roxana）為妻，她是巴克特里亞首領奧西亞特斯（Oxyartes）之女，那位首領曾是亞歷山大在戰場上的強勁對手。

亞歷山大率軍征戰的同時，帕曼紐和其他幾位將領正忙於征服裏海附近的赫卡尼亞（Hyrcania）和帕提亞[099]。在巴克特里亞、索格拉底亞和其他塞西亞領地成功歸附後，亞歷山大征服波斯帝國的霸業終於接近了尾聲。

西元前 327 年，完成了征服波斯的艱鉅任務後，亞歷山大在巴克特里亞的冬季營地中犯下了一個大錯，這成為他記憶中一個不可磨滅的汙點，

---

[098]　Aria，或稱阿利亞那（Ariana）。
[099]　Partha，亞洲西部古國，在伊朗東北部。

也表明了沉醉於成功之中的他漸漸地走向墮落。

早期的亞歷山大嚴於律己，從不醉酒。但後來他開始不時地過度飲酒，還要求追隨者們為他舉行跪拜儀式等，儘管這些儀式通常都是為眾神設立的。

有一次，在巴克特里亞舉行的一場為紀念卡斯托耳和波呂丟刻斯的盛宴上，亞歷山大開始談論自己征服亞細亞的壯舉，還有同樣征服過亞細亞的酒神戴歐尼修斯的豪舉。在場大多數人為亞歷山大鼓掌稱讚，克利圖斯卻出面強烈譴責了他。克利圖斯就是那位在格拉尼庫斯戰役中救過這位馬其頓國王性命的指揮官。

人們都喝得酩酊大醉，言語變得愈來愈激烈。克利圖斯嚴厲地責備國王竟然將自己與諸神相比較。爛醉如泥的亞歷山大被這番責備激怒了，他站起身來，怒氣沖沖地走到克利圖斯跟前，克利圖斯的朋友們見狀將克利圖斯強行拉出了房間。

但惱怒的克利圖斯返回了營帳，又對著馬其頓國王責備了一番，亞歷山大完全失去了理智，隨手抓起一件武器，當場殺死了克利圖斯。但他看到倒下的克利圖斯後立刻懊悔不已，傷心得三天不吃不喝，也不離開房間，直到他忠實的追隨者們請求他振作起來。

## 第114章
### 雅典政局 —— 亞歷山大入侵印度

在繼續講述亞歷山大的後續行動之前，我們先來聊聊當時希臘內部的事務。實際上，亞歷山大遠征波斯這段時期，有一件大事擾亂了希臘諸國間的和平。

如前所述，以馬其頓為首的科林斯同盟成立後，斯巴達一直保持中立狀態，也因此積蓄了一些力量。

亞歷山大離開後的第三年，馬其頓總督安提帕特依然占領著色雷斯。斯巴達國王亞基斯抓住了這個看似有利的機會，對馬其頓進行示威，但毫無疑問以失敗告終了。安提帕特轉而反擊亞基斯，大敗斯巴達，並迫使傲慢的斯巴達人卑微地請求和平，亞歷山大立即慷慨地答應了他們。

大約在同一時期，雅典國內發生了一場辯論，對立雙方是兩位傑出的辯論家，狄摩西尼和埃斯基涅斯。這兩位傑出的辯論家在公民大會上進行了一場辯論較量，辯論的問題關係到個人生命，也關係到了國家的最大利益。

在這場辯論賽中，狄摩西尼成功地打敗了對方，埃斯基涅斯被判處流放。這位勝利者對對手慷慨以待，在對方不濟時給了他一袋錢財。埃斯基涅斯後來也證明了自己同樣是一個品格高尚的競爭對手。

埃斯基涅斯前往羅得島創辦了一所著名的演講學校。他把那篇使他無家可歸、四處流浪的狄摩西尼的演講稿唸給學生們聽，當聽眾按捺不住，熱烈地鼓起掌時，他感嘆道：「啊！你們要是聽他親口說出來，會敬佩到什麼程度呢！」

大約在這個時候，亞歷山大把在蘇薩王國掠奪的弒僭者（即弒殺僭主的人）雕像——哈爾莫狄歐斯和阿里斯托革頓送到了雅典，這二人便是昔日刺殺雅典僭主希庇亞斯的罪魁禍首，薛西斯曾經總是將這些雕像隨軍攜帶。在亞歷山大征伐過程中，透過這種善意的政治捐贈，以及向雅典派遣輔助軍，讓雅典始終對馬其頓保持著和平友好的態度。

亞歷山大的野心隨著他不斷的勝利而逐漸增強，於是他決定入侵印

度。在他最後的幾次戰役中，經常有來自歐洲的援軍加入他的隊伍，這對他來說是極有必要的，因為他必須不斷地把小部分軍隊留在身後，守護他的戰利品。

大批的塞西亞人臣服後也在他麾下效力。如此，他率領了一支龐大的軍隊於西元前 327 年開始了入侵印度之戰，這場戰役基本是在印度河沿岸及其五個主要支流附近展開。

亞歷山大帶來的希臘大軍前進途中遭到了居住在這些地區的各部落的強烈抵抗，還被惡劣的自然條件折磨。不久後，他們來到位於印度河上游的著名城市尼薩[100]，然後沿著印度河蜿蜒的支流繼續前進。

接著，大軍到達海達佩斯河（Hydaspes），當地好戰的國王波魯斯（Porus）召集了一支 34,000 人的軍隊，帶著許多武裝戰車和戰象，阻止馬其頓軍隊前行。馬其頓國王認為，要在這些印度人面前安全過河是不可能了，然後他開始設計讓勇敢的波魯斯放鬆警惕。

亞歷山大大獲全勝，成功渡河並擊敗了敵軍。波魯斯國王遭活捉後被帶到征服者面前，馬其頓國王對威嚴不屈的波魯斯大為欽佩。「我該如何待你呢？」亞歷山大問他道。「像個國王一樣。」波魯斯平靜地回答。「我會這樣做的，但是我能為你做什麼呢？」亞歷山大微笑著說。

波魯斯表示他所有的願望都集中在第一個請求上。馬其頓國王對這位俘虜所展現的國王氣概感到非常欣慰，認為他是當地王位的不二人選，不僅恢復了波魯斯的王位，後來還任命他為所有印度征服地的總督。

行軍途中，亞歷山大還在海達佩斯河沿岸建立了兩座城市：尼西亞城（Nicea）和布西發拉城（Bucephalia），後者以他的戰馬命名，因為他的這

---

[100]　Nysa，據說是由戴歐尼修斯建立的。

匹愛馬就戰死在那附近。在包圍了桑加拉城（Sangala）之後，馬其頓國王
發現自己已經征服了整個印度河上游五條支流周邊的所有城鎮。

　　儘管這位馬其頓國王渴望繼續東征，但其追隨者們歸鄉心切，於是他
同意撤軍。不過，亞歷山大決定大軍從波斯灣沿岸返回，併為此召集了所
有戰船，還下令建造新的戰船，用以將軍隊運送到印度河下游。

　　馬其頓大軍在河中航行了數月，途中遭到了沿岸蠻族的襲擊。據說，
亞歷山大在到達大海時，曾坐在岸邊的一塊岩石上，久久地凝視著浩瀚無
垠的大海，悲痛欲絕地哭喊著說再也沒有地方供他征服了。

　　不久馬其頓國王率領主力部隊下船後沿著海岸繼續從陸地前進，留下
能幹的海軍將領尼阿庫斯（Nearchus）率領艦隊，後者現存的航行記載中
記錄了他繼續從海上向幼發拉底河出發的一段歷史。國王率領的部隊在陸
地上行軍異常艱苦，但一路上亞歷山大悉心問候，耐心地對待軍中最卑微
的跟隨者，令將士們忘記了疲憊。

　　他們沿岸行進即將結束之際，士氣終於高漲起來。當他們到達波斯肥
沃的卡曼尼亞地區（Carmania）時，亞歷山大和軍士們一路凱旋高歌，宣
布接管該地。這位首領甚至在公共場合模仿酒神戴歐尼修斯和同伴們一起
載歌載舞，因為他聽說戴歐尼修斯曾經在亞細亞有過這樣的故事。

　　穿越卡曼尼亞進入波斯時，亞歷山大發現幾個總督在他離開期間密謀
造反。波斯波利斯的總督因犯此罪而受到了嚴厲的懲罰。

　　在波斯行省的都城波斯波利斯逗留期間，亞歷山大娶了大流士女兒為
妻，當時馬其頓是允許一夫多妻制的。大流士的遺體已被運回波斯波利
斯，並遵亞歷山大之令按國王禮節安葬在皇家墓地。

## 第115章

# 亞歷山大的病與死 —— 他的品格

亞歷山大讓人可敬之處在於，他在征伐期間對占領地採取積極措施，讓當地得到了長遠發展。在把波斯政府交到更可靠之人手中後，他又去往蘇薩，然後前往歐皮斯（Opis）和埃克巴坦那。在這些地方，他都提出了整治計劃，大多是幫助完善當地的管理機制。

他從埃克巴坦那出發前往巴比倫，這座城市是他最不願進入的，因為有各種預言說那個地方注定會給他帶來死亡。儘管如此，他還是順著幼發拉底河航行，抵達巴比倫。

亞歷山大到達巴比倫後不久就患上了惡疾，最終不幸病逝。人們普遍認為他是由於飲酒過度才患上此病。他此次發病時，將士們像之前一樣圍在他房外，為擔心失去這樣一位國王而心急如焚，痛苦不堪。

發病幾天後，他的病情急遽惡化，將士們被允許去見國王最後一面。一幕史無前例的場景上演了。垂死的亞歷山大面色蒼白，說不出話來，但神志清醒，看見他的戰士們一個接一個痛哭著走進來。他用盡全身力氣伸出手來，然後將士們紛紛來到他身旁，親吻敬愛之人的手，那隻手曾無數次揮舞著帶他們走向勝利。

西元前323年，亞歷山大在巴比倫病逝，享年33歲。他的病類似於一種常規的瘧疾，從他發病到離世僅隔了11天，就這樣，亞歷山大在登上馬其頓王座整整13年後就英年早逝了。

我們可以透過亞歷山大的事蹟來分析其人物品格特徵。雖然他四處征伐，給許多地區帶來了災難，但客觀上他也帶去了先進的文明，把數百萬野蠻人從沉睡中喚醒，還促進了東西方文化的交流。

他在占領的廣闊土地上建立了不少於 70 座城市，這些城市的地址大多是經過精心挑選的，相當程度上促進了這些地方的商業繁榮與文明進步。他在實施政治舉措時還會關注被占領地區人們的福利。

於性格而言，亞歷山大心胸寬大、慷慨仁慈。雖然他在征伐期間也曾有過惡行，但與其他大多數征服者相比，確實要少得多。

於常人而言，他對權力的渴望幾近瘋狂，但我們必須記住，哲學家亞里斯多德豐富了少年亞歷山大的世界觀，養成了他大格局的意識，甚至那個時代的賢哲們也會滿懷欽佩和讚許之情來看待亞歷山大的事業。當然，這位馬其頓國王性格中也有一些缺陷，其中之一是他嗜酒如命的癖好，這也是導致他英年早逝的原因之一。

若一個人在已知世界的大區域域制定了規則，那麼他的死亡必定會帶來驚天動地的變化。這些變化也有力地證明了亞歷山大優秀的個人能力。

亞歷山大在世時，他身邊的眾多將軍們總是能看到未來成功實現抱負的誘人畫面，他們似乎本能地相信著這樣一位領袖，不曾想要與他爭奪權利。

但是，這位偉大的征服者一去世，這些將軍們都不願意犧牲自己的利益，甚至開始密謀瓜分帝國。而且亞歷山大死前沒有留下繼承人，他的家族也無人能將他廣泛而分散的戰利品統一起來。

亞利地亞斯（Aridaeus）是亞歷山大同父異母的兄弟，但是個昏庸無能之輩，而亞歷山大的兩個妻子羅克珊娜和斯妲忒拉[101]還不曾誕下王子。亞歷山大去世時，她們正身懷有孕。羅克珊娜不久就生下了一個兒子，還密謀殺死了斯妲忒拉和她未出生的孩子。

---

[101]　Statira，大流士三世之女。

亞歷山大去世後不久，馬其頓舉行了一場軍官大會，會上確定亞利地亞斯和羅克珊娜腹中之子（若是兒子的話）成為帝國的聯合繼承人，亞歷山大臨死前將權利的戒指交給了將軍帕迪卡斯，所以會議還決定讓帕迪卡斯擔任攝政者。

提出此安排的各方均有意讓亞利地亞斯和尚未出世的王子只成為名義上的統治者，因為各方勢力簽訂了分封協定，以總督的身分獲得封地，掌握實權。最初封地時產生了近 40 個總督，這種形式的波斯政府注定不會長久。

亞歷山大死後的 20 多年裡，希臘各城邦及波斯各地都乘機起兵反抗。亞歷山大的三位部將安提柯（Antigonus）、歐邁尼斯（Eumenes）和帕迪卡斯又互相廝殺，爭奪土地。後來帝國分裂為數個國家，直到最後這些國家都被羅馬征服，永遠消失在了歷史長河中。

## 第 116 章
### 埃及等王國成立 —— 雅典召回驅逐者 —— 狄摩西尼之死

上一章結尾提到亞歷山大征服的龐大帝國被分裂成幾個國家，首先是亞歷山大麾下的托勒密・拉格斯（Ptolemy Lagus）將軍占領了埃及、阿拉伯和巴勒斯坦，建立了托勒密王朝，後來王朝的王位一直由他家族的後裔世襲。

托勒密王朝在統治埃及近三個世紀之後，最終敗在了一位絕世美女的手中，她就是克利奧帕特拉七世（Cleopatra，埃及豔後）。西元前 28 年，羅馬開國皇帝奧古斯都・凱撒（Augustus Caesar）占領埃及，埃及豔後淪為俘虜，萬念俱灰的她令忠誠的侍女把一條叫做「阿斯普」的毒蛇裝在無

花果的籃子裡送到她面前，她抓起小蛇放到自己的豐乳上，在充滿毒液的撕咬中結束了自己傳奇的一生。

在托勒密王朝統治時期，埃及和亞歷山大城迅速發展成當時繁華的商業和文化中心。該王朝中有幾位王子積極鼓勵人們學習知識和藝術，還在亞歷山大城建了一座巨大的圖書館。不幸的是，奧古斯都的前任尤利烏斯·凱撒（Julius Caesar）統治時期，羅馬人攻打亞歷山大城時，將這座圖書館付之一炬。

後來人們在亞歷山大城又建了一個規模宏大的圖書館，但穆罕默德的早期追隨者發動了宗教戰爭，第二個圖書館也慘遭毀壞。古往今來的學者們一直為這些無法彌補的損失扼腕嘆息。

在馬其頓帝國分裂的四個主要國家中，第二個是塞琉古（Seleucus）統治下的敘利亞王國。它包含了亞洲部分最富饒的土地。像托勒密家族一樣，該王朝的主權一直延續到了羅馬帝國統治時期。後來塞琉古在地中海最東角建立了安條克城（Antioch），並遷都至此。

敘利亞王國的疆土從地中海幾乎一直延伸至印度河。最初，該王國是馬其頓帝國分裂後最強大的國家。但國家內部各個行省相繼獲得獨立，極大地削弱了塞琉古家族的勢力。塞琉古王朝延續了兩個多世紀，直到最後被羅馬推翻。

馬其頓帝國分裂後形成的第三個主要國家是色雷斯和比提尼亞聯合王國，色雷斯和比提尼亞分別位於博斯普魯斯海峽的歐洲一側和亞洲一側；這兩處成為亞歷山大昔日的追隨者利西馬科斯的領地。

第四個主要國家包含了馬其頓本土和其他希臘領土。但在敘述馬其頓帝國的這一塊土地落入誰的手中之前，我們有必要回顧一下亞歷山大最後

幾年時希臘的情況。

前文中已經提及在亞基斯國王領導下，斯巴達人企圖進攻馬其頓，總督安提帕特成功制止了斯巴達暴動。不久後，為削弱雅典的反馬其頓黨，他設法驅逐了該黨的領袖 —— 雄辯家狄摩西尼。

亞歷山大入侵波斯期間，他的大臣哈帕路斯（Harpalus）捲走了大筆錢財從亞洲逃到雅典，希望用黃金換取雅典的庇護。哈帕路斯並沒有失望，因為他的黃金確實讓許多雅典重要人物同意他留下。

只有雅典將軍福基翁和雄辯家狄摩西尼出面反對哈帕路斯。但最後據說甚至狄摩西尼也收了賄賂。不管這一指控是否屬實，最終導致這位雄辯家被驅逐。

馬其頓將軍安提帕特向雅典發來恐嚇信，驚恐不安的雅典人迅速將哈帕路斯驅逐出城，並彈劾了那些接受他禮物或支持他事業的人。狄摩西尼被處以鉅額罰款，但因無力支付逃到了埃伊納島。

此事件發生後，希臘人度過了一段平靜時光，直到亞歷山大的代表在奧林匹克運動會上宣布「所有希臘城市需立即召回那些被流放的人，若不服從，等來的就會是馬其頓軍隊」。

在頒布這一法令期間，希臘各國被驅逐在外的流亡者人數不少於 2 萬，亞歷山大可能希望透過將這些流亡者送回他們的家園，以長期鞏固他在希臘個別城邦中的影響力，也許還會擔心流亡在外的希臘人被波斯收買成為叛徒。他的這一法令看似慷慨大度，甚至連他自己也看不出這條法令本質上對諸國的侮辱和專橫。

但大多希臘國家都認為此舉實屬粗暴專橫，讓那些被公眾斥為犯下重罪的人重新返回確實讓各國難以接受。尤其在雅典，人們對如此專斷的法

令深為憤慨，試圖說服其他城邦一起反抗，但並沒有成功。

亞歷山大突然去世的訊息傳來時，希臘本土的情況便是如此。雅典收到馬其頓國王的死訊，就立即聯合埃托利亞和其他盟友起兵反抗安提帕特，竭力擺脫馬其頓人的統治。

這些希臘盟國迅速集結一支大軍，並派遣驍勇善戰、名聲顯赫的雅典將軍利奧斯提尼（Leosthenes）指揮聯軍。與此同時，雅典人派戰船前往埃伊納島接回狄摩西尼。這也說明了，若是亞歷山大在奧林匹克運動會上宣布各國可以召回像狄摩西尼這樣的流亡者，也許諸國便不會對那一法令如此反感了。

這位傑出的演說家到達雅典時，他的同胞們，無論年齡、階層和性別，都蜂擁出來迎接他，並在城內以最熱烈的方式表達了對他的尊敬和喜悅。

雅典人在與安提帕特開戰初期時看到了一絲希望，他們的將軍利奧斯提尼率領聯軍進入色薩利與安提帕特的軍隊交戰。但是作戰期間安提帕特一方的色薩利騎兵臨陣倒戈，站在了希臘聯軍的陣營，導致安提帕特吃了敗仗。

戰鬥後期，眼見馬其頓一方已經失利，安提帕特下令立即撤退，並帶領殘餘的部隊退守色薩利地區的拉米亞城（Lamia）。利奧斯提尼大軍想趁機猛攻，以結束這場戰爭。城中的安提帕特深知出城對戰注定失敗，於是加強防守，並派出特使前往亞細亞，向馬其頓軍求助。拉米亞城久攻不下，兩軍陷入膠著狀態，但後來安提帕特發現一部分希臘聯軍帶領部隊返鄉了，於是趁機發起了突圍，成功地帶著部隊從包圍圈逃了出來。

安提帕特的亞細亞援軍此時也前來支援，此後不久他便在色薩利的克

拉倫（Cranon）擊敗了希臘聯軍。希臘聯軍各城邦紛紛求和，雅典也卑微地投降了。但安提帕特不像當年亞歷山大那樣對戰敗國寬宏大量，他要求，雅典交出狄摩西尼和其他反馬其頓的雄辯家，還必須支付此次戰爭的費用，最後雅典城內還必須安排一支馬其頓駐軍。

當狄摩西尼聽到強加給雅典的條件時，他逃到塞隆尼克灣埃伊納島附近，躲在卡勒利亞島（Calauria）上的波塞頓神廟中。其他雄辯家也紛紛逃離雅典，於是安提帕特派阿基亞斯去追捕狄摩西尼等人。

阿基亞斯帶著小支部隊來到波塞頓神廟前，因為忌諱在神廟裡殺人，所以阿基亞斯想把狄摩西尼騙出神廟。狄摩西尼當然不會相信外面這群人的鬼話，於是阿基亞斯威脅要強行把他帶出神廟。狄摩西尼便請求允許自己退到神廟更深處去給家人寫最後一封信。

然後他走到神廟的一側，一邊寫信一邊咬著有毒的蘆葦筆桿，不久他感到毒藥已經在體內發作，便站起來，掙扎著要走出去。他身體顫抖，腳步踉蹌，經過祭壇時，倒在地上，發出痛苦的呻吟，就這樣死去了。世上至此便再無狄摩西尼了。

## 第 117 章
# 安提帕特和福基翁之死

不久，安提帕特前往亞細亞幫助平息叛亂。埃托利亞人藉此機會再次進攻馬其頓領土，但和上次一樣，還是以失敗告終。

安提帕特歸來之前埃托利亞的起義已被鎮壓，但這次亞細亞遠征也讓安提帕特積勞成疾，不久便與世長辭。據說他在臨終之際特意留下遺囑，向世人傳達了他無意爭奪馬其頓政權的態度。

他的兒子卡山德（Cassander）本應被立為下一任攝政王，但安提帕特不顧血緣親情，執意任命他的同僚，亞歷山大昔日麾下的將軍波利伯孔（Polyperchon）為馬其頓帝國的攝政王。波利伯孔同時擔任亞利地亞斯（腓力三世）和羅克珊娜之子小亞歷山大（亞歷山大四世）的監護人。

這位新任馬其頓保護者上臺後的第一個行動便讓雅典軍事將領福基翁丟了性命。福基翁是古希臘雅典城最後一個偉人。波利伯孔上任後不久就開始考慮撤掉安提帕特任命的各地駐軍司令，以便將帝國的權力掌握在自己手中，於是他下令撤回駐守在雅典和其他城市的馬其頓軍隊。

雅典人為這一法令歡欣鼓舞，但是該城駐軍司令尼卡諾爾（Nicanor）拒絕服從新任保護者的命令，此時有人控告雅典將軍福基翁煽動尼卡諾爾違抗法令。憤怒的雅典人既不去調查這項指控是否有失公允，也不允許福基翁為自己辯護。他們判處這位年邁的愛國者叛國罪，不久便處死了他。

福基翁是一位品德高尚的政治家和軍事將領。長期以來，他目睹了母國雅典的墮落，認識到雅典再也無法站在希臘諸國之巔。因此，當腓力二世和亞歷山大三世在位時，他竭力在諸國之間斡旋，一心想促成雅典和平，希望雅典可以在和平之中繼續發展讓他們引以為傲的藝術。

衝動的雅典人平靜下來思考時，回憶起福基翁為雅典所做的一切貢獻，又開始悲傷起來。於是曾經在希臘上演過無數次的一幕又出現了：懊悔的雅典人立起了一座銅像，緬懷那位逝者。

之後希臘再也沒有出現象福基翁這樣的偉人。雅典自此之後逐漸墮落到無足輕重的地步，原因之一便是缺乏雄才大略的領導者。後來，安提帕特之子卡山德驅逐了馬其頓的保護者波利伯孔，卡山德還殘忍地殺害了羅克珊娜和其子亞歷山大四世，從而鞏固了他的權力。

　　卡山德還處死了亞歷山大大帝的母親奧林匹婭斯，但幾乎無人為她的命運感到遺憾。因為除了其他野蠻行徑外，奧林匹婭斯還砍下了丈夫的親生兒子——無助的亞利地亞斯（腓力三世）的頭顱，僅因為亞利地亞斯與亞歷山大四世是馬其頓帝國名義上的聯合統治者。

　　由於奧林匹婭斯的這些血腥行徑，腓力三世在巴比倫去世後的 14 年裡，無人敢聲稱與亞利地亞斯有血緣關係。後來卡山德與托勒密、塞琉古和利西馬科斯合作，打倒其所有競爭者，才得以大權穩固。

　　西元前 301 年，馬其頓帝國最終分裂成了四個希臘化國家：分別是托勒密王國[102]、塞琉古王國（敘利亞）、色雷斯王國（包括比提尼亞）和馬其頓王國[103]。這些國家在被羅馬人推翻之前一直保持獨立。

　　馬其頓的王位後來由一連串不知名的王子繼承。他們在位時的舉措僅是抵抗來自北方蠻族的進攻，偶爾還會侵犯一下希臘，沒有什麼大動作。後來馬其頓落入了一位名叫安提柯的王子手中，自此馬其頓一直由安提柯家族掌控，直到最終被羅馬帝國推翻。

　　在安提柯王朝統治後期，位於伯羅奔尼撒半島北部的亞該亞開始在歷史舞臺上扮演重要角色。這似乎預示著希臘即將恢復日漸衰落的榮耀。這個以前無足輕重的國家當時成為亞該亞同盟的中心，亞該亞同盟規定同盟各國一律平等，各國需要在對外軍事上行動一致。日益壯大的亞該亞同盟逐漸引起希臘諸國的注意。

　　當時出現了一位崇尚自由的將軍亞拉圖（Aratus），他先是成為亞該亞城市同盟的高級將領，後來極力勸各國共創事業，成功地說服了科林斯、西庫昂（Sicyon）、麥加拉、埃皮達魯斯（Epidaurus）和阿爾戈斯加

[102]　包括埃及和周圍地區。
[103]　包括馬其頓、希臘等歐洲區域。

入亞該亞同盟，後來雅典也加入進來。該同盟的主要目的是建立一個團結的希臘。

亞該亞同盟的出現，從某種程度來說是這片長期動盪不安土地上的最後一線希望。但不幸的是，希望的曙光不久就被烏雲遮蔽。埃托利亞人和斯巴達人嫉妒亞該亞同盟的影響力，戰爭的火焰再次燃起，亞該亞同盟被迫向馬其頓的安提柯三世請求援助。

安提柯三世同意給予援助，但前提是必須將科林斯地峽和科林斯城的統治權交予他，並任命他為亞該亞同盟首領。同盟被迫答應了安提柯的要求，聯盟各國因此再次失去了自由。安提柯三世按照協定出兵對抗斯巴達，但戰爭一直持續到他的姪子 —— 年輕有為的腓力五世[104]登基。

腓力五世擊潰了斯巴達和埃托利亞，用武力使全希臘臣服於他，但後來他走出了致命的一步 —— 同羅馬開戰，最終導致希臘和馬其頓都在羅馬帝國的鐵蹄之下毀滅。

## 第 118 章
## 羅馬 —— 希臘陷落

羅馬最初是由羅慕路斯（Romulus）和雷穆斯（Remus）兩兄弟建立的一座城市。相傳，這對孿生兄弟剛出生就被篡位者丟入河中，幸得一隻母狼救回並將二人哺育長大，兩兄弟長大後弒殺了篡位者。他們在賜封地建立新都，登上了新城，即羅馬城的王位。羅馬子民吃苦耐勞，英勇無畏，具有不屈不撓的毅力。

---

[104]　前 221- 前 179 年。

羅慕路斯和雷穆斯

後來，羅馬一一征服了義大利的城市和國家，渴望榮耀與權力的羅馬人便開始將目光投向離家鄉更遠的地方。迦太基是非洲地中海沿岸繁華的貿易之城，毗鄰現代突尼西亞（Tunisia），是最早挫敗羅馬人狼子野心的國家。

驍勇的迦太基將軍漢尼拔·巴卡[105]帶領同胞們進入義大利，接連打敗了許多驍勇善戰的羅馬指揮官，多次以少勝多重創羅馬軍隊。西元前215年，馬其頓國王腓力五世聯合迦太基的漢尼拔，兩國結成聯盟。馬其頓答應幫助漢尼拔在義大利的事業，漢尼拔則需援助腓力五世征服希臘。

由於羅馬專心對付漢尼拔，暫時無法懲罰向迦太基人提供援助的馬其頓。於是他們誘使埃托利亞和其他希臘國家在希臘本土騷擾馬其頓國王腓力五世。這是羅馬方面第一次干預希臘事務，而自此之後便從未停止插手。

羅馬與迦太基進行了歷史上著名的「布匿戰爭」，結果迦太基徹底失敗，羅馬奪取了地中海西部的統治權。解決完迦太基後，羅馬開始掉轉矛頭對付腓力五世。西元前175年[106]，腓力去世後，羅馬繼續攻打腓力之子珀耳修斯。珀耳修斯在西元前168年彼得那戰役失敗後，馬其頓的安提柯王朝就此終結。

---

[105]　Hannibal Barca，前 247- 前 182 年左右。
[106]　又說是西元前 179 年。

珀耳修斯被囚禁至死，馬其頓王國也成為羅馬帝國的馬其頓行省。西元前 163 年，珀耳修斯死後不久，羅馬人以亞該亞人支持珀耳修斯為藉口，將數千名亞該亞指揮官押往義大利，表面上帶他們在羅馬元老院前受審，實際上是為了削弱亞該亞同盟，畢竟這一聯盟是整個希臘的希望。

羅馬此舉成效顯著。西元前 146 年，羅馬將軍穆米烏斯（Mummius）在科林斯大獲全勝，曾經輝煌自由的希臘各城邦紛紛被改編為亞該亞名下的行省，臣服於羅馬的權威之下。

## 第 119 章
## 第四階段的作家

在希臘獨立的後期湧現出了眾多才華橫溢的作家。但這些作家大多來自希臘的殖民地而非母國。儘管這個時期整個希臘的民主在逐漸衰退，但在雅典閃耀的哲學之光仍舊引人注目。

這個時代的希臘文學界僅有一位劇作家力壓群雄——米南德（Menander），他是一位喜劇詩人，西元前 342 年生於雅典。他創作了 108 部喜劇，作品受到當時人們的高度讚揚，可惜沒有一部被完整保存下來。他現存的全部著作都是些零星片段，很讓人感到遺憾 [107]。

忒奧克里托斯（Theocritus）是一位田園詩人，出生於錫拉庫扎 [108]，活躍在西元前 270 年左右。這些事實及他父母的名字部分是從他的著作中得知的。他的第 16 首《田園詩集》（Idyllium，他短詩的題目）提到，他

---

[107]　事實上，米南德有兩部完整的劇本《恨世者》、《薩摩斯女子》和殘劇《公斷》、《割髮》、《赫羅斯》、《農夫》等傳世，前兩部劇本是 1860 年後發現的，殘劇主要是 1905 年發現的。

[108]　西西里島東部沿岸一港口城市。

在詩歌生涯開始後，曾於錫拉庫居住了一段時間。隨後，他移居亞歷山大港，成了埃及托勒密二世斐勒達奧弗烏斯（Philadelphus）的宮廷詩人，他被認為是著名的「昂宿七星」[109] 之一。

忒奧克里托斯是當時田園詩人中的佼佼者。古羅馬詩人維吉爾稱這位西西里人為「大師」，他寫作《牧歌》的靈感來源便是忒奧克里托斯的詩作。整體而言，維吉爾模仿，並在許多情況下採納和完善了他前輩的思想。根據古代作家的習慣，他翻譯現在則被認為是剽竊了忒奧克里托斯的文字，並將其與自己的文字結合在一起。

卡利馬科斯（Callimachus）出生於非洲的昔蘭尼城（Cyrene），他自稱是該城國王和建立者巴圖斯的後裔。卡利馬科斯的出生時間不詳，但他是托勒密二世宮廷中最活躍的七位詩人之一。據說他的作品非常豐富，包括輓歌、讚美詩和警句，多達 800 首。但他的作品只有很少一部分被保存下來。

阿波羅尼奧斯（Apollonius）生於托勒密二世統治時期的亞歷山大城。早年他就寫了一部基於金羊毛寓言的史詩《阿爾戈船英雄記》。彌爾頓的《失樂園》中許多典故和人物都基於上述史詩，也說明了彌爾頓認為此詩值得細讀。

呂哥弗隆（Lycophron）來自埃維厄的卡爾基斯，但後來托勒密二世邀請他來到亞歷山大城，讓他在「昂宿七星」中占有一席之地。他寫過幾篇批判性文章，著有 12 部悲劇和許多其他詩作，包括對埃及宮廷顯赫人物的溢美之詞。讓這位詩人流芳千古的是他的詩歌《卡珊德拉》（*Cassandra*）。

---

[109] 當時聞名遐邇的七位埃及宮廷詩人。

詩人比翁（Bion）出生於士麥那城（Smyrna）的富人家庭，但一生的大部分時間都生活在西西里。田園詩人摩斯科斯（Moschus）曾表示比翁是自己在田園詩方面的導師和朋友。比翁的作品中只有一些優雅簡潔的田園牧歌和一些片段流傳了下來。我們從摩斯科斯的一首田園詩中得知，比翁最後被敵人毒殺。摩斯科斯出生於錫拉庫扎，與忒奧克里托斯是同時代人。

阿拉托斯（Aratus）生於西利西亞的索里城，他是赫拉克里亞的狄奧尼修斯（Dionysius of Heraclrea）的弟子，和其師父一樣，也是斯多葛哲學學派成員。他是馬其頓國王安提柯二世的宮廷詩人，也是亞歷山大城的「昴宿七星」之一，忒奧克里托斯在其第六、第七首田園牧歌中提到與阿拉托斯是朋友。

## 第 120 章
# 第四階段的歷史學家、雄辯家等

蘇格拉底時代之後的著名希臘史學家是其弟子色諾芬。色諾芬在西元前 450 年左右生於雅典，50 歲之前他一直是個無名之輩。後來他的一位朋友邀請他前往小亞細亞呂底亞的首都薩迪斯，想把他介紹給波斯國王阿爾塔薛西斯二世的弟弟居魯士（後來的居魯士三世）。

屆時小居魯士正在小亞細亞起兵，企圖爭奪王位，色諾芬經那位友人介紹，參加了一支希臘僱傭軍。該軍隊受僱於小居魯士，東征討伐其王兄。色諾芬在《遠征記》一書中詳細敘述了這次征戰的經過，以及後來發生的希臘史上著名的「萬人大撤退」。色諾芬是「萬人大撤退」時希臘僱傭軍指揮官，後來他又成為希臘的著名史學家。

　　後來色諾芬因在科林斯戰爭中支持斯巴達被母邦雅典驅逐。斯巴達國王阿格西勞斯為他提供了一個安全的藏身之地 —— 埃利亞（Elea）。他與家人在宜人的鄉間宅邸裡生活了多年，撰寫了大量歷史和哲學著作，也因此聲名遠播。然而，由於斯巴達和埃利亞之間爆發了戰爭，色諾芬被迫從這個幽居之地退到科林斯，最後終老於科林斯，享年 90 歲。

　　他的主要著作是《回憶蘇格拉底》（*Memoris of Socrates*）、《希臘史》[110]（*Grecian History*）、《居魯士遠征記》（*Expedition of Cyrus*）、《老居魯士的制度》（*Institutions of the elder Cyrus*）、《論經濟學、暴政、稅收、狩獵等》（*Treatises on Economics, Tyranny, Taxes, Hunting, and other subjects*）、《斯巴達和雅典的政制》（*The Spartan and Athenian Republics*）等。色諾芬是哲學家蘇格拉底最聰明的學生之一。

　　色諾芬去世後的很長一段時間裡，希臘一直都沒有出現有名的史學家。但腓力和亞歷山大時代的各種演講作品在相當程度上彌補了這種不足。

　　狄摩西尼是雅典最傑出的演說家，關於他的故事前文已經詳細敘述過。他曾經的演講值得我們特別注意。

　　據說，當被問及如何才能成為一名出色演說家時，狄摩西尼回答道：「有三件事必須做，」他進一步解釋說，「行動，行動，再行動。」我們可以從他對雄辯的這一闡述窺見他的演講風格。

　　我們會發現狄摩西尼演講的主要特徵是氣勢恢宏，但他也必定擁有極強的表達能力和行動能力，否則也不會被人們認為是古希臘雄辯第一人。

　　前文中有提及「腓力皮卡」一詞，是狄摩西尼駁斥腓力二世演說的統

---

[110]　延續修昔底德的《伯羅奔尼撒戰爭史》。

稱，由此便成為一個專有名詞，專指「猛烈抨擊和揭露政敵的演說」。這位雄辯家傳世的其他演說並不遜色於「腓力皮卡」，其中尤其值得一提的是他支持奧林索斯的演說，以及他與政敵埃斯基涅斯公開辯論時為自己的辯護演講《金冠辯》（*On the Crown*），所有這些演講都是那個時期頗有價值的希臘史料。

還有一位雄辯家值得一提，即是與狄摩西尼生活在同一時代的雄辯家伊索克拉底 [111]。雖然伊索克拉底常被稱為雄辯家，但其演講幾乎總是以書面形式呈現的。因為他身材矮小，天生口吃，無法在公眾集會上發表演講。在前文中我們提到過，雅典人認為一名出色的演說家必須聲音洪亮、發音清晰、姿勢優美、富有辯才。

伊索克拉底

儘管如此，令人欽佩的是，伊索克拉底還是熟練地掌握了雄辯術原理，並在雅典呂克昂（Lyceum）附近創設了一所修辭學校。由於其教學切合社會和學生的實際需要，成績斐然，希臘各地乃至東方國家的青年紛紛前往就學。伊索克拉底也因此成為古代最成功的專業教師之一，其演說詞

[111]　西元前 436 年 - 前 338 年。

大多是些道德教化或政論性文章。

　　他在抒發政見的文章中經常鼓吹馬其頓國王腓力二世的和平事業，反對狄摩西尼的勸告。儘管對手狄摩西尼的雄辯之詞有時令人無法抗拒，但伊索克拉底總是能贏得同胞們的尊敬和掌聲。伊索克拉底最受推崇的是其政治演說《致腓力》。

　　波利比烏斯（Polybius）是繼色諾芬之後又一位備受矚目的希臘歷史學家。他於西元前 205 年左右出生在阿卡迪亞地區的麥加羅城，後來移居羅馬，結識了當地眾多軍政上層人物。他著述的史書範圍廣泛，作品因準確公正而受世人讚賞。

　　他本人通曉戰爭和政治，作品中對漢尼拔等人參加的戰役的論述精彩絕倫，使得他撰寫的史書成為後世軍事指揮官的必備參考書。他的行文風格有雄辯家的魅力，清晰明瞭、簡潔實用。波利比烏斯在 82 歲高齡逝世，他的阿卡迪亞同胞們在當地的所有主要城市立起雕像紀念他。

　　接下來我們要介紹羅馬征服希臘之後幾位聞名遐邇的作家，他們也的確屬於我們所論述的時代。

　　歷史學家狄奧多羅斯·西格斯（Diodorus Siculus）並非希臘本土人，而是希臘西西里島殖民者的後裔。他於西元前 50 年左右在西西里島出生，年少時便離開故鄉阿吉里安城（Agrium）四處遊歷，走遍了亞細亞和歐羅巴的大部分地區。

　　他遊歷各國的同時也在為一部歷史著作收集數據，最終耗時 30 年完成了《歷史叢書》（*Bibliotheca Historica*）。這部通史共計 40 卷，現存僅15 卷，即前五卷以及卷十一到卷二十，其他均已遺失。

　　這位來自西西里的狄奧多羅斯是一位頗有建樹的史學家，儘管其作品

既沒有色諾芬的明晰易懂，也沒有波利比烏斯的精確嚴謹，但他的史書是現存有關埃及和迦勒底古烏爾的權威著作，具有極高的研究價值。他生活在羅馬的尤利烏斯·凱撒和奧古斯都·凱撒時代。當時希臘語已經失去了早期的純正，這位歷史學家的作品在措辭和風格上雖然無法與其前輩相比，但在語言方面堪稱古代優秀作品典範。

與狄奧多羅斯同時代的史學家還有哈利卡納蘇斯的狄奧尼修斯，得名於其家鄉哈利迦納蘇斯城——一座位於小亞細亞海岸的希臘城市。狄奧尼修斯在奧古斯都建立凱撒帝國時來到羅馬，在該城居住了 22 年，其間一直為著述收集材料，最後成功地創作了《羅馬史》。這部作品共 20 卷，現僅存前 11 卷及其他各卷的殘片。

西元 2 世紀，在羅馬皇帝哈德良 [112] 和安東尼 [113] 的統治時期，尼科米底亞（Nicomedia）的阿里安（Arrian）活躍在小亞細亞比提尼亞的尼科米底亞城。阿里安早年便來到羅馬，師從著名的哲學家埃比克泰德（Epictetus）。後來他在兩篇論述中向世人闡述了老師的觀點，這兩篇文章被認為是古代最優秀的道德論述。

阿庇安（Appian）生於埃及亞歷山大城的貴族家庭。在羅馬圖拉真大帝 [114] 統治時期，即西元 2 世紀初，他前往羅馬開業當律師，並獲得了傑出辯護律師的榮譽。他後來被任命為帝國檢察官。在圖拉真的繼任者哈德良和安東尼統治時期，他被提升為行省總督。

阿庇安的畢生之作是《羅馬史》，敘述上溯羅馬王政時代，下至 2 世紀初圖拉真皇帝時期，包括羅馬將近 900 年的歷史。該著作還對羅馬國內

---

[112]　Adrian，117-138 年。
[113]　Antonine，138-161 年。
[114]　Emperor Trajan，98-117 年。

外的個別戰爭作了不同版本的詳盡記載，是後世研究羅馬史的主要依據。這部《羅馬史》共 24 卷，可惜僅有 11 卷存世。

和阿庇安生活在同時代的還有一位更偉大的人物 —— 才能卓著的史學家普魯塔克。他出生在希臘中部維奧蒂亞地區的喀羅尼亞城。普魯塔克家族在故鄉是最古老、最受人尊敬的家族之一，家族中所有成員都鍾愛哲學。

普魯塔克青年時期也同樣熱衷哲學，師從埃及著名學者阿摩尼阿斯（Ammonius），後者曾在雅典成立了一所著名的學校。普魯塔克青年時期曾去埃及遊學，在返回途中，他遊歷了希臘所有的主要城市，結束遊歷後來到了羅馬。

在羅馬居住了約 40 年之後，他終於回到了故鄉喀羅尼亞，並在那裡度過了生命中的最後時光。他回鄉後完成了奠定其聲譽的鉅著 ——《希臘羅馬名人傳》[115]。

普魯塔克

---

[115]  The Lives of the Illustrious Captains and Statesmen of Greece and Rome，簡稱《名人傳》，亦譯《希臘羅馬人物對比列傳》。

他的這些名人傳記是流傳至今最吸引人的古代作品之一。時至今日，這部鉅作仍被視為傳記體寫作的典範，而且本書中立、果敢和不加矯飾的行文風格也堪稱同類典範。另外，普魯塔克本人的品行和虔誠也得到了其他作家的讚揚。總的說來，儘管《希臘羅馬名人傳》中所述之名人在道德上或有缺陷，但與希臘或羅馬的其他作品相比，該書激勵了後世無數青年心懷善念、積極樂觀。

普魯塔克一生著述頗豐，但大部分著作已經散失，現存作品中的《傳記集》（*Symposiacs*）和《道德論集》（*Morals*），這兩部膾炙人口的作品對後世的影響極為深刻。根據史料記載，普魯塔克後來被喀羅尼亞人授予行政長官的頭銜，也在母國安享晚年。

赫羅提安（Herodian）也是一位受人尊敬的史學家，他的著作《馬可‧安東尼努斯之後諸皇帝傳記》（*Herodian*』s Roman History）記述了關於羅馬皇帝的史實，從馬可‧奧勒留[116]統治時期起，到238年高爾迪安（Gordion）逝世，70多年的羅馬史。從中還可以追溯作者本人的活躍歷史時期。那個時期的赫羅提安因長期居住於宮廷，有幸親自見證羅馬帝國的重大歷史事件。

赫羅提安的歷史著作共8卷，其中涵蓋了12位羅馬皇帝執政時期的歷史。那一時期羅馬軍隊的勢力已經龐大到可以隨時推翻皇位的地步，赫羅提安的史書敘述了這段激動人心時代發生的事情，還對這些事件做出了極具啟發性的評論。赫羅提安除此史書外其他作品皆已絕跡。

---

[116]　Marcus Antoninus，161-180年在位，180年逝世。

## 第 121 章

## 第四階段的哲學家、詭辯家和藝術家

這一時期的主要哲學家是六個學派 —— 學院派、逍遙學派（the peri-patetic sect）、犬儒學派（the Cynic）、斯多葛學派、伊壁鳩魯學派（the Epicurean）和懷疑學派（the Sceptics）。學院派的創始人是蘇格拉底最傑出的弟子柏拉圖。柏拉圖出身於貴族家庭，宣稱自己是古雅典國王的後代，但他本人於西元前 430 年左右出生在埃伊納島。

他天資聰穎，年少時便已熟諳詩歌與藝術。20 歲之前便創作出了數部長篇史詩和戲劇詩，但後來一個偶然的機會，柏拉圖聽到了蘇格拉底的演講，感到十分震撼，回家之後便將自己的作品付之一炬。

此後，柏拉圖跟蘇格拉底學習了八年，全心研究哲學。當明智善良的蘇格拉底遭受迫害時，柏拉圖陪伴他度過了最後的時光。柏拉圖此後在《斐多篇》（*Phaedo*）的對話錄中，記述了那位殉教的哲學家在臨死之際表達對靈魂不朽的美好思想。

蘇格拉底死後，柏拉圖離開雅典前往麥加拉，然後遊歷了義大利、埃及等地。他在遊歷中考察了各地的政治、法律、宗教等制度，研究了數學、天文、力學、音樂等理論和各種哲學學派的學說。在這樣廣博的知識基礎上，柏拉圖逐步形成了自己的學說，以及對改革社會制度的見解。在外遊歷 10 年後，約西元前 387 年，柏拉圖回到了雅典，並在朋友的幫助下建立了一所學院。

他的學院位於一片小樹林中，此處原是雅典公民阿卡德莫斯（Acade-mus）的私人財產，學院也因此得名「Academy」。很快眾多希臘傑出青年慕名前來求學，甚至女性也經常喬裝出席他的講座。

此後柏拉圖聲名遠播，甚至有幾位國王曾請求他幫助改進政府體制。西西里的僭主狄奧尼修斯曾三次邀請柏拉圖來錫拉庫扎的宮廷講學。但這位君主過於刻薄惡毒，終究沒有採納柏拉圖提出的新政。事實上，最後一次西西里之行柏拉圖差點被處死，為了保命，他從狄奧尼修斯的宮廷裡逃走了。

柏拉圖的三次西西里之行都未能把政治理想付諸現實，此後他便專注於教學，直到 79 歲去世。這位哲學家的性格似乎與他在作品中表現出來的天才不無關係。

柏拉圖的著作包括 35 個對話錄和 13 封書信，均展現了「柏拉圖哲學」的觀點。這些作品涵蓋了道德、自然、邏輯和政治等眾多主題。

讀者可以從柏拉圖的著作中尋找到諸多美好真理，但也許有讀者會發現，一種富於幻想的理論精神貫穿了他的所有作品。總而言之，柏拉圖的所有著作都閃耀著智慧的光芒，沒有哪一位古代哲學家能同柏拉圖一般擁有如此多的追隨者。

逍遙學派的創始人是亞里斯多德。他於西元前 384 年出生在色雷斯的斯塔吉拉（Stagira），所以也常被稱為斯塔吉拉人。他少時便熱衷學習，17 歲時前往雅典求學，師從柏拉圖。在雅典的柏拉圖學院，他表現出色，深受柏拉圖的讚賞，還稱他是「學園之靈」。

西元前 343 年，亞里斯多德被馬其頓國王腓力二世召回故鄉，擔任當時年僅 13 歲的亞歷山大的老師。這是亞歷山大出生時腓力二世對亞里斯多德父親所做的承諾。亞里斯多德在馬其頓宮廷居住了八年，在此期間也贏得了那位學生的尊敬，亞歷山大還常說：「父親給予我生命，教誨我如何生活的卻是亞里斯多德。」

亞里斯多德

　　亞歷山大登上王位開始其征服生涯後，亞里斯多德回到雅典，並在呂克昂體育館附近的小樹林裡創辦了一所學校，稱為「學園（Lyceum）」。呂克昂是一處宗教建築，有可供散步的林蔭道，亞里斯多德常邊散步邊給弟子們講課。「逍遙學派」也因此得名。

　　離開馬其頓後亞里斯多德與學生亞歷山大仍保持著密切的連繫。亞歷山大還應老師請求，在亞細亞和歐洲僱了數千人收集動物標本送至亞里斯多德處。亞里斯多德以此完成了《動物誌》（*History of Animated Nature*）這一著述，共 50 卷，但僅有 10 卷留存至今。

　　亞里斯多德的作品題材廣泛，其觀點被後世不少賢者採納。他的《動物誌》因描述準確而備受推崇，其他作品也都因得以展現作者的非凡智慧而著稱。

　　犬儒學派的鼻祖是安提西尼（Antisthenes）。他生於西元前 420 年（現在也有說法為西元前 445 年）的雅典，是蘇格拉底的弟子。安提西尼因為暴烈的性格與這位質樸謙遜老師的其他門徒格格不入。他常常披一件斗篷，手拿一根手杖，肩掛一個背袋。他的斗篷甚是破爛，以至於老師蘇格拉底忍不住說道：「為什麼要這麼招搖？我透過你斗篷上的破洞看穿了你的虛榮。」

　　犬儒派的早期代表人物是安提西尼的弟子第歐根尼（Diogenes），後者青出於藍勝於藍，其盛名超過了他的老師。第歐根尼於西元前418年左右出生在錫諾帕[117]，作為一個苦行主義的身體力行者，他常年衣衫襤褸，過著乞丐一樣的生活。雨天坐在屋簷下，冬天抱著蓋滿雪花的雕像。據說他寄身在一隻木桶內。他所做的一切都是為了讓自己能夠承受一切極端的命運，並以身作則呼籲人們擺脫那些繁文縟節和奢侈享受，去過自由的生活。

　　第歐根尼還是位口無遮攔的人，如果他可以被稱為道德教師的話，諷刺是他的教導方式。但可以肯定的是，他的一些言論確實具有深刻含義，也是對犬儒學派的最好詮釋。據說有一次，一個放蕩者在第歐根尼的門上寫著：不要讓魔鬼進入。第歐根尼回答道：「那麼老師該從哪兒進去呢？」

　　還有一次他看到一個少年因害羞臉漲得通紅，於是說道：「鼓起勇氣來，朋友，那是美德的顏色。」有人問他何時該吃飯，他回答道：「若你是富人，何時想吃便何時吃；如果你是窮人，何時能吃何時吃。」還有人說：「卡利斯提尼斯[118]能和亞歷山大一起生活是何其快樂之事啊！」、「不，」第歐根尼否定道，「他不快樂，因為他衣食住行都得看亞歷山大的心情。」

　　有人讓他不要死在自己的母國，他回答道：「不用擔心，每座城都有一條通往地下的路。」有一次在一場宴會上，有人向他獻上一大杯葡萄酒，他兀自把酒杯扔到地上摔碎了，人們都指責他浪費這麼多好酒。他便自嘲道：「如果我喝了那酒，那我和酒就都廢掉了。」

[117]　Sinopeus，現屬土耳其。
[118]　Calisthenes，亞里斯多德的姪子。

　　有人問第歐根尼從哲學裡學到了什麼？他說：「我至少學會了泰然面對各種命運。」有一次，第歐根尼在海上被海盜俘虜後被當作奴隸在市場上拍賣。拍賣者問他有何技能，他大聲說道：「治理人類。」於是拍賣者喊道：「誰願意買個主人？」這時第歐根尼指著一個著裝精美的科林斯人，對拍賣者說：「把我賣給這個人吧，他需要一個主人。」後來那個科林斯人真的把他買下了。第歐根尼在科林斯生活了數十年，他的主人對他極盡信任與依賴，讓他擔任家庭教師和管家。據說他還擔任過當地的公共道德檢察官。

　　亞歷山大大帝曾前往科林斯拜訪第歐根尼，當時第歐根尼已年逾80，坐在木桶中晒著太陽。亞歷山大問道：「我有什麼可以為您效勞的嗎？」、「有啊，」第歐根尼回答道，「我希望你閃到一邊去，不要擋住我的陽光。」國王事後感嘆道：「我若不是亞歷山大，我願是第歐根尼！」

　　第歐根尼說話尖酸刻薄，但並非一直占上風。一天，路人見他抱著一座被雪覆蓋的雕像，便問他冷不冷。「不冷。」哲學家回答。陌生人於是譏諷道：「你抱著雕像的舉動真是有損雕像的清譽啊。」

　　柏拉圖曾稱第歐根尼為「瘋狂的蘇格拉底」，因為第歐根尼在行事風格上頗像蘇格拉底。有一次第歐根尼應邀來到柏拉圖家用餐，一同前來的還有狄奧尼修斯國王的宮廷詩人。結果當著這麼多人的面，第歐根尼把腳踩到柏拉圖的長袍上，並諷刺道：「我踐踏了柏拉圖的驕傲。」另一位賢哲便對他說：「你更是踐踏了自己的驕傲。」

　　斯多葛學派和犬儒學派有眾多相似之處，但不同之處在於前者並沒有對穿著和生活習慣進行嚴格的自我克制。斯多葛學派對犬儒學派的道德教條表示讚賞，也將名利等視為身外之物。但斯多葛學派努力在思辨哲學中

引入新內容，他們相信宇宙間存在公理，即所謂的「神明的律法」。

斯多葛學派的創始人是塞普勒斯島人芝諾[119]，活躍在馬其頓的腓力的統治時期，他又被稱為「季蒂昂的芝諾（Zeno of Citium）」，以區別西元前 5 世紀的「埃利亞的芝諾」。芝諾生於商人家庭，從小接受了良好的教育。芝諾在 30 歲左右時和腓尼基人一同乘船去往雅典，但船隻在比雷埃夫斯海岸遭遇了海難。死裡逃生的芝諾後來還是安全抵達了雅典，繼續遊學。後來他還開設了一所哲學學校。

他講學的地方定在了雅典集會廣場的畫廊（Stoa），「斯多葛（Stoic）」一詞便起源於此，斯多葛的追隨者有時也被稱為「畫廊派」。芝諾在這裡教授了很長一段時間，取得了不小的成功。他生活節儉，態度嚴肅莊重，著裝整潔樸實。

芝諾最後死於自殺。據說有一天，他結束演講後準備離開，結果摔了一跤，腳趾骨折了。他認為這是一種死亡暗示，心想：「我為何還要強留在人間？我願服從死亡的召喚。」於是他回家後便自殺了，享年 98 歲。

斯多葛學派認為自然界中有兩種法則，萬物都以此為基礎，並據此形成萬物。第一種是由純淨的以太（ether）或精神組成，存在於宇宙間的法則，也稱為「神明律法」。第二種是物質，物質本身沒有任何性質，但可以被塑造成任何形式。

伊壁鳩魯學派的創始人是伊壁鳩魯（Epicurus）。他於西元前 344 年左右出生在雅典附近的小鎮伽格圖斯（Gargetus）。18 歲時他前往雅典求學，並在那裡生活了很長一段時間。後來，他離開雅典，先後定居在米蒂利尼城和拉姆普薩卡斯，並在這兩座城市開設了學校，教導哲學教義。他的思

---

[119] 前 334- 前 262 年。

想體系也逐漸成熟。

　　但伊壁鳩魯很快就不滿足於在小地方小有名氣。他在 38 歲時回到雅典，買下了一座花園，在那裡教授哲學，因此他也被人稱為「花園哲學家」。他的哲學觀點因與當時流行的犬儒主義和斯多葛主義形成了鮮明對比而風靡一時。

　　但有一段時間，伊壁鳩魯溫和的哲學思想被誤認為是在支持肉慾和物質。但伊壁鳩魯本人的生活作風完全否定了這一點，他向來以節制和自制著稱，還曾反覆向弟子灌輸這一思想：若想過上幸福的生活，就必須克制所有慾望。伊壁鳩魯還是西方第一個無神論哲學家，他否認靈魂轉世一說，認為人死即魂滅。

　　懷疑論學派的鼻祖是皮浪（Pyrrho）。他於西元前 340 年（現在也有說法為西元前 365 或 360 年）出生在埃利亞。他的這一學派之所以被稱為懷疑論學派是因為他們唯一的定論是，「一切都是不確定」。據說，他的朋友們擔心他發生意外，總是在他走路時緊跟其後，以免他懷疑前方的懸崖或賓士而來的馬車都是不存在的。

　　像許多希臘賢哲一樣，皮浪也過著極其節制的生活。他活到了 90 歲高齡，逝世後雅典人和埃利亞人都為他立了一座雕像。皮浪的弟子遍及希臘，他們最初自稱「皮浪學派」，後來都被稱為懷疑論者。

　　這個時代的繪畫和雕塑藝術沒有因為帕拉休斯、菲狄亞斯等偉人的逝世而就此衰落。這一時期最傑出的畫家代表有宙克西斯、蒂曼提斯（Timanthes）、帕姆弗路斯（Pamphilus）、尼西亞斯（Nicias）、阿佩萊斯（Apelles）和歐波姆帕斯（Eupompus）等。

　　據說，宙克西斯出生於赫拉克里亞（Heraclea）。他的作品《海克力斯

勒死巨蟒》《朱諾・盧西娜》和《被眾神圍繞的朱比特》，被古人認為是絕美之作。

　　畫家蒂曼提斯最著名的作品是《依菲琴尼亞的獻祭》（The Sacrifice of Ephesians），一度被世人認為是當時繪畫技術的最高成就。此畫的故事背景是：在希臘傳說中，有一位叫做阿伽門農的國王，為了向上天祈禱自己出海時船隊一路順風，將女兒依菲琴尼亞獻祭給月亮女神。在這幅畫中蒂曼提斯並沒有畫出父親阿伽門農的面貌，而是用長袍遮住了他的臉，如此，讓觀賞者想像那位父親痛苦的表情。

　　帕姆弗路斯、尼西亞斯等畫家創作的許多作品也不遜色於宙克西斯和蒂曼提斯。阿佩萊斯的代表作是《亞歷山大大帝》。據說，亞歷山大大帝請朋友阿佩萊斯為一位美麗的女子坎帕斯普（Campaspe）畫像。那位國王看到阿佩萊斯似乎對坎帕斯普一見傾心，便將坎帕斯普賜給了阿佩萊斯做妻子。

　　希臘畫家作畫只有四種顏色：白、紅、黃、黑。人們認為，用這些有限的色彩無法描繪出世界的多姿多彩，但近現代最偉大的畫家之一喬舒亞・雷諾茲[120]對此不甚苟同，他認為用上述顏色完全可以描繪出藝術的魅力。

　　普拉克西特列斯（Praxiteles）是西元前 4 世紀希臘著名雕刻家。與菲迪亞斯莊嚴肅穆的作品相比，普拉克西特列斯的作品風格柔和細膩、優雅秀美，其主要作品都保存在雅典。他依據希臘神話中的形象創造出了一尊美輪美奐的大理石女性裸體雕像，這就是著名的《尼多斯的阿芙蘿黛蒂》（Aphrodite of Cnidus），來自世界各地的遊客慕名前去欣賞此作品。

---

[120]　Joshua Reynolds，英國 18 世紀肖像畫家。

　　據一位參觀者描述，這座雕像由帕羅斯島的大理石製成，矗立在一座阿芙蘿黛蒂神廟中。這尊愛神雕像形體極盡優美，突顯出極為和諧的比例，光潔的肌膚表現得至善至美，細緻逼真。

　　希臘化時代另一位傑出的雕塑藝術家是波利克里托斯（Polycletus），出生於伯羅奔尼撒阿爾戈斯，約活動於西元前 5 世紀末期。他最著名的作品是一個巨大的黃金象牙雕像《阿爾戈斯的赫拉女神像》（*A figure of Argive Hera*）。他的大部分作品都已失傳，只留下了羅馬時期的幾件複製品，其中最著名的是《執矛者》、《束髮帶的青年》[121] 等。儘管與菲狄亞斯相比，波利克里托斯的作品缺乏高貴肅穆和內在的美，但他對人體比例和構圖均衡方面的探索，對希臘雕塑的發展具有非常重大的意義。

　　卡馬丘斯（Camachus）、納西得斯（Naucides）和利西波斯[122]（Lysippus）也是這一時期的著名雕塑家。希臘的建築與雕刻是緊密結合的，這些雕刻家手下的大理石或青銅雕塑作品讓希臘眾多廟宇和公共建築顯得更加神祕、高貴、完美、和諧。從現存為數不多的希臘藝術遺跡之中，我們可以看到古代作家對雕刻作品的誇讚並未言過其實。

---

[121]　又稱《代阿多美紐斯》。

[122]　利西波斯是當時聲望最高的雕塑家波利克里托斯的繼任者，他的代表作有《刮汗汗的運動員》《海爾梅斯整理鞋履》等。但其原作均已失傳，人們只能從少數羅馬時代的大理石複製品中考察其藝術風貌。

# 第五階段
## 從羅馬征服希臘至今

## 第 122 章
## 希臘政局變化

前文提到希臘歸降羅馬後成為羅馬的一個行省，繼續延續了四個世紀。雖然這段時期希臘在政治舞臺上不再扮演重要角色，在文學方面卻有著舉足輕重的地位。曾經有這麼一句話，「羅馬軍隊征服了希臘，但希臘文化征服了羅馬」。這片土地雖然被奴役，但仍然是當時的文化中心。

羅馬的達官顯貴大多會訪問雅典，並在雅典學習雄辯術，否則便不算接受了完整的教育。因此，希臘訓練出了包括著名雄辯家西塞羅（Cicero）在內的眾多飽學之士，可以說希臘仍然在世界事務中具有廣泛影響。可惜的是，雖然希臘培養了如此多的傑出人士，本地人才卻寥寥無幾。

希臘被羅馬征服後不到兩個世紀，保羅每日在猶太教堂和其他公共場合上與猶太人和虔誠的公民辯論。有些人會嘲笑他，但也有一些人相信他。不久，他在希臘建立了一個教會，但後來被偏執迷信的人破壞。

西元前 330 年，希臘的政局發生了重大變化。羅馬皇帝君士坦丁（Constanti—ne）一世將其宮廷和政府遷到了希臘的拜占庭城，並進行擴建，擴建後該城改名為君士坦丁堡（Constantinople）。

遷都後不久，羅馬帝國於西元 395 年正式分為兩部分：即以君士坦丁堡為中心的東羅馬帝國和以羅馬城為中心的西羅馬帝國。

東羅馬帝國包括亞該亞行省（即希臘）、小亞細亞、埃及、敘利亞等地，西羅馬帝國包括義大利、西班牙、中歐、北非等地。君士坦丁成為基督教徒，並在其統治時期將這一信仰傳向了希臘和其他歐洲國家。

強大的羅馬帝國遷都至希臘本來有望讓希臘獲得轉機，恢復往日的榮耀。但長期以來羅馬內亂不斷，外敵也紛紛入侵，導致整個歐洲動盪不安。所以希臘並未從此次變化中受益。

新的部落登上歷史舞臺，開始與羅馬和其他長期占據地中海沿岸的國家爭奪控制權。這些入侵的部落有哥特【Goths，分為東哥特（Ostro-goths）和西哥德（Visigoths）】、汪達爾（Vandals）、匈奴（Huns）。它們來自歐洲大陸北部和東部邊界勇猛好戰的游牧民族。

這些部落侵占了大量羅馬的殖民地，並與羅馬統治者展開激烈較量。西元 410 年，西哥德國王阿拉里克（Alaric）擊敗了當時的西羅馬帝國皇帝弗拉維烏斯·霍諾里烏斯（Flavius Honorius），還攻陷了羅馬城並大肆劫掠。

西羅馬帝國存在的時間較短。西元 476 年，日耳曼（Germanic）蠻族國王奧多亞克（Odoacer）廢黜西羅馬末代皇帝羅慕路斯·奧古斯都[123]，西羅馬帝國覆滅。西羅馬帝國滅亡時，東羅馬帝國正在與哥德人較量。

---

[123] Romulus Augustus，羅慕路斯二世。

西元 6 世紀查士丁尼一世（Justinian）統治時期，東羅馬的一位將軍貝利薩留（Belisarius）鎮壓了首都君士坦丁堡的尼卡起義（Nika Insurrection），成功解救出被困的皇帝。隨後他率兵侵入北非，滅了汪達爾—阿蘭王國（Vandals-Alani Kingdom）並俘其國王。但這位「常勝將軍」晚年遭皇帝猜忌，被指控參與謀反而遭到短暫拘禁，後被釋放。一年後貝利薩留雖得以出獄，卻被查士丁尼弄瞎了雙眼，一代軍神流落街頭靠乞討度日，一年後病死。

從西元 6 世紀到西元 11 世紀，東羅馬帝國更替了數十位皇帝，幾乎每一個朝代都發生過殘酷的國內外鬥爭，希臘人民在這一動盪時期遭受了沉重打擊。基督教在東羅馬的地位已趨穩固，但宗教勢力和世俗權力盤根錯節，矛盾衝突時有發生。

與此同時，位於亞細亞的阿拉伯人在先知穆罕默德的帶領下迅速崛起，並從拜占庭皇帝手中奪回了他們曾在亞細亞和非洲擁有的大片土地。

11 世紀末期，為了收復耶路撒冷，拜占庭和其他信奉基督教的歐洲國家拉開了十字軍東征的序幕。歷史上十字軍東征共計 9 次，持續近 200 年。總體說來，十字軍東征是以失敗收場的，也讓拜占庭帝國搖搖欲墜。

西元 1204 年，弗蘭德斯伯爵包德溫（Baldwin, Count of Flanders）攻占了拜占庭帝國的首都君士坦丁堡並當選拉丁帝國皇帝，即包德溫一世（Baldwin I）。從君士坦丁堡出逃的拜占庭貴族建立了由三個希臘人主導的拜占庭流亡政權。分別是伊庇魯斯專制君主國、特拉布松帝國（Empire of Trabzon）和尼西亞帝國（Empire of Nicaea）。被徹底削弱的拜占庭帝國四分五裂，導致土耳其人輕而易舉地占領了君士坦丁堡。土耳其是來自亞細亞的強大游牧民族，在 14 世紀的歐洲占有一席之地。

1261 年尼西亞帝國皇帝麥可八世率軍收復了君士坦丁堡，君士坦丁堡重建後成為東羅馬帝國的首都。1454 年，經過兩年的包圍，穆罕默德二世攻克君士坦丁堡，拜占庭最後一代皇帝君士坦丁十一世壯烈殉國，自此多瑙河以南的所有羅馬行省（包括希臘在內）都歸征服者土耳其統治。

## 第 123 章

### 希臘革命 ── 圍困的黎波里扎 ── 馬科斯・博察里斯

當時希臘面臨的形勢比以往任何時候都要嚴峻。拜占庭帝國時期，希臘一直由君主統治，他們說希臘語，並時常吹噓自己有希臘血統，還宣稱與希臘人信奉同一宗教。

拜占庭帝國被土耳其帝國[124]所滅，希臘人轉而淪為了異鄉人的奴隸。對方持有不同的信仰，說著不同的語言。鑑於此，希臘人和土耳其人從未真正融為一體，他們之間的戰爭也從未停止過。土耳其人在君士坦丁堡建立政權後的三個多世紀裡，土耳其各統治階層的帕夏[125]和副官對希臘人一直是高壓態勢，而並非正常的統治管理。

在這段漫長的時間裡，歐洲其他基督教國家似乎也沒有對希臘人伸出援手。18 世紀末期，希臘人對獨立的渴望日漸濃烈，於是開始成立祕密團體。他們為實現希臘民族解放制定計劃，同時還捐助成立了眾多協會。

接著土耳其帝國區域性爆發起義，但基本都被該國政府成功鎮壓。直至 1821 年，一個自稱赫塔主義者的祕密組織率領起義軍在羅馬尼亞（Romania）的雅西（Iasi）號召希臘人民起義，並呼籲所有希臘人站起來反抗

---

[124] 又稱奧斯曼帝國。
[125] pacha，舊指土耳其古代對大官的尊稱。

壓迫者。不久，起義軍幾乎席捲整個希臘的大部分陸地和愛琴海的許多島嶼。這場起義到了沸反盈天的地步，以至於土耳其帝國蘇丹決定暴力鎮壓叛亂。

蘇丹馬哈茂德（Sultan Mahmub）二世決定殺一儆百，下令將德高望重的希臘主教格里高利（Gregory）五世和另外九名主教一同絞死，還將屍體懸掛在王宮門前兩天以示懲戒。隨後土耳其軍隊在君士坦丁堡大肆屠殺希臘人，破壞、掠奪了希臘教堂，摧毀了聖人雕塑。

緊接著的黎波里扎（Tripolitza）的圍攻戰打響。的黎波里扎位於伯羅奔尼撒半島中心，是土耳其帝國的一座大城。希臘爆發起義後，許多富有的土耳其人和猶太人逃亡至此處避難。後來希臘起義軍包圍了的黎波里扎，並占領了該城周圍的山丘。這場圍城戰持續了六個月之久，城內的土耳其人開始因食物短缺而食不果腹；不久城內還爆發了瘟疫，每天有數百人喪生。

在此危急存亡之際，城中有人向希臘人提議投降，並派出城中的幾位富豪作為和談代表。其中有一個猶太人腰帶上佩戴著一對鑲鑽金手槍，引起了希臘指揮官科洛科羅尼（Colocotroni）的注意。這位指揮官隨即大聲喊道：「看，這個猶太人拿著武器，他們絕非誠心要投降！」說畢他一把抓住對方腰帶，奪走了兩把手槍，作為合法戰利品。結果此次希臘方指揮官與土耳其使者之間達成的唯一協定是休戰幾天，以期有條不紊地商量具體的投降條件。

休戰的第三天，一支希臘軍偷偷靠近城牆，發現有一處無人防守，於是登上了城牆並揮舞希臘的旗幟。希臘起義大軍見狀立即從四面八方襲來，城門被開啟，希臘軍毫無阻攔地湧進城中，一路砍殺土耳其人。土耳

其人雖英勇奮戰，但很快就被希臘軍擊敗。據統計，大約有 15000 名土耳其人在此次圍城戰中死去。

占領的黎波里扎更加激起了希臘人的士氣，他們開始抓住一切可以戰鬥的機會，使得整個希臘成為一個巨大戰場。但在這場鬥爭中，希臘人常以小團體在被稱為「隊長」（capitani）或「首領」（chief）的帶領下作戰。

起義爆發後的兩年內，希臘人取得了不小的成功。他們從未絕望，但也一直沒有放棄懇求歐洲各國助希臘人擺脫土耳其人的殘暴統治。1823年，希臘的愛國志士馬科斯·博察里斯（Marco Bozzaris）奮勇抗爭，激起了同胞的鬥志。

馬科斯·博察里斯出生於阿爾巴尼亞地區的蘇利，1823 年 8 月 20 日晚，他決定帶領 500 名蘇利士兵在午夜時分襲擊一座土耳其帕夏的營地。他鼓勵身後忠實的追隨者，身先士卒，帶頭發起攻擊。帕夏手下有 12000名士兵，完全沒有意識到危險的臨近。

希臘人的突然襲擊讓土耳其人驚慌失措。等後者反應過來時，博察里斯已經深入到帕夏帳前。土耳其方再做抵抗已是徒勞，勝利已然屬於希臘一方。但博察里斯在進入帕夏的帳篷時，被土耳其人襲擊，身負重傷。他被抬出戰場後不久便離開了人世。臨死前博察里斯還大呼喊：「蘇利的領導者死得其所！」

他們戰鬥著 —— 像勇士一樣，

他們刀下的敵人屍橫遍野。

他們勝利了，可博察里斯卻倒下了，

他血如泉湧。

他的幾位戰友看見，

當他們為勝利歡呼時，他頷首微笑，

勝利屬於他們了。

然後他漸漸合上雙眼，

平靜地，恰似夜晚時的安眠，

彷彿斜陽西下的花朵。

由於希臘的獨立戰爭日益激烈，對歐洲大國利益的影響加深，所以引起了歐洲和美洲的特別關注。最初，這些國家並沒有採取明確措施，反倒有許多來自法國、俄羅斯、英國和美國的知名人士志願為希臘而戰。其中包括來自英國的拜倫勳爵（Lord Byron）。他於 1824 年 1 月奔赴邁索隆吉翁（Missolonghi）參加希臘起義，承擔起籌集戰款、購買兵械的重任。在一次行軍途中，拜倫偶遇風寒，從此便一病不起。1824 年 4 月 19 日，拜倫因治療無效在軍中病逝。臨終時，拜倫留下遺囑：「我的財產、我的精力都獻給了希臘的獨立戰爭，現在連生命也獻上吧！」他的死使希臘人民深感悲痛，希臘獨立政府宣布拜倫之死為國喪，全國哀悼三天。

拜倫勳爵鼓舞希臘人

## 第 124 章
## 邁索隆吉翁城淪陷 —— 納瓦里諾海戰

1825 年，土耳其部隊包圍了希臘人在埃托利亞的主要據點邁索隆吉翁城。該要塞守軍拒絕投降，圍城戰持續了四個半月，9,000 名土耳其人喪生於此。由於戰事未取得進展，應土耳其帝國蘇丹馬哈茂德二世的請求，易卜拉欣・帕夏（Ibrahim Pacha）率領埃及大軍前來支援，邁索隆吉翁城遭到猛攻。見此形勢，希臘守軍決定強行穿過圍城軍的包圍圈。

突圍發生在一天夜裡 8 點，城中的老弱病殘和許多婦女都自願留在一個裝有大量火藥的大磨坊裡，他們準備在土耳其人進磨坊時點燃火藥與敵人同歸於盡。一名年邁的傷兵坐在炸藥上方，當土軍進來時，他毅然點燃了火藥。在馬科斯・博察里斯的叔父諾託・博扎里斯的指揮下，約 1800 希臘人成功突圍，後來前往雅典繼續鬥爭。

邁索隆吉翁城的淪陷和易卜拉欣大軍的到來，給希臘革命的前景籠罩上一層厚厚陰霾，希臘方一時間軍心動搖。但是，邁索隆吉翁保衛戰中那些突破十倍於己方軍隊的勇士們，以及那些為了讓戰友成功突圍而甘願犧牲自己的人們，引起了各國政府的深切關注。

當時法國也開始支持希臘革命，為此成立慈善社。法國眾多知名人士都參與其中，其中包括法國著名作家、政治家夏多布里昂[126]。不久之後，法國巴黎的上流社會開始為希臘募捐。

隨後德國巴伐利亞國王路易（King Louis of Bavaria）簽署檔案捐助希臘，並允許德國士兵為希臘事業而戰。後來，希臘的許多孤兒被送到德國、瑞士和法國接受教育。威靈頓（Wellington）也和英法俄三國在聖彼

---

[126]　Châteaubriand，1768-1848 年。

得堡[127]簽署協定，宣布對駐紮希臘的土埃軍隊實行「和平封鎖」，要求交戰雙方立即停火。同時他們敦促土耳其接受希臘自治，否則三國將採取聯合軍事行動。就這樣，在希臘人為爭取獨立而深處絕境之時，一些國家開始伸出援手。

與此同時，埃及軍隊在伯羅奔尼撒地區大肆殺戮，甚至將橄欖樹[128]連根拔起。希臘人忍饑挨餓也不願與那位壓迫者簽訂和約。土耳其帝國的殘暴令整個歐洲感到震驚。於是，英法俄三國的聯合艦隊於1827年8月22日在納瓦里諾灣（Navatino）匯合。同年10月20日，三國聯合艦隊與易卜拉欣率領的土耳其—埃及艦隊在納瓦里諾灣展開大戰，史稱「納瓦里諾海戰」。

納裡瓦諾海戰是最後一次木製戰船的大規模海戰，最後以土耳其海軍幾乎全軍覆沒告終。土耳其—埃及艦隊的110艘艦艇或是起火爆炸或是擱淺，餘下的被土耳其士兵燒毀，以免成為聯軍的戰利品。這場災難性的戰爭根本沒有產生預期的效果。土耳其帝國的統治者反而惱羞成怒，繼續踐踏了希臘那片土地。後來俄羅斯軍隊從陸地進攻土耳其，並最終於1829年9月14日迫使土耳其政府承認希臘獨立。

此事發生前兩年，即1827年，一次國民議會在埃伊納島召開。各派達成妥協，一致選舉約翰·卡波季斯第亞斯伯爵（Count John Capodistrias）為希臘第一共和國的元首。這位卡波季斯第亞斯出生於愛奧尼亞群島上的克基拉島，是俄羅斯帝國的希臘籍外交家，資歷頗高。但是他交友不慎，那位囂張跋扈的顧問為他製造了不少敵人，以至於在1831年的一天，這位元首在前往教堂時遭暗殺身亡。

---

[127]　St. Petersburg，俄國西北部城市。
[128]　這是當地唯一的農作物，也是唯一的食物來源。

377

　　希臘第一共和國的元首遭刺殺身亡，頓時讓該地區又一次陷入混亂。於是曾經給希臘帶來和平的英法俄三國計劃成立一個王國，立一位與歐洲王室關係密切的王子坐上王位。1832 年 2 月 20 日，三國指派薩克森科堡（Saxe Coburg）的利奧波德王子（Prince Leopold）擔任「希臘君主」。然而，三個月後，他辭去了這一職位。同年下半年，德國巴伐利亞王室中年僅 17 歲的奧托（Otho，即奧托一世）王子被選為希臘國王。

　　奧托一世統治的希臘王國疆域有限，總人口不到 90 萬。但鑑於之前其他歐洲國家受到之前簽訂的條約約束，有義務維護希臘獨立，所以這片土地上的戰爭硝煙得以平息。在英法俄的幫助下，希臘國家政府得以建立。隨後一座座學校拔地而起，文學也得以復興。長期遭受壓迫的希臘人終於擺脫奴役，開始憧憬著以公正的方式恢復昔日榮光。

# 附：希臘神與羅馬神

| 希臘神話人物 | 對應的羅馬神話人物 | 備註 |
|---|---|---|
| 宙斯 /Zeus | 朱庇特 /Jupiter | 眾神之王 |
| 赫拉 /Hera | 朱諾 /Juno | 天后 |
| 雅典娜 /Athena | 密涅瓦 /Minerva | 智慧女神 |
| 阿芙蘿黛蒂 /Aphrodite | 維納斯 /Venus | 愛與美之神 |
| 阿提米絲 /Artemis | 狄安娜 /Diana | 月女神 |
| 狄蜜特 /Demeter | 塞瑞斯 /Ceres | 穀物女神 |
| 赫菲斯托斯 /Hephaestus | 瓦肯 /Vulcan | 火神、工匠之神 |
| 阿瑞斯 /Ares | 馬爾斯 /Mars | 戰神 |
| 波塞頓 /Poseidon | 涅普頓 /Neptune | 海神 |
| 安菲屈蒂 /Amphitrite | 薩拉蒂亞 /Sarah Thea | 海后 |
| 黑帝斯 /Hades | 普路托 /Pluto | 冥王 |
| 波瑟芬妮 /Persephone | 普洛塞庇娜 /Proserpine | 冥后 |
| 荷米斯 /Hermes | 墨丘利 /Mercury | 眾神的使者 |
| 赫斯提亞 /Hestia | 維斯塔 /Vista | 灶神 |

| 戴歐尼修斯 /Dionysus | 巴克斯 /Bacchus | 酒神 |
|---|---|---|
| 厄洛斯 /Eros | 邱比特 /Cupid | 小愛神 |
| 厄俄斯 /Eos | 奧羅拉 /Aurora | 黎明女神 |
| 克洛諾斯 /Cronus/Kronos | 薩圖恩努斯 /Saturn | 第一代神王 |
| 瑞亞 /Rhea | 奧普斯 /Ops | 第一代神后 |
| 烏拉諾斯 /Uranus | 凱路斯 /Coelus | 天空之神，第一代神王 |
| 蓋亞 /Gaea | 特拉 /Terra | 大地女神 |
| 勒托 /Leto | 拉托娜 /Latona | 暗夜女神 |
| 厄倪俄 /Enyo | 貝洛娜 /Bellona | 戰爭、毀滅與破壞女神 |
| 克洛里斯 /Chloris | 芙羅拉 /Flora | 花神 |
| 摩墨斯 /Momus | 奎瑞拉 /Querella | 嘲弄、譴責、諷刺之神 |
| 無 | 特米努斯 /Terminus | 守界之神 |
| 奧德修斯 /Odysseus | 尤利西斯 /Ulysses | 神話中的英雄 |

# 眾神的寓所──希臘史話：
## 戰爭、英雄和神話的交織，成就希臘的那些神諭與史詩

作　　　者：彼特‧帕利（Peter Parley）
譯　　　者：蔣潔
發　行　人：黃振庭
出　版　者：崧燁文化事業有限公司
發　行　者：崧燁文化事業有限公司
E - m a i l：sonbookservice@gmail.
　　　　　　com
粉　絲　頁：https://www.facebook.
　　　　　　com/sonbookss/
網　　　址：https://sonbook.net/
地　　　址：台北市中正區重慶南路一段
　　　　　　61 號 8 樓
8F., No.61, Sec. 1, Chongqing S. Rd.,
Zhongzheng Dist., Taipei City 100, Taiwan

電　　　話：(02)2370-3310
傳　　　真：(02)2388-1990
印　　　刷：京峯數位服務有限公司
律 師 顧 問：廣華律師事務所 張珮琦律師

定　　　價：520 元
發 行 日 期：2024 年 07 月第一版
◎本書以 POD 印製
Design Assets from Freepik.com

### 國家圖書館出版品預行編目資料

眾神的寓所──希臘史話：戰爭、
英雄和神話的交織，成就希臘的那
些神諭與史詩 / 彼特‧帕利（Peter
Parley） 著,蔣潔 譯 . -- 第一版 .
-- 臺北市：崧燁文化事業有限公司，
2024.07
面；　公分
POD 版
ISBN 978-626-394-521-0( 平裝 )
1.CST: 古希臘 2.CST: 希臘史
740.212　　　　　113009756

電子書購買

爽讀 APP

臉書